ITINÉRAIRE

ET SOUVENIRS

D'UN VOYAGE EN ITALIE.

ITINÉRAIRE

ET SOUVENIRS

D'UN VOYAGE EN ITALIE

EN 1819 ET 1820.

> Salve, magna parens frugum, Saturnia tellus,
> Magna virûm : tibi res antiquæ laudis et artis
> Ingredior.
> VIRG., *Géorg.*, liv. II.

TOME QUATRIÈME.

PARIS.

IMPRIMERIE DE DONDEY-DUPRÉ,
Rue Saint-Louis, N° 46, au Marais.

M. DCCC. XXIX.

ITINÉRAIRE

ET SOUVENIRS

D'UN VOYAGE EN ITALIE.

LA PORTE D'OSTIE.
LA BASILIQUE DE SAINT-PAUL.
L'ÉGLISE DE SAINT-PAUL-AUX-TROIS-FONTAINES.
LA PYRAMIDE DE CAIUS CESTIUS. — LE CIMETIÈRE DES PROTESTANS.
LE MONT TESTACCIO. — LE PORT DE ROME ANTIQUE. — LE PONT SUBLICIUS.
LE BEAU RIVAGE. — L'ÉGLISE DE SAINTE-MARIE IN COSMÉDIN.
L'ÉGLISE DE SAINTE-MARIE-DU-SOLEIL. — LA MAISON DE NICOLAS RIENZI.
L'ILE DU TIBRE OU DE SAINT-BARTHÉLEMY. — LE GRAND RIVAGE.
LES TRASTÉVÉRINS. — L'ÉGLISE DE SAINT-PIERRE IN MONTORIO.
LE PONT ET LA FONTAINE SIXTE.

Rome, 21 décembre 1819.

Hors la porte d'Ostie, la campagne de Rome n'est pas absolument dépourvue d'agrémens. L'inégalité du sol y crée des sites pittoresques. Les champs sont cultivés avec quelque soin. Des hameaux, des fermes, des chaumières embellissent de loin à loin le paysage. Les habitans sont bien vêtus; et soit que le cours du Tibre ou la culture des terres assainisse l'air de ce canton, ils paraissent doués d'une constitution robuste, et jouir d'une bonne santé. Leur moral se ressent aussi de ce bien-être physique. Ceux que l'on rencontre dans les chemins, n'ont point un abord sinistre ou malheureux. Leur adresse-t-on la parole ? ils répondent obligeamment, et causent volontiers touchant les localités voisines et les produits du sol. Ils entrent avec complaisance, dans les détails qu'un voyageur aime à recueillir sur son passage, et qu'il n'obtient le plus souvent qu'avec difficulté, ou même pas du tout.

Après un mille de marche on arrive à la basilique de Saint-Paul. Elle fut commencée par Théodose en l'an 386, et achevée par Honorius. Depuis, plusieurs papes l'ont restaurée. Vue dans l'éloignement, sa longue toiture plate et couverte en tuiles, n'annonce rien de monumental. Sa façade elle-même frappe plus par la grandeur de ses dimensions, que par la beauté de son architecture. Une porte de bronze en ferme la principale entrée. Le pavé se compose de feuilles de marbre chargées d'inscriptions antiques. A l'intérieur comme à l'extérieur, de nombreuses mosaïques sont incrustées dans les murs. Cinq nefs parallèles partagent cette église.

Elles ont deux cent quarante pieds de longueur, et aboutissent à une autre nef transversale, longue de deux cent trente-huit pieds, au milieu de laquelle sont le chœur et le maître-autel. Des cloisons qui les séparent, reposent sur des arcs à plein cintre, portés par des colonnes de porphyre, de granit, de cipolin et de brêche violette, débris de temples, d'autels, et de tombeaux profanes. Tout à l'entour règne une large frise divisée en panneaux symétriques ornés de bas-reliefs. Enfin, une immense charpente en bois de cèdre du Liban, couronne cet ensemble et soutient le toit. C'est là que se conserve la collection des portraits, généralement mal peints, de tous les vicaires de J.-C. depuis saint Pierre exclusivement. Ces peintures forment dans la partie supérieure de la grande nef, une espèce de bordure coloriée. A l'avénement de Pie VI, une seule place restait vide : son image y fut mise, et compléta cette rangée où l'on comptait deux cent cinquante-trois papes. Des esprits superstitieux induisirent de cette circonstance, un pronostic de l'extinction de la papauté. Les troubles qui agitaient l'état romain, et les aventures arrivées aux deux derniers papes, avaient accrédité ce préjugé populaire, dont il était à peine permis de se défendre : mais une nouvelle série ouverte par Pie VII le détruisit; et il serait aussi dangereux aujourd'hui de douter qu'elle s'achève, qu'il eût été difficile auparavant de persuader qu'elle pût commencer. L'étendue de l'église de Saint-Paul, la noble simplicité de sa décoration, le jour mystérieux qui l'éclaire, les fragmens antiques dont elle est ornée, les avenues imposantes qui conduisent au sanctuaire, la chronologie peinte des chefs de la catholicité, la vétusté des murs et des boiseries, tout jusqu'au dénuement des chapelles, commande le respect. Dès l'entrée on se sent pénétré d'un sentiment religieux. On n'approche de l'autel qu'avec recueillement. Si l'on parle, ce n'est qu'à voix basse. Il semble que l'Éternel remplisse de sa présence cette majestueuse enceinte; et que le chant de ses louanges ait seul le droit d'en interrompre le silence. L'humidité menace ce monument d'une ruine prochaine [1]. Les frais

---

[1] L'événement a démenti cette conjecture. Le feu a pris à la basilique de Saint-Paul le 16 juillet 1823, par l'imprudence des ouvriers qui travaillaient à la couverture. Elle a été consumée en sept heures. Il y avait plus de quatorze siècles qu'elle existait.

de sa conservation augmentent de jour en jour. Dépouillés de leurs richesses, les bénédictins qui la desservent, ont à peine de quoi subvenir à leurs propres besoins; et les aumônes qu'ils reçoivent, lors même qu'elles seraient un revenu régulier, ne suffiraient pas aux réparations indispensables dont ils sont chargés. Ces moines ont fait de leur cloître une espèce de musée. Des pierres tumulaires, des inscriptions historiques trouvées dans les environs, en garnissent le pourtour. L'une de ces inscriptions était tracée devant l'antre où Néron se réfugia pour échapper à la fureur du peuple. On y lit les vers suivans, dont la latinité ne semble pas remonter à une époque fort reculée :

Hoc specus excepit post aurea tecta Neronem,
Nam vivum inferiùs se sepelire timet [1].

Nous n'irons point à quelques milles d'ici, visiter trois petites églises contiguës, désignées sous le nom de Saint-Paul-aux-Trois-Fontaines. Elles passent pour avoir été bâties sur l'emplacement même où leur patron fut emprisonné et décapité. Vous y entendriez raconter que les sources

---

[1] Cet antre fut l'asile de Néron, lorsqu'il s'enfuit de son palais d'or, de peur d'être enterré vivant.

dont elles empruntent leur nom, sont nées d'un miracle. « En tombant, vous dirait-on, la tête du saint apôtre bondit à trois reprises différentes ; et chaque fois qu'elle toucha la terre, elle en fit jaillir de l'eau, chaude d'abord, puis tiède, puis froide, à mesure qu'elle-même perdait de sa chaleur naturelle. » Le croyant gardien pour qui chacune de ces fontaines a un degré différent de température, vous en ferait faire l'expérience ; et vous auriez à vous garder de témoigner la moindre incrédulité, sous peine d'être pris pour un insensé, ou tout au moins pour un impie.

Il ne nous restera plus rien à voir dans cette partie de la campagne romaine. Rentrons à la ville par la porte d'Ostie. A côté s'élève une pyramide quadrangulaire, haute de cent treize pieds, et dont la base a deux cent soixante-seize pieds de tour. C'est, en diminutif, une imitation de celles d'Égypte. A l'instar des Pharaons, sous le règne d'Auguste, un épulon la fit construire, et ordonna par son testament qu'elle lui servît de tombeau. Il se nommait Caïus Cestius. Ses dernières volontés furent accomplies ; mais le tems se chargea de cacher le monument qu'il s'était érigé lui-même, et à l'aide duquel il avait voulu perpétuer son nom. Les terres amoncelées à l'entour empêchaient qu'on ne pût le voir. Il fut découvert par les ouvriers que le pape Alexandre VII employait à faire des fouilles. Les inscriptions gravées à l'extérieur, firent connaître son origine et sa destination. Comme on n'en pouvait trouver l'entrée, une ouverture fut faite dans la partie inférieure de l'une de ses faces. L'intérieur se partage en une chambre sépulcrale et un caveau, dont les voûtes sont ornées de caissons qui paraissent avoir été peints. Les cendres du mort ont disparu. Ce mausolée n'a plus rien de curieux que la singularité de sa forme, et ses proportions qui ne sont pas dépourvues d'élégance.

Au-devant, une petite plaine sert de cimetière aux protestans. Des Anglais, des Anglo-Américains, des Polonais, des Prussiens y reposent. Les tombeaux des Anglais se distinguent par le soin qu'ils ont pris d'y adapter des fragmens antiques. M. de H......., ministre de Prusse, perdit à Rome une dame américaine à laquelle il était uni par des liens d'amitié. Il fit clore l'enceinte où l'on en déposa les restes; et depuis, cette sépulture devint pour lui un caveau de famille, car le hasard a voulu qu'il y ait enseveli deux fils. On aime les soins qu'il a prodigués à ces êtres qui lui furent chers, dans un lieu ouvert de toutes parts, et que les étrangers ont vainement demandé la permission d'entourer de murs. On avait espéré que le cardinal Consalvi l'obtiendrait de Pie VII; mais la maxime *hors l'église point de salut*, n'est pas de celles qu'on puisse enfreindre sans inconvénient. Rome maintient ses proscriptions sur les ossemens de celui qui a méconnu son autorité spirituelle. C'est faire grâce aux morts hétérodoxes que de ne pas les jeter à la voirie. Aussi, pour soustraire au danger d'être fouillées par les animaux, les tombes éparses en ces lieux, les vivans les font-ils fermer avec des pierres unies par des barres de fer scellées profondément.

Sur la gauche, on aperçoit un monticule, nommé *Monte Testaccio*, Mont de Tessons. L'opinion commune est que des potiers de terre déposaient en cet endroit, les débris et les rebuts de leurs ateliers. Tout élevé qu'il est, il ne domine aucune partie intéressante de Rome. Parmi les pointes de poterie dont il est hérissé, croissent, sur une légère couche de terre végétale, quelques touffes d'un gazon rare et court. Il est percé de celliers bâtis par des marchands de vin, qui ont établi aux environs des guinguettes que l'on fréquente dans la belle saison, afin de jouir plus commodément des promenades voisines.

Un quai de peu d'étendue sépare le Tibre du mont Aventin. C'était le port de l'ancienne Rome : il se nommait *Navalia*. Là, venaient aborder les vaisseaux et les galères qui portaient les tributs des nations soumises, les objets d'art conquis par la victoire ou achetés à grand prix, les marbres précieux amenés de Grèce et d'Égypte, pour construire des monumens, renversés, pour la plupart, depuis plusieurs siècles, et dont les ruines ont reçu, dès long-tems, un autre emploi ou une consécration nouvelle. Comment un port aussi borné suffisait-il à tant d'arrivages, au débarquement de tant de matériaux? Où posait-on ces obélisques de cent pieds de hauteur et d'un seul bloc, qu'on voit encore sur les places publiques? Comment s'établissaient les machines propres à les soulever et à les poser à terre? et quelles étaient ces machines dont la puissance peut se calculer par le poids des masses qu'elles mettaient en mouvement? Au reste, qu'importe maintenant? Faut-il tant de place pour l'abordage d'un bac ou d'un batelet, qui passe, d'une rive à l'autre, des moines, des pélerins, ou d'oisifs citadins?

Les deux piles de pierre qui s'élèvent à fleur d'eau sur le Tibre, sont l'ouvrage d'Antonin-le-Pieux. Elles ont succédé à celles du pont Émilien qui avait de même remplacé les pilotis du pont Sublicius, construit en bois par Ancus Martius, pour joindre le mont Janicule aux autres quartiers de Rome. C'est sur ce pont qu'Horatius Coclès arrêta l'armée de Porsenna. « L'état se montra reconnaissant, dit Tite-Live, » d'une aussi haute valeur. On lui éleva une sta- » tue sur la place des Comices; on lui donna » autant de terrain que sa charrue put en cir- » conscrire dans un jour. La reconnaissance des » particuliers enchérit sur ces honneurs publics. » Au milieu d'une si grande détresse, il n'y eut » pas une seule famille qui, en proportion de » ses moyens, ne retranchât sur sa propre sub- » sistance, pour en gratifier son libérateur[1]. »

La rive gauche du Tibre sur laquelle le pont Sublicius débouchait, fut long-tems un lieu de réunion et de promenade. L'édilité avait pourvu à son embellissement. On le nommait

---

[1] Tite-Live, *Hist. rom.*, liv. II, 10.

pulchrum littus, le beau rivage. Les citoyens s'y rassemblaient pour respirer le frais, et s'entretenir des intérêts de la république. L'histoire a décrit les édifices publics et privés qui le décoraient. De sales et misérables masures les ont remplacés. L'herbe croît dans les rues étroites qui les séparent. Ni le fleuve, ni ses bords, n'attirent les promeneurs; et les derniers rangs de la populace la plus ignorante et la plus superstitieuse, parcourent seuls ces lieux où l'on voyait jadis l'élite du peuple immortel qui, par la puissance de sa civilisation, s'était élevé jusqu'aux plus hautes conceptions de la philosophie, chez qui le patriotisme avait développé toutes les ressources de l'éloquence, et qui, même après les Grecs, sut créer des monumens dignes d'être admirés.

On n'entre en passant dans l'église de Sainte-Marie *in Cosmedin*, ou de la Bouche de Vérité, que pour déplorer de nouveau, l'abus de l'emploi des fragmens antiques les plus précieux. Ici, l'on ne s'est pas même donné la peine de les rapprocher, ni de les appareiller, en terme de maçonnerie. Tels qu'ils se trouvaient, ils sont entrés comme des moellons bruts, dans la construction de murs grossiers, dont la surface est restée hérissée de leurs sculptures. Le marbre, le travertin, le granit, les fûts de colonnes, leurs chapiteaux autour desquels se roulent de légères feuilles d'acanthe, ou qui s'arrondissent en élégantes volutes, sont mêlés, confondus, mis en œuvre comme de simples matériaux. Tous ces fragmens appartenaient, s'il faut en croire la tradition, aux temples de la Fortune, de Matuta, et de la Pudicité patricienne, dont en effet les ruines sont à une petite distance. Plusieurs autres débris semblables sont répandus autour de l'église ou sous le porche. L'un d'eux appelle l'attention par la singularité de sa forme, et par l'incertitude où l'on est touchant l'usage auquel il servait. C'est un mascaron en marbre blanc, de quatre à cinq pieds de diamètre, et dont les traits insignifians forment peu de saillie. Une auréole de roseaux environne cette figure. Elle a les yeux ouverts. La lèvre inférieure de sa bouche béante offre une surface luisante et unie, telle qu'on en voit dans les grands coquillages de mer. Les moines et le bas peuple disent que celui qui était appelé à rendre un témoignage, mettait la main dans cette ouverture, d'où il ne pouvait la retirer s'il jurait faussement, et qu'on la nommait la *bouche de vérité*. L'opinion raisonnable est que ce masque appartenait à une fontaine, et que l'eau qui sortait de sa bouche, a seule donné le poli attribué aux sermens dont elle aurait été la garantie.

La principale façade de l'église de Sainte-Marie *in Cosmedin*, donne sur une place où l'on voit une charmante fontaine, composée d'un rocher surmonté de Tritons. Au-delà s'élève un temple circulaire, gracieux, svelte, élégant. Un portique trop resserré se dessine à l'entour. Les colonnes qui en forment la circonférence extérieure sont de marbre grec et cannelées. Sur leurs chapiteaux s'appuyait un entablement léger comme elles, et surmonté en attique. Il n'existe plus. On l'a remplacé par une toiture grossière en tuiles. On pense que ce temple appartenait au culte de Vesta. Suivant une indication de Tite-Live, ce pourrait être aussi une rotonde de Neptune, qui se trouvait de même dans le *forum boarium*, auprès du temple de la Pudicité patricienne. Quoi qu'il en soit, ce joli monument a changé de patronage. Il est aujourd'hui sous l'invocation de Sainte-Marie-du-Soleil. Pour leur commodité, les prêtres en avaient muré les entre-colonnemens. Cet acte de barbarie vient d'être réparé.

Suivons le cours du Tibre. Voici les restes du temple de la Fortune Virile, qui font partie d'une autre église moderne consacrée à la Vierge. Ce sont six colonnes portées par un soubassement qu'on vient de déchausser. On voit sur la frise qui le couronne, un bas-relief représentant des enfans enlacés avec des têtes de bœuf et des candélabres d'un style pur et d'un beau caractère. Plus loin vous jetterez avec regret, quelques regards sur la maison de Nicolas Rienzi, tribun du moyen âge (1347), fanatique ambitieux, qui n'eut de l'ancienne Rome qu'il voulait faire revivre, que le nom de la magistrature qui lui était confiée. Il s'intitulait sévère et clément libérateur de la patrie, zélateur de l'Italie, amateur de l'univers. C'est de lui que parle Pétrarque lorsqu'il dépeint Rome implorant son secours :

> Con gli occhj di dolor bagnati e molli
> Ti chier? merce di tutti i sette colli [1].

Il déclara que tous les peuples d'Italie étaient libres et citoyens romains. Mais ce retour appa-

---

[1] Pétrarque.

Les yeux baignés de larmes, tous les habitans des sept collines implorent ta pitié.

rent vers une liberté expirée depuis long-tems, dura peu ; et Rienzi fut assassiné. Son nom n'est plus cité qu'à l'occasion de la façade de sa maison, où ce barbare avait accumulé tout ce que ses fonctions lui permettaient sans doute de dérober aux édifices antiques, et dont il réussit à composer l'ensemble bizarre que l'on voit encore aujourd'hui. Puis vient le Pont Rompu, *Ponte Rotto*, commencé par le censeur Fulvius, terminé par Scipion l'Africain, et réduit par l'inondation de 1598 aux trois arches qui ont résisté jusqu'à ce jour.

Que vous dirai-je maintenant de l'île du Tibre? Le pont qui y conduit se nommait pont Fabricius, du nom de l'inspecteur-voyer qui le fit construire en l'an de Rome 733. On le désigne aujourd'hui sous celui de *Quattro-Capi*, à cause des quatre hermès de Janus qu'on y a placés. Un autre pont qui y faisait suite, communiquait avec la région trastévérine et le Janicule : c'était le pont Cestius, qui remontait aux premiers tems de la république. Il fut rebâti dans le quatrième siècle de l'ère chrétienne. Depuis, l'église de Saint-Barthélemy lui a donné son nom, de même qu'à l'île du Tibre dont elle est la paroisse et l'édifice principal. Cette île n'a rien de remarquable. On y montre les substructions d'un temple d'Esculape, dont l'origine se lie à la fable de la disparition mystérieuse d'un serpent qui fut apporté d'Épidaure, par des députés envoyés à l'occasion d'une des nombreuses pestes qui ont ravagé la ville de Rome. Ces substructions se trouvent à l'extrémité méridionale du rivage, et ressemblent à la proue d'un vaisseau.

Vers la gauche du pont Saint-Barthélemy, et sur la rive droite du Tibre, est ce que l'on nomme aujourd'hui le Grand Rivage, *Ripa Grande*, où abordent les vaisseaux de petit tonnage, et les barques qui viennent d'Ostie. Hélas! quelle solitude! Quelques gabares ou bateaux y sont attachés. Ils ont apporté du poisson salé, des fruits secs, de modiques objets de consommation. Les matelots ont un extérieur pauvre. Les agrès de leurs embarcations tombent en lambeaux, comme leurs vêtemens. Le séjour qu'ils font à terre, ne leur inspire aucune gaîté. La sainteté actuelle de Rome ne les touche pas plus, qu'ils ne sont capables d'admirer sa grandeur passée. Ils seraient sans doute plus sensibles aux profits de leur cabotage; mais vainement se sont-ils voués au commerce des objets de première nécessité. Leur débit se mesure sur la misère du peuple qui est extrême. Le magasin le plus achalandé de la rue du Cours, n'importe pas, en objets de luxe, la valeur de cent mille livres par an.

Vous avez eu connaissance du projet de fouiller le Tibre, et d'en extraire les richesses qu'à bon droit on y suppose enfouies. L'expérience qui vient d'être faite d'une machine à draguer, n'a pas réussi. Cet engin est là, sur l'eau, abandonné le long du rivage, et comme un emblème de la paresse et de l'ignorance du pays. Cependant la région trastévérine, aux bords de laquelle il est amarré, passe pour être habitée par une population industrieuse, amie du travail, et douée de quelques-unes des vertus civiques de l'ancienne Rome. Les Romains d'à présent en parlent eux-mêmes avec une considération qu'ils ne s'accordent pas entr'eux. Ils regardent les Trastévérins, comme issus directement des fondateurs de la république. Ceux-ci, enorgueillis de cette illustre généalogie, se donnent en effet des airs d'indépendance, qui toutefois contrastent assez avec le régime papal, auquel ils ne sont pas moins soumis que leurs concitoyens de la rive opposée. Ils affectent de l'assurance dans leur démarche. Une manière de dignité règle leurs attitudes. Il y a, en eux, quelque chose de cette suffisance britannique qui semble concentrer, dans chaque individu anglais, l'importance civile, politique et religieuse, que s'attribue la nation entière. Ils ont dans leur contenance une gravité comique. Leurs formes sont prononcées, leurs traits caractérisés, leurs gestes énergiques et libres. Enfin, ils ressemblent à d'anciens Romains, autant que le permettent leur langage obséquieux, leur indifférence pour la chose publique, leurs manteaux bruns drapés à l'espagnole, leurs culottes courtes, leurs bas blancs bariolés de toutes couleurs, leurs souliers découverts, et les boucles, semblables à des harnais de carrosse, qui leur couvrent les pieds. Leurs femmes partagent avec eux la distinction dont ils jouissent. Cependant, soit que le caractère imposant des matrones leurs aïeules, ait moins d'attrait pour elles, que l'enjouement des Romaines modernes; soit qu'elles attachent à la pratique des austérités républicaines, des idées incompatibles avec l'influence du climat italien et les mœurs et les exemples de leurs contemporaines, on n'a pas lieu de s'apercevoir qu'elles soient fort jalouses de justifier la légitimité de leur descendance. Ni leurs amples habillemens, ni les longs mantelets noirs dont elles s'enveloppent, ne sont moins favorables à la coquetterie, aux agaceries, et à la familiarité des doux propos, que le costume plus indiscret de leurs rivales d'au-delà du Tibre.

L'une des églises les plus remarquables de la région trastévérine, est celle de Saint-Pierre *in Montorio*. Située sur le mont Janicule, auprès de la fontaine Pauline, elle domine la ville et la campagne. De la terrasse qui devance sa façade, la vue est magnifique. J'avais pris place auprès d'un mur d'appui; et je cherchais à reconnaître les clochers, les dômes, les pointes d'obélisques qui s'élèvent au-dessus des maisons. « Vous admirez, m'a dit un capucin en s'approchant, le ravissant spectacle que nous avons à chaque instant sous les yeux. Il est, pour moi, le sujet d'une récréation toujours nouvelle. Depuis longues années je vis dans notre couvent, sans me lasser de parcourir ce vaste panorama. L'ancienne Rome et celle de nos jours me sont également connues; et j'éprouve un plaisir sans cesse renaissant, à venir étudier les sites de l'une et de l'autre, et à les rapprocher dans ma pensée. D'ici, vous pouvez compter les sept collines. Toutes rappellent des faits de l'histoire qui fut notre principale et première étude : mais ma robe vous dit assez, combien je me plais à voir la croix s'élever triomphante sur les ruines de tant de temples payens, et le dôme de Saint-Pierre porter, jusque dans les nues, le signe de notre rédemption. Voudriez-vous parcourir notre église ? Vous y trouverez quelques curiosités. » Nous l'avons suivi ; et je me suis hasardé à le plaindre d'être vêtu de bure dans un climat si tempéré. « Nous n'en sommes pas, m'a-t-il répondu, aussi incommodés que vous pourriez le croire. D'abord, l'habitude d'en faire usage nous empêche de trop sentir ses inconvéniens. Nous avons aussi, dans l'intérieur de la maison, des retraites où le soleil ne pénètre jamais. Il suffit de nous y réfugier aux heures les plus chaudes du jour ; et là, c'est presque une sensualité que de n'être pas habillé à la légère. Croyez bien que chaque état a ses douceurs. Je ne changerais pas celui que j'ai pris, même contre des dignités ecclésiastiques. Notre habit grossier ne nous ferme pas les palais ; et il est peu de maisons dont il ne nous ouvre l'entrée. Nous ne possédons rien et ne manquons d'aucune chose. Notre règle n'est point dure. Nous jouissons d'une faveur qui excite peu la rivalité, encore moins l'envie. En faut-il davantage pour vivre content? »

Il nous parlait en marchant, et nous paraissait fort sensé, et aussi heureux qu'il le pensait être lui-même. Il a continué en ces termes :
« Entrez avec moi dans cette première chapelle à gauche. On y a déposé deux anciens tombeaux ornés de bas-reliefs singuliers. Nous ignorons leur origine. Ils ne renferment point d'ossemens humains. Sur le premier, vous voyez trois sujets différens : une bacchanale fort animée, les danses et les jeux obscènes des faunes, des satyres, des bacchantes, et tous les détails d'une orgie; puis, la sainte cérémonie des cendres; et enfin, la mort avec son redoutable cortége, entourée de nombreuses victimes qu'elle vient d'immoler. C'est presque l'histoire des humains: les plaisirs de la vie, le signe de leur néant, et le commencement de l'éternité. L'autre tombeau présenterait des allégories aussi sérieuses, si l'artiste qui l'a sculpté, n'eût à la fin joué avec son ciseau. Il a également traité trois sujets. Le premier retrace la désobéissance d'Adam, le second la mort qui en fut la suite, et le troi-

sième le Jugement dernier. Les personnages sont d'une bien petite proportion. Regardez-les de près. Ils supportent le plus minutieux examen. Vous y remarquerez une grande pureté de dessin, beaucoup d'expression, et une exécution parfaite. Dans le Jugement dernier, l'artiste a pris le moment où les tombes s'ouvrent, au son de la trompette redoutable. Voyez les précautions avec lesquelles les morts se disposent à en sortir, la curiosité de ceux-ci, le peu d'empressement de ceux-là, la difformité de la plupart d'entre eux, et le soin qu'ils prennent de se cacher dans ce qui reste de leur linceul. Ne forment-ils pas des groupes bien divertissans? Je les examine souvent, et ne m'en approche jamais sans y découvrir de nouvelles facéties, plus burlesques les unes que les autres, un peu trop libres peut-être pour un temple catholique et pour des capucins. » Il riait aux éclats, et nous riions aussi : mais je le considérais, et j'étais bien plus occupé de sa franche gaieté, de sa bonhomie, et de son bonheur qu'il m'avait si bien exprimé, dont il jouissait si tranquillement; et qui me semblait (chose bien rare!) à l'abri de tout revers.

« Nous avons aussi dans notre cloître, a-t-il

repris, un monument d'architecture qui nous attire de nombreuses visites. C'est un temple bâti sur les plans du Bramante, et par les ordres de Ferdinand IV d'Espagne, à l'endroit où l'on croit que saint Pierre fut martyrisé. Il date de plus de trois siècles. On le regarde comme un modèle de belles proportions, de bon goût et d'élégance. Aucun élève de l'académie française ne néglige d'en faire un dessin. Je pense même qu'ils y sont tous dans ce moment. » En effet, nous entendions des voix confuses. Notre guide a ouvert une porte; et nous nous sommes trouvés au milieu d'un essaim de nos jeunes lauréats. Il y en avait qui, montés sur des échelles, prenaient des mesures. D'autres les notaient sur les croquis qu'ils venaient de tracer. D'autres encore, assis sur les degrés du portique circulaire qui règne à l'entour, discouraient sur l'ensemble et sur les détails de cet édifice. Tous admiraient, avec nous, l'aspect gracieux qu'il offre de toutes parts, la courbure de sa coupole, et les seize colonnes de granit qui la portent. L'enthousiasme de ces élèves avides de gloire, éclatait dans leurs moindres paroles, et dans l'attention curieuse avec laquelle ils cherchaient à surprendre le secret de leur art. Ce tableau me rappelait l'école d'Athènes, telle que Raphaël l'a représentée. Courage, jeunes Français! conservez le feu sacré qui vous a déjà mérité une récompense nationale. Mais qu'un premier laurier ne vous enivre pas. Frayez des routes nouvelles. Créez-vous une renommée qui n'appartienne qu'à vous seuls; et, quand vous aurez à consacrer, par des monumens publics, nos vingt années de gloire, puissiez-vous devenir, comme elles, dignes de l'immortalité!

Passons, en nous retirant, devant la fontaine Pauline, pour revoir ses cascades dont le bruit retentit au loin. Traversons le pont Sixte; jetons un coup d'œil sur la nappe d'eau qui remplit la fontaine du même nom; et terminons ici nos études de Rome. Oserai-je avouer que je savoure avec délices, le plaisir d'avoir fini ma tâche? Qui me croira, sans me taxer de barbarie? Je me fais honte quelquefois, de la paresse avec laquelle je m'y suis remis. La vie de Naples m'a gâté celle de Rome. Je n'ai pu me faire à tant de silence, à un repos si profond, à des jours si courts, à des nuits si longues. Il y a ici une atmosphère conventuelle et un air de clôture qui me répugnent. Ni le passé, tout rempli qu'il est de souvenirs glorieux, ni ses ruines célèbres ne me distraient plus assez du tems présent. L'amour de la patrie et de la liberté ne serait-il en effet qu'un vain nom? Doit-il s'évanouir après avoir illustré un petit nombre de générations? Nous l'avons vu à Athènes, à Sparte, à Rome, je pourrais bien dire encore ailleurs, si cela ne devait me conduire hors de mon sujet. Songeons plutôt au départ. Ses apprêts me plaisent désormais. Si quelques instans me restent, je les emploierai à visiter de nouveau les antiquités les plus remarquables, non par un pur mouvement de curiosité, mais pour me les mieux rappeler, et pour méditer sur les grands noms et les vertus publiques qui s'y rattachent : c'est ainsi qu'on aime, jusqu'au dernier moment d'un séjour passager, à rechercher la présence, à entendre la voix, et à recevoir, à plusieurs reprises, les adieux des étrangers qui nous ont accueillis, et qui ont contribué, par le charme de leurs entretiens, à augmenter l'intérêt de notre voyage, et à nous consoler des peines de l'absence.

LA CAMPAGNE DE ROME. — L'ANIO.
LE LAC DES TARTRES. — LA VILLA DE L'EMPEREUR ADRIEN.
TIVOLI. — LA CASCADE DE L'ANIO.
LE TEMPLE DE VESTA. — CELUI DE LA SIBYLLE. — SOUVENIRS DE MIOLLIS.
LA GROTTE DE NEPTUNE. — CELLE DES SIRÈNES.
PROMENADE AUX ENVIRONS DE TIVOLI. — SOUVENIRS HISTORIQUES.
LES CASCATELLES. — LE GUIDE DONATO ELETTI.

Tivoli, 22 décembre 1819.

Il fait à peine jour quand je quitte la place d'Espagne. Je passe devant la fontaine de Moïse et les thermes de Dioclétien. Après avoir franchi le rempart dont Servius Tullius avait fortifié Rome, je sors par la Porte de Saint-Laurent, qui se nommait la Porte Tiburtine, lorsque les saints n'étaient pas les patrons de la ville des Césars. La voilà bien encore cette campagne si nue, si solitaire, si monotone, si triste ! Elle ne changera d'aspect qu'à dix-huit milles d'ici. Le fleuve qui l'arrose ne l'embellit point, malgré la célébrité de son nom. C'est l'antique *Anio*, aujourd'hui le Tévéroné. Il prend sa source à l'orient de Palestrina, au pied de l'Apennin, et se jette dans le Tibre où il fut conduit par M. Curius Dentatus. Qui voudrait s'arrêter sur ses bords silencieux et dépourvus d'ombrage, ou goûter de son eau chargée d'un limon jaunâtre? On le traverse sur le pont Mammolo. Plus loin s'étend le lac des Tartres, ainsi désigné parce que les dépôts calcaires qu'il tient en dissolution, donnent l'apparence de pétrifications parfaites, aux objets qu'on y plonge pendant quelques instans. Puis on rencontre un courant d'eaux sulfureuses. Leur exhalaison infecte au loin la contrée. Le pont qui le franchit, se nomme *le pont de la Solfatara*. Ne cherchez aucune trace d'habitation humaine : elles ont toutes disparu. Les débris de pierre et de marbre dispersés ou amoncelés le long de la route, appartiennent à des tombeaux écroulés. Parmi ces monumens funèbres, quelques-uns sont encore debout. Ceux de Julie Stemma et de la famille Plautia, se font remarquer par leur conservation et leur élégante architecture.

Mais hâtons-nous, car nous allons à Tivoli, et nous serons obligés de descendre à la Villa Adriana. C'est là que l'empereur Adrien s'était plu à imiter les principaux monumens, et les sites les plus rares qui l'avaient frappé dans ses voyages. Cette villa est aujourd'hui la propriété de la famille Massimi. On quitte la voie Tiburtine, pour entrer dans un mauvais chemin vicinal, qui conduit à un corps de ferme délabré qu'habite un laboureur à la fois fermier, concierge et cicéroné. Il vous dira dans son italien corrompu : « Voici le théâtre grec, plusieurs assises de ses gradins, et une portion de l'avant-scène. Voilà le Pœcile : c'était un portique décoré de tableaux qui retraçaient les hauts faits du peuple romain : la longue muraille dont vous voyez les restes, le fermait de ce côté. Nous sommes maintenant dans le temple des Stoïciens. Cette enceinte renfermait une naumachie; cette autre, une bibliothèque. Les deux temples demi-circulaires dont quelques parties subsistent encore, étaient consacrés à Vénus et à Diane. Le grand bâtiment, que vous parcourez depuis un moment, avait deux étages : c'était le palais impérial. Il y avait, à peu de distance, des casernes et des salles prétoriennes, et plus loin, des thermes éclatans de magnificence et pourvus des recherches les plus sensuelles. Nous venons d'entrer dans le Canope, ou temple de Sérapis : il fut copié sur celui d'Alexandrie. La plaine qui se développe devant vous servait de théâtre maritime. La voûte du canal qui y aboutissait, était ornée de peintures qui ne sont pas entièrement effacées. Les eaux arrivaient par les tuyaux de descente, dont plusieurs tiennent à la muraille par leurs scellemens. Quant à la vallée de Tempé, au Tartare, aux Champs-Élysées, à tous les autres embellissemens de ces jardins qui ont joui d'une si grande renommée, je ne saurais en désigner la place. La charrue les a labourés, nivelés; et les renseignemens qu'on m'a transmis et que je répète, ne vont pas jusque-là. »

Il n'en est certes pas autrement de tout ce qu'il explique avec tant d'ordre et de précision. Partout ce ne sont que voûtes enfoncées, arcs brisés, galeries détruites, portiques renversés. Il donnerait d'autres noms à ces ruines, qu'ils ne leur conviendraient pas moins. Cet amas de décombres perd journellement les formes qu'il avait conservées. Dès l'entrée, on en juge aussi bien qu'après l'avoir exploré. Cependant l'immensité de l'espace qu'il occupe a quelque chose d'imposant. Tant d'édifices divers, leurs noms antiques, les dépenses qu'ils exigèrent, rappellent quelques souvenirs de la somptuosité des empereurs. Les statues, les vases, les sculptures qui y étaient prodigués, n'ont pas tous été employés, comme de simples matériaux, dans des constructions récentes. On ne les a pas tous brûlés pour les convertir en chaux. Plusieurs musées en ont recueilli un grand nombre. La Villa Borghèse en compte de très-précieux, dans ses salons; et l'orangerie du château gothique de Warwick, possède un vase de marbre grec qui en provient, dont le diamètre a plus de six pieds, et que décorent des pampres, des grappes de raisin, et des mascarons d'un beau travail. Il paraît au reste que les fouilles de la Villa Adriana sont épuisées. Du moins on n'y travaille plus. La culture en remue seule la surface. Des sillons s'y dessinent dans tous les sens. La semence qu'on leur confie, germe et se développe péniblement, sous la couche épaisse de morceaux de pierres, de briques et de marbres de toutes couleurs dont la terre est couverte, et qui obstruent l'étroit sentier tracé par les curieux et par leurs conducteurs.

En quittant ces lieux où règne une humidité continuelle, pénétrante, refroidie par les haies et les buissons que l'on rencontre à chaque pas, dont les lierres se sont emparés et qu'ils rendent impénétrables, avec quel plaisir on retrouve l'air pur des coteaux ! C'est aujourd'hui le premier jour de l'hiver. Le soleil brille au milieu d'un ciel sans nuage. L'influence de ses premiers rayons a suffi, pour dissoudre la fragile gelée de la nuit. Une molle chaleur remplit l'atmosphère. Le besoin de chercher l'ombre se fait sentir. Les oiseaux eux-mêmes cèdent à l'impression de cette température suave. Près de Rome, on n'en entend point. Où trouveraient-ils un arbrisseau pour voltiger, un bosquet pour faire l'amour, une branche pour attacher leur nid? Tous se sont réfugiés dans les environs de Tivoli dont nous approchons enfin. Ils saluent de leurs chants, le voyageur qui vient visiter leur retraite fleurie, et semblent l'inviter à partager avec eux, les douceurs du printems éternel qui la protége. Oui, je reconnais cette Tibur tant vantée, son site pittoresque, ses bois toujours verts, ses riantes campagnes, et la fraîcheur de ses gazons. Oublions, en la voyant, les guerres qui ensanglantèrent son territoire. Qu'importe qu'elle ait servi de rempart entre Annibal et Rome; qu'elle ait vu leurs combats ; que ses citoyens, alliés aux Gaulois, se soient plusieurs fois révoltés contre la république et soumis à son empire? Craignons plutôt d'omettre les moindres détails de ce séjour chéri des muses, ou quelqu'un des noms célèbres qu'il rappelle. Une villa de Salluste touchait à la porte sous laquelle nous venons de passer. Celle de Catulle était située sur le penchant de la colline qui est maintenant plantée d'oliviers. Plus près, à travers des sapins et des chênes verts, on découvre la toiture d'un monastère et son petit clocher. C'est là qu'Horace formait le vœu de passer les derniers jours de sa vieillesse :

<blockquote>
Tibur, Argeo positum colono
Sit meæ sedes utinam senectæ [1].
</blockquote>

La maison de Properce était bâtie sur le tertre où vous apercevez des chèvres, leur pâtre, et quelques touffes de myrte et de laurier. La montagne qui s'élève à votre gauche, vous dérobe les jardins et le palais de Mécène. Des franciscains, des jésuites, milice et soutiens de la tiare, remplacent les favoris du Pinde et des

---

[1] Hor., liv. ii, od. 6.

<blockquote>
J'irai dans Tivoli ; que ses bosquets charmans
Soient l'asile de mes vieux ans !
(Trad. de Daru.)
</blockquote>

maîtres du monde ; mais leur présence ne nous fera pas plus oublier les absens, qu'elle ne peut dénaturer la beauté de cette délicieuse contrée.

Avançons vers l'Anio. Il coule paisiblement entre la ville qui se déploie sur sa rive droite, et des prairies où paissent quelques troupeaux. Abrité des orages, il ne s'émeut que lorsque des neiges fondues ou des pluies abondantes viennent à le grossir. Comme alors il aurait pu causer des ravages, le Cavalier Bernin fut chargé d'en régler le cours, et le divisa en trois parties. L'une, près des murs de Tivoli, suit un canal et meut quelques usines. Du côté opposé, l'autre s'échappe par un déversoir. Au milieu, le fleuve lui-même, maintenu par un barrage dans toute sa largeur, dégagé de ses affluens naturels ou accidentels, semble ne former qu'un lac; mais au-delà de cette barrière est un abîme. Après l'avoir franchie, l'Anio s'élance et tombe avec un fracas épouvantable. La chute est si rapide que quelques courans conservent d'abord, l'aspect et le poli d'une glace. D'autres, heurtés, brisés par les rochers qui s'opposent à leur passage, se changent en flots d'écume et roulent confusément, tandis qu'une poudre humide s'élève, et s'envole au gré du vent comme un léger nuage. Deux temples antiques, sveltes, élégans, couronnent ce tableau : le premier, consacré à Vesta; le second, à la nymphe Albunée, sibylle de Tibur, dont le culte commença dans un bois et près d'une fontaine qu'on voyait jadis à peu de distance. Ce dernier temple est à moitié ruiné; l'autre subsiste encore dans son entier. Suspendus sur le penchant de la montagne, au-dessus du gouffre où s'enfonce l'Anio, ils paraissent retenus par une puissance surnaturelle. On croirait que des divinités tutélaires les habitent toujours; que, de là, elles veillent sur la ville, sur les champs, et protégent le pays contre les écarts du fleuve et les ébranlemens continuels que sa course occasionne. Descendons dans les profondeurs où il se précipite. Ne craignez point de vous y hasarder. Non-seulement leurs approches n'offrent plus de danger; mais les moindres obstacles ont été aplanis. Un Français, ami des arts autant que de la gloire, le général Miollis, alors qu'il gouvernait Rome, s'est chargé de ce soin. L'inscription placée au détour de l'une des rampes faciles qu'il a pratiquées dans les passages les plus escarpés, vous le dira.

SEXTIUS MIOLLIS
BONARUM ARTIUM COMMODITATI
VIAM FACIENDAM
CURAVIT.
1809[1].

Ce chemin conduit à la grotte dédiée à Neptune par Joseph Vernet, à celle des sirènes dont aucune voix trompeuse n'engage à braver les horreurs. Là, des roches entassées, forment des antres, des voûtes, des arcs, traversés sans cesse et dans tous les sens, par un courant immense. Ce désordre, ce bruit, ces eaux qui tombent, se croisent, se mêlent, rejaillissent en nappes, en jets, en gerbes, puis, réunies de nouveau, fuient, comme un torrent, entre des blocs de granit et de cailloux roulés, font éprouver un mélange de terreur et de plaisir qu'on ne saurait exprimer.

Revenons sur nos pas. Allons parcourir la campagne; et prenons un guide pour nous diriger. Ce sera Donato Életti, vieillard aimable et lettré,

---

[1] Sextius Miollis a fait construire cette route pour la commodité des artistes. 1809.

cicéroné depuis plus de quarante années: Amant passionné de l'antiquité, il ne se lasse point d'en redire les souvenirs. L'ancienne topographie de Tibur et de ses alentours, lui est aussi familière que la moderne. Pour préluder à cette promenade, il vous introduit d'abord chez deux antiquaires dont les maisons dominent le pays, et permettent de prendre une idée de son ensemble. Des débris plus ou moins précieux sont incrustés dans les murs. Életti connaît et raconte comment ils ont été trouvés, si c'est par hasard ou par suite d'indications historiques ; de quels monumens ils ont été détachés par le tems, ou par des mains barbares. Il vous plaint de ne les point posséder, car leur authenticité n'est point douteuse. Pour lui, dans sa pauvreté, il lui suffit de pouvoir en approcher avec les étrangers à qui il les montre, et d'y venir avec eux porter l'hommage de sa vénération.

« Maintenant, dit-il, commençons une excursion que j'entreprends toujours avec plaisir. Vous en éprouverez de même, à la vue des sites charmans et des lieux célèbres qui vont s'offrir à nos regards. Je ne négligerai aucune des particularités propres à l'augmenter. Passons promptement sur le pont boueux qui mène à la rive opposée de l'Anio. Nos édiles en prennent peu de soin. Ils méconnaissent l'utilité de l'entretien de cette communication, soit pour les habitans, soit surtout pour les curieux, dont le séjour momentané forme la principale branche de notre industrie, notre principale richesse. Nous vivons sous un gouvernement que les intérêts privés ou publics n'occupent guère. Je ne viens jamais ici, sans méditer pour lui quelque excuse. Aujourd'hui ce sentier est tellement impraticable, que j'aurais honte d'en chercher. Tournons à gauche. La route est déjà plus propre et plus facile. Reportez de tems en tems vos regards en arrière. Arrêtez-vous souvent. Marchez avec lenteur, s'il vous plaît, non par égard pour mon grand âge, car les dieux, voulant me dédommager des dons de la fortune qu'ils m'ont refusés, m'ont doué d'une bonne santé, sans laquelle il n'est point de vrai bien, mais pour ne rien omettre de ce que vous êtes venus visiter. Voyez déjà la ville qui se dessine par étages sur un plan légèrement incliné; ses maisons blanches entremêlées d'arbres, et surmontées de terrasses garnies de fleurs et de verdure; au-dessous, le fleuve et ses bruyantes cascades; plus près, le temple de Vesta, celui de la sibylle; et cette vaste ceinture de montagnes et de coteaux, parsemée d'habitations rustiques. Combien de sujets de paysage rassemblés dans ce petit espace ! Le génie des Claude Lorrain, des Poussin, des Ruysdael, des Vernet, a-t-il surpassé cette riche nature ? Connaissez-vous une école plus fertile en modèles pittoresques ? Quelle vigueur de ton, dans ces fabriques, dans ces sapins, sur ces rochers aigus, arrondis, nus ou couverts de lierre et de mousse ? Y voudriez-vous mêler des scènes historiques ? Où trouver un champ plus fécond ? Non-seulement l'histoire, mais la fable même va fournir abondamment à vos compositions. Je regrette toutefois que le ciel se soit rembruni. C'est au jour naissant et au coucher du soleil, qu'il convient de voir ces lieux enchanteurs. A cette heure nous perdons les plus beaux contrastes de la lumière et du clair obscur. »

Comme un propriétaire amoureux de ses jardins, il s'affligeait de ne pouvoir nous montrer Tivoli dans toute sa parure et dans tout son éclat. Cependant nous avancions ; et à chaque pas il suspendait notre marche, pour nous indiquer de nouveaux points de vue, de nouveaux effets, quelque nouvel aspect des eaux de l'Anio.

Les hauteurs qui nous cachaient Rome, venaient-elles à s'abaisser, son érudition se montrait aussitôt. Il nous désignait les édifices les plus remarquables, la place de ceux qui n'existent plus, et les ruines éparses dans la campagne. Attentif, minutieux dans ses descriptions, il n'en était jamais satisfait, et se plaignait de ne pouvoir, à son gré, nous faire partager son admiration.

« Pardonnez-moi, continuait-il, l'ennui que je vous cause peut-être : c'est presque mon devoir. Je ne voudrais pas que, si l'on vous interrogeait sur la course que nous faisons ensemble, vous pussiez en ignorer quelque chose. Ce serait pour moi le plus sensible reproche. » Puis il passait en revue les noms dont la célébrité s'unit à celle de Tibur. Son ame s'épanouissait au souvenir des amours de Lesbie et de Cinthie. Les malheurs de Zénobie excitaient sa pitié. En nommant Catulle, il s'attendrissait. Il ne parlait pas de Mécène, sans louer son goût pour les lettres et sa générosité. Quelques soupirs lui échappaient en même tems, car il n'eut jamais de Mécène; et sa vieillesse déjà avancée et le peu qu'il possède, lui font sans doute regretter de n'en avoir pas rencontré.

Au nom d'Horace surtout, il était ému, transporté; son enthousiasme éclatait. « Écoutez, nous disait-il, comme il fait avec goût, le portrait fidèle de Tibur :

> Me nec tam patiens Lacedæmon,
> Nec tam Larissæ percussit campus opimæ,
> Quàm domus Albuneæ resonantis,
> Et præceps Anio, ac Tiburni lucus, et uda
> Mobilibus pomaria rivis [1]. »

Életti déclamait plutôt qu'il ne récitait. Ce n'était pas seulement sa mémoire qui lui rappelait ce passage. Sa voix s'élevait. Elle devenait touchante, harmonieuse. Il marquait la prosodie avec précision. Le poète s'exprimait par sa bouche; et ces vers récités aux lieux même qui les dictèrent, avec une prononciation romaine qui semblait leur rendre leur accent originel, avaient un charme inexprimable. D'autres sites amenaient d'autres détails, d'autres citations. Les discours de notre guide en empruntaient

---

[1] Hor. liv. 1, od. 7.

> Pour moi, j'aime bien mieux cette charmante rive
> Où l'Anio murmure à travers les rameaux,
> Et ces vergers baignés d'une onde fugitive,
> Que Sparte la guerrière, et les coursiers d'Argos.
> (*Trad. de* Daru.)

de nouvelles couleurs, brillantes, sombres ou gracieuses selon l'occasion : et quand nous paraissions satisfaits de ses efforts, il se plaignait de n'avoir plus l'énergie ou la vivacité de la jeunesse.

Au détour d'un sentier, le long de l'Anio, coule une source rapide. « Ne vous arrêtez-vous point ici? nous a-t-il dit; cette fontaine où les cavaliers abreuvent leurs montures, dans laquelle les bergers et leurs troupeaux se désaltèrent, et dont la limpidité invite à approcher ses lèvres, vient des jardins de Catulle. Elle fut son Hippocrène. Confidente de ses amours, elle partage leur immortalité. Ne vous rappelle-t-elle point celle d'Horace et les vers charmans qu'il lui adresse ? ».

> O fons Bandusiæ, splendidior vitro,
> Dulci digne mero, non sine floribus;
>   Cras donaberis hædo,
>   Cui frons turgida cornibus
> Primis, et venerem et prælia destinat,
> Frustra : nam gelidos inficiet tibi
>   Rubro sanguine rivos
>   Lascivi soboles gregis.
> Te flagrantis atrox hora Caniculæ
> Nescit tangere : tu frigus amabile
>   Fessis vomere tauris
>   Præbes, et pecori vago.

LES CASCATELLES.

> Fies nobilium tu quoque fontium,
> Me dicente cavis impositam ilicem
> Saxis, unde loquaces
> Lymphæ desiliunt tuæ [1].

Nous n'avions plus à visiter que les Cascatelles. Leur description est partout mieux que je ne la saurais faire. Des dessins sans nombre, des tableaux, des gravures les reproduisent en tous lieux. Cependant ni la prose, ni les vers, ni le

[1] Hor., liv. III, od. 13.

> O charmante Bandusie,
> Plus pure que le cristal,
> Le meilleur vin de l'Asie
> Doit couler dans ton canal.
> C'est demain qu'en sacrifice
> Sur ta rive protectrice,
> J'immole un jeune chevreau :
> Fier de ses cornes naissantes,
> Il cherche en vain ses amantes ;
> Son sang doit rougir ton eau.
>
> Tu braves l'ardente haleine
> Du lion brillant des cieux :
> Le taureau sur ton arène
> Goûte un frais délicieux.
> Je veux te rendre fameuse,
> Et chanter ce bel yeuse
> Qui couronne le rocher
> D'où l'on voit ton onde pure,
> Avec un faible murmure,
> Sur la plaine s'épancher.
>
>   (*Trad. de* Daru.)

crayon, ni le burin, ni les couleurs, n'approchent de la vérité. Il faut voir soi-même ces ruisseaux abondans, échappés de l'Anio, s'élancer du haut des coteaux, se séparer en grondant, découvrir par intervalles des champs émaillés de verdure et de fleurs, se réunir pour se diviser encore, plonger en flots d'écume dans le fond de la vallée et teindre l'air de brillans iris, puis s'écouler en silence à travers l'herbe des prairies, sous l'ombrage des mûriers, des peupliers et des platanes. En présence de cette scène ravissante, malgré soi, l'on ne fait que regarder, écouter, suivre machinalement le mouvement de ces nappes argentées dont la forme varie à chaque instant. La nuit est venue les envelopper de son ombre; et nous nous sommes acheminés vers la ville, causant avec le vieux et pauvre Életti, des plaisirs de la promenade que nous étions forcés d'interrompre. Il recevait modestement les remerciemens que nous lui adressions. Le prix de ses services est fixé par lui-même, et il ne permet pas qu'on l'augmente. Nous lui en avons exprimé nos regrets. « Je vous suis obligé, a-t-il continué. Ce n'est point sans de bonnes raisons que j'ai restreint mes émolumens, ou mon salaire si vous voulez. J'aurais craint en permettant de modifier le tarif que je me suis prescrit, d'exposer les voyageurs à des comparaisons embarrassantes. Les moins fortunés veulent souvent le paraître davantage; et, sans approuver leur faiblesse, je la respecte. Il m'en coûte un peu de mon bien-être; mais, quand on me quitte, j'ai le plaisir de voir que l'on est satisfait de soi-même et de moi. C'est déjà un assez grand avantage que l'on daigne me choisir entre mes camarades. Les étrangers qui m'ont accordé cette préférence, veulent bien me recommander à ceux qui les suivent; et je vous demande la même faveur. En me livrant à mon obscure profession, je n'ai pas tardé à reconnaître que Tivoli excitait la curiosité, moins par ses beautés naturelles, que parce qu'elle fut l'antique Tibur. Je me suis rendu propre à contenter le goût des amateurs. Dieu merci, ma mémoire n'a reçu de ma vieillesse, aucune fâcheuse atteinte. L'intelligence de la langue latine m'a donné la faculté de faire, en quelque sorte, entendre la voix d'Horace, sous ces ombrages, au bord de ce fleuve qu'il chérissait. Heureux! si j'ai pu vous faire un moment illusion. Pour ma part, je trouve une jouissance toujours nouvelle, à réciter ses odes si justement vantées pour la richesse des expressions, l'abondance des pensées, les grâces de la poésie, et les conseils d'une philosophie consolante qui convient à la médiocrité au-dessus de laquelle mes vœux ne s'élevèrent jamais. Adieu. Je vous rends mille grâces. »

Nous étions alors à la porte de notre auberge. Életti a pris congé de nous; et je crains bien que tous les plaisirs de cette excursion tiburtine ne soient passés. En disparaissant de dessus l'horizon, le soleil a emporté la température que sa présence amollissait. Il n'y a point de cheminée dans l'appartement que nous allons habiter. Rien ne ferme, ni la porte, ni les fenêtres. Ce n'est plus l'heure des muses et de leurs aimables fictions. Celle des simples humains et des tristes nécessités de la vie va commencer. Que ne puis-je écrire les détails de cette journée au coin d'un bon feu! La nuit qui nous attend sera-t-elle moins froide et moins incommode que nous n'avons lieu de le présumer?

DÉPART DE TIVOLI. — LE LAC DES ÎLES FLOTTANTES.
UNE SOIRÉE CHEZ LA DUCHESSE DE T........

Rome, 23 décembre 1819.

Le soleil dont les derniers rayons éclairaient hier notre retraite, ne se montrera pas aujourd'hui. D'épais nuages descendent du ciel et se confondent avec le sommet des montagnes. Sous la brume qui les couvre, à peine peut-on distinguer les ondulations des coteaux les plus voisins. L'atmosphère est humide et glacée. Le feu poétique des anciens hôtes de Tibur, même leurs chants d'amour ne suffiraient pas pour la réchauffer. Mieux vaudrait un foyer étincelant d'une flamme légère, sensualité à peu près inconnue dans ces climats, où de mauvais gîtes et de mauvais lits, loin de délasser les promeneurs, augmentent leurs fatigues. Ce malencontre me fait partir sans regret, et reprendre au contraire avec joie, le chemin de Rome.

Pressé d'arriver à Tivoli, j'avais omis à dessein la source de la Solfatara. Elle sort d'un lac infect auquel elle doit son nom, qui est situé à quelque distance de la route, sur la droite, et que les bulles d'air qui crèvent incessamment à sa surface, pourraient faire croire en ébullition. Il n'en est rien. En y plongeant la main, on ne sent qu'une légère impression de chaleur. Divers sédimens y surnagent, qui réunis à des brins d'herbes jaunâtres détachés de ses bords, à la poussière apportée par les vents, et aux débris des roseaux qui y abondent, forment de petites masses que le moindre mouvement de l'air fait flotter dans tous les sens. De là lui vient un autre nom : celui de *Lac des Iles flottantes*. Ses eaux ont une odeur repoussante de foie de soufre. J'en ai goûté. Elles sont comme saturées de sel commun; et il suffit d'en avoir conservé un moment dans la bouche, pour ressentir, long-tems après, de fortes nausées. Rien n'arrête les passans sur ce triste rivage, dont les animaux comme les hommes fuient les exhalaisons empestées.

Rentré dans Rome, je me suis rendu, le soir, au cercle de la duchesse de T......., qui était plus nombreux qu'à l'ordinaire. Les mêmes insignifians propos y ramenaient le même ennui, lorsque la présence d'un étranger a interrompu la monotonie accoutumée. C'était un Grec, d'une taille élevée, et d'une belle figure. Son costume oriental se faisait remarquer par l'éclat des couleurs, la finesse des tissus et la richesse des broderies, parmi les soutanes rouges, violettes et noires qui circulaient dans les ppartemens. Son bonnet et sa longue barbe donnaient à son maintien, une gravité patriarchale. On le dit fort riche. Après avoir visité l'Europe, il revient dans sa patrie. La foule se pressait autour de lui. Ses voyages ont servi de texte à la conversation devenue, pour ainsi dire, générale. Quelques-uns l'interrogeaient. Ses réponses étaient précises et instructives. On y distinguait de la finesse, de la mesure, du tact. Il ne parlait que le français; et le choix de ses mots comme la tournure de ses phrases, marquait une connaissance approfondie de notre langue.

« J'ai parcouru l'Europe entière, disait-il. Les peuples divers qui l'habitent, ont successivement fixé mon attention. Maintenant il m'est permis de les comparer entre eux; et toutes mes préférences se réunissent en faveur des Français. Entre les plus belles capitales, Paris l'emporte également. Je voudrais qu'il fût en mon pouvoir d'y fixer ma résidence; et je n'éprouve le même désir pour aucune autre ville. — Oui, a répondu un jeune Français, qui affectait des airs de suffisance et de hauteur, renouvelés d'un tems que nos mœurs libérales ont ridiculisé à jamais : l'on y trouve des vices, de l'ennui, des vertus, des plaisirs. — Monsieur, a repris le voyageur grec, si j'avais l'honneur d'être votre compatriote, je ne citerais de notre pays que ce qui serait digne d'éloges. Dans les grandes villes, il y a nécessairement de tout ce que vous dites. Quant à moi, je ne quitterais la Grèce, que pour habiter Paris. » Cet hommage, qui n'a pas laissé de rencontrer des échos, m'a charmé. Notre étourdi s'est tû. Ce n'est pas au-dehors, que les détracteurs du rang que nous avons occupé, et de celui qui nous est destiné encore, doivent aller chercher des approbateurs. Il n'en reste guère qu'en France, dans un petit nombre de salons féodaux dont les coryphées n'ont jamais eu de patrie.

L'ÉGLISE DE SAINT-LOUIS-DES-FRANÇAIS.
TOMBEAUX DU CARDINAL DE BERNIS ET DE MADAME DE D***.
L'ÉGLISE DE SAINT-ANDRÉ-DELLA-VALLE. — SOUVENIRS HISTORIQUES.
LE PALAIS DE LA FARNÉSINE. — PEINTURES DE RAPHAEL ET DU SODOMA.
LES LOGES DE RAPHAEL AU VATICAN. — LE PALAIS GIRALDO.
L'ATELIER DES MOSAÏQUES. — LE SAINT-OFFICE.
L'ANNONCE DES FÊTES DE NOEL.

Rome, 24 décembre 1819.

N'attendez plus de moi une marche régulière. Désormais je me promène au hasard. Un palais, un temple, s'offrent-ils sur mon passage? j'y entre, et m'enquiers des monumens et des curiosités qu'ils renferment. C'est ainsi, qu'en sortant de la place Navone dont j'étais allé revoir les fontaines, je me suis arrêté à l'église de Saint-Louis-des-Français. Son nom seul suffisait pour attirer ma visite. Elle date de l'an 1589, et fut bâtie par l'ordre et par les soins de Henri III. Faut-il ranger cette dévote prodigalité, parmi celles auxquelles ce misérable, comme l'appelait le duc de Mayenne, se livrait en expiation de ses vices? ou bien chercha-t-il, par cette offrande catholique, à se concilier la bienveillance de Sixte-Quint? Quoi qu'il en soit, l'église de Saint-Louis, construite sur les dessins de Jean de la Porte, a un beau caractère d'architecture. Les murs, les voûtes, les autels, sont peints par le Dominiquin, Natoire, le Bassan, Michel-Ange de Caravage et le chevalier d'Arpin. A droite de la porte, il y a, dans une chapelle, deux tombeaux. L'un contient les restes du cardinal de Bernis; l'autre, ceux de Mme de B***, fille de l'infortuné Montmorin, ministre de Louis XVI. Le premier est orné d'un bas-relief de Max. Laboureur, sculpteur vivant : on y voit un Génie présentant à la Religion, un rouleau en forme de papyrus. La figure de la Religion a de la dignité. Celle du Génie est modeste, et bien sentie. Quels écrits remplissent ce rouleau? sont-ce les œuvres de l'abbé ou celles du cardinal? On connaît bien moins celles-ci que les autres; et, dans une église, près des emblêmes de la pourpre, sur un tombeau, une muse galante n'est guère à sa place. Telle est pourtant la pensée qui vient d'abord à l'esprit. A part cette équivoque, la composition du sujet et son exécution ne seraient pas sans mérite, si le cadre en était moins borné. Pour se développer, le talent veut un plus grand espace; et les miniatures sont peu susceptibles d'expression. L'inscription gravée sur ce mausolée, ne dit que le nom, l'âge et le jour de décès du cardinal : ce fut le 3 des nones de novembre 1794.

Une sculpture aussi en bas-relief, par Marin, statuaire français, est de même le seul ornement du second tombeau. Les proportions en sont encore plus petites. On y voit une jeune et belle femme, morte, étendue sur un lit de repos. Ses traits inanimés conservent l'empreinte d'une douleur profonde. Au-dessus sont écrits ces mots : *Quia non sunt* [1]. Des camées symétriquement espacés à l'entour, retracent l'image de ceux dont la perte l'a conduite au tombeau. L'épitaphe achève de donner l'explication du sujet :

APRÈS AVOIR VU PÉRIR TOUTE SA FAMILLE,
SON PÈRE, SA MÈRE, SES DEUX FRÈRES ET SA SOEUR,
PAULINE DE MONTMORIN, CONSUMÉE D'UNE
MALADIE DE LANGUEUR, EST VENUE MOURIR
SUR CETTE TERRE ÉTRANGÈRE.

Qui ne serait ému d'une fin si touchante, ra-

---

[1] Parce qu'ils ne sont plus.

contée avec tant de simplicité ? Quelle était l'exquise sensibilité de celle qui, dans la force de l'âge, ne survécut pas aux malheurs de sa famille ! Chacun voudrait l'avoir connue, l'avoir aimée, avoir eu part à ses affections. Plus bas on lit :

F. A. DE CHATEAUBRIAND A ÉLEVÉ
CE MONUMENT A SA MÉMOIRE.

Ce peu de mots accuse injustement la négligence de ses parens ; et, contre le vœu de celui qui les a dictés, il ressemble trop à une indiscrétion. Le sentiment qui veut honorer des cendres chéries, quelque pure que soit sa source, s'ennoblit par le mystère dont on le couvre. Mais les poursuivans de la renommée, jaloux de l'occuper, ne redoutent que son silence. Infatués de l'importance qu'ils ont acquise ou qu'ils se donnent, ils prétendent que leurs moindres actions soient connues à l'égal de leurs moindres écrits. Il y a des hommes qui se croient malheureux, si leur bonheur est ignoré.

Toutefois, quels souvenirs historiques se trouvent réunis dans cette chapelle ! — Ici, repose un ministre de Louis XV. Il vivait sous un roi qui ne craignit pas de braver l'opinion publique, et qui prépara, par d'ignobles profusions, les revers de sa dynastie. Effrayé des premiers orages de la révolution, le cardinal de Bernis s'enveloppa de la pourpre qui lui était échue en partage, se réfugia à l'abri du Saint-Siége, et mourut dans un exil volontaire.—Là, fut déposée une femme qui s'expatria aussi pour se soustraire à la hache des bourreaux, dont tous les siens avaient été frappés. Le marbre qui la couvre, rappelle un dévouement courageux qui fut inutile à la royauté, les dangers auxquels la faiblesse d'un monarque expose son royaume, et la mort tragique de celui en qui aurait fini le règne des Bourbons, si la destinée des nations comme celle des individus, ne tenait pas à des causes indépendantes de la volonté, des desseins, des crimes ou des vertus de la fragile humanité.

Puisque nous sommes sur le sujet des commotions politiques, je veux vous conduire à l'église de Saint-André *della valle*. Dans l'endroit même où elle est bâtie, fut immolée, il y a dix-neuf siècles, une autre victime d'une révolution commencée dans l'intérêt de la liberté, dont le sacrifice ne produisit non plus qu'un vil esclavage. Le palais de Pompée, son théâtre, et le portique qu'il avait fait construire occupaient cet emplacement et les environs. Ce fut là, au pied de la statue de son rival, que des républicains assassinèrent Jules César. Vous dirai-je que la façade de ce temple est imposante ; que les peintures de sa coupole sont un des beaux ouvrages de Lanfranc; que les quatre évangélistes peints dans les pendentifs et les tableaux de la tribune, suffiraient pour immortaliser le pinceau du Dominiquin? Tous ces détails si communs à Rome, commencent à vous inspirer ainsi qu'à moi, un médiocre intérêt. Mais il n'en sera pas de même de ce qui touche au tems où l'empire romain ne connaissait de limites que celles du monde connu, alors que les progrès et l'excès peut-être de sa civilisation, contribuaient, autant que ses armes, au maintien de sa puissance. Cherchez donc avec moi, la place qui fut rougie du sang du vainqueur de Pharsale. Voici des détails qui peuvent nous mettre sur la voie. Plutarque les a conservés :

« C'estoit l'un des portiques qui sont alentour
» du theatre, dedans lequel il y avoit un con-
» clave garny de sieges tout alentour; et en
» iceluy une image de Pompeius que la ville y
» avoit fait dresser en son honneur, lors qu'il
» orna et embellit ce quartier là, du theatre

» qu'il y feit bastir, et des portiques qui sont
» alentour d'iceluy. En tel lieu doncques fut as-
» signée l'assemblée du senat droittement au
» quinzieme jour du mois de mars (44 ans avant
» J.-C.) que les Romains appellent *Idus Mar-*
» *tias*, de sorte qu'il sembloit proprement que
» quelque Dieu menast expressément là Cæsar
» pour y estre tué, en vengeance de la mort de
» Pompeius [1]. »

Serait-ce au pied de cet autel où un prêtre dit la messe, ou dans cet enfoncement rempli par un confessionnal auprès duquel abondent des pénitentes de tous les âges? N'est-ce point dans cette chapelle décorée de huit colonnes de vert antique? Vaines conjectures! recherches inutiles! Pour compenser ce désappointement, relisons ensemble le récit circonstancié que Suétone fait de la fin déplorable d'un héros que tant de batailles avaient épargné. Après l'exposé du plan des conjurés, il continue :

« Des prodiges frappans annoncèrent à César
» sa fin prochaine. Quelques mois auparavant,
» des colons à qui il avait donné des terres dans

---

[1] PLUT., *Marcus Brutus*, tr. d'Amyot, xv.

» la Campanie, voulant y élever des maisons,
» fouillaient d'anciens tombeaux avec d'autant
» plus de curiosité, que, de tems en tems, ils
» rencontraient des monumens antiques. Ils
» trouvèrent dans un endroit où l'on disait que
» Capys, le fondateur de Capoue, était enseveli,
» une table d'airain avec une inscription grec-
» que dont le sens était, que lorsqu'on décou-
» vrirait les cendres de Capys, un descendant
» de Jules serait mis à mort par la main de ses
» proches, et serait vengé par les malheurs de
» l'Italie. On ne peut regarder ce fait comme
» fabuleux ou inventé : c'est Cora Balbus, in-
» time ami de César, qui le rapporte. Vers le
» même tems, il apprit que des chevaux qu'il
» avait consacrés le jour du passage du Rubi-
» con, et qu'il avait laissé paître en liberté,
» s'abstenaient de toute nourriture et pleuraient
» abondamment. L'augure Spurinna l'avertit
» dans un sacrifice, qu'il était menacé d'un dan-
» ger qui ne passerait pas les ides de mars. La
» veille de ces mêmes ides, des oiseaux de dif-
» férentes espèces poursuivirent au bois voisin,
» et mirent en pièces un roitelet qui s'était per-
» ché sur la salle du sénat avec un rameau de
» laurier dans le bec. La nuit même du jour où

» il fut tué, il lui sembla, pendant son sommeil,
» qu'il volait au-dessus des nues, et qu'il tou-
» chait dans la main de Jupiter. Sa femme Cal-
» purnia rêva que le comble de la maison tom-
» bait, et que son mari était percé de coups
» dans ses bras. Les portes de sa chambre s'ou-
» vrirent d'elles-mêmes. Toutes ces raisons et
» sa santé qui se trouva faible, le firent hésiter
» s'il ne demeurerait pas chez lui, et s'il ne dif-
» férerait pas ce qu'il avait résolu de faire ce
» jour-là dans le sénat; mais Décimus Brutus
» l'exhorta à ne point manquer au sénat qui
» l'attendait en grand nombre et depuis long-
» tems. Il sortit donc vers la cinquième heure
» du jour. On lui présenta un mémoire qui con-
» tenait un détail de la conjuration : il le mêla
» avec d'autres qu'il tenait dans sa main gauche,
» comme remettant à le lire dans un autre mo-
» ment. On immola plusieurs victimes, sans
» qu'une seule donnât des présages heureux;
» et bravant ces terreurs religieuses, il entra
» dans le sénat, et se moquant de Spurinna :
» *Voilà pourtant les ides de mars venues sans*
» *accident,* disait-il. — *Elles ne sont pas pas-*
» *sées,* répondit l'augure.

» Lorsqu'il eut pris place, les conjurés l'en-

» tourèrent comme pour lui faire leur cour; et
» aussitôt Tullius Cimber, qui s'était chargé
» d'ouvrir la scène, s'approcha pour lui deman-
» der une grâce : et comme César lui faisait
» signe de remettre sa demande à un autre mo-
» ment, il le prit par sa robe et lui fit courber
» les épaules. *C'est de la violence*, s'écria César.
» Alors l'un des deux Casca le frappe un peu
» au-dessous du col. César saisit le bras de Cas-
» ca, et le perce d'un poinçon qu'il tenait à la
» main. Il veut s'élancer; un second coup de
» poignard l'arrête. Il voit de tous côtés le fer
» levé sur lui : alors il s'enveloppe la tête, et
» de sa main gauche il abaisse sa robe pour
» tomber plus décemment. Il fut percé de vingt-
» trois coups. Au premier il poussa un gémis-
» sement sans proférer aucune parole. D'autres
» cependant racontent qu'il dit à Brutus qui
» avançait pour le frapper : *Et toi aussi, mon
» fils!* Il resta quelque tems étendu par terre.
» Tout le monde avait pris la fuite. Enfin trois
» esclaves le rapportèrent dans sa maison, sur
» une litière d'où pendait un de ses bras. »

Il y a une fatalité digne d'être observée, dans ces pronostics si minutieusement recueillis, dans ces nombreux pressentimens, dans ces avertissemens indirects, et dans cette catastrophe qu'une main invisible conduisait à sa fin. On les retrouve presque, dans les circonstances qui précédèrent la mort de Henri IV. Ces deux assassinats, commandés par un fanatisme différent, n'eurent point les effets que leurs auteurs en attendaient. Le vide qu'ils laissaient ne se mesura qu'après la catastrophe. Il n'en est pas autrement de la plupart des crimes politiques. A peine sont-ils commis, que toutes les ambitions s'éveillent pour en profiter, celles même qui leur étaient le plus étrangères. Si les nations essaient un moment de les faire tourner à l'avantage de la liberté, incapables de persévérance elles confient bientôt l'exercice de leurs droits, au premier qui promet de les faire valoir, et qui ne tarde pas à en abuser. Que de siècles, que d'événemens s'écoulent ensuite, avant qu'il se présente une nouvelle occasion de les recouvrer! On dirait que ces velléités, ces tentatives d'affranchissement épuisent les forces morales des peuples, qu'ils n'en deviennent que plus dociles à un nouveau joug, quelquefois brillant, souvent honteux, et qu'ils ne secouent que par de nouvelles convulsions également rares et stériles.

Laissons ces réflexions tant soit peu étrangères à mon sujet, quoiqu'elles soient moins déplacées ici, devant ces Romains en qui nos armes et nos lois n'ont rien trouvé de leur antique origine. Continuons nos courses. Traversons le Tibre sur le pont Sixte. A droite, dans la rue de la Longara, et vis-à-vis de la Villa Corsini, nous rencontrerons le palais de la Farnésine. Cet édifice vaste et enfumé, appartient à la cour de Naples. Il est habité par un consul général, qui se montre fort importuné de la curiosité des voyageurs. Certes, elle n'est pas pour lui, dont l'extérieur réunit toutes les disgrâces particulières au peuple napolitain; mais pour les belles peintures qui décorent ses appartemens. Raphaël a peint dans le vestibule, les principaux traits de la fable de Psyché. La scène s'ouvre par les plaintes que Vénus adresse à l'Amour :

> Mon fils, dit-elle, en lui baisant les yeux,
> La fille d'un mortel en veut à ma puissance ;
> Elle a juré de me chasser des lieux
> Où l'on me rend obéissance :
> Et qui sait si son insolence
> N'ira pas jusqu'au point de me vouloir ôter
> Le rang que dans les cieux je pense mériter ?
> Paphos n'est plus qu'un séjour importun :

Des Grâces et des Ris la troupe m'abandonne ;
Tous les Amours, sans en excepter un,
S'en vont servir cette personne.
Si Psyché veut notre couronne,
Il faut la lui donner ; elle seule aussi-bien
Fait en Grèce à présent, votre office et le mien.
L'un de ces jours, je lui vois pour époux
Le plus beau, le mieux fait de tout l'humain lignage,
Sans le tenir de vos traits ni de vous,
Sans vous en rendre aucun hommage.
Il naîtra de leur mariage
Un autre Cupidon, qui d'un de ses regards,
Fera plus mille fois que vous avec vos dards.
Prenez-y garde ; il vous y faut songer :
Rendez-la malheureuse ; et que cette cadette
Malgré les siens épouse un étranger
Qui ne sache où trouver retraite,
Qui soit laid, et qui la maltraite,
La fasse consumer en regrets superflus,
Tant que ni vous ni moi nous ne la craignions plus [1].

Mais les passions n'altèrent point la majesté des dieux. Dans sa colère, Vénus est encore noble et belle. Elle presse l'Amour dans ses bras. Jamais elle n'implora vainement son secours. Sûre d'être obéie, elle le prie moins qu'elle ne lui commande, et ne craint pas de lui montrer sa rivale. L'Amour surpris des attraits de Psyché, écoute sa mère avec distraction. Il examine cu-

[1] La Font., *Amours de Psyché*, liv. II.

rieusement celle qui déjà l'a séduit. En lui, tout dément la confiance que Vénus lui témoigne. Il prendra d'autres conseils, et cédera à d'autres sentimens. Ce tableau de la jalousie d'une femme, de la malice d'un enfant et de l'innocence d'une jeune fille, est d'une vérité inimitable.

> Le dieu qu'on nomme Amour n'est pas exempt d'aimer :
> A son flambeau quelquefois il se brûle ;
> Et si ses traits ont eu la force d'entamer
> Les cœurs de Pluton et d'Hercule,
> Il n'est pas inconvénient
> Qu'étant aveugle, étourdi, téméraire,
> Il se blesse en les maniant ;
> Je n'y vois rien qui ne se puisse faire [1].

Loin de songer à venger Vénus, l'Amour remercie les Grâces d'avoir prodigué leurs dons à sa belle maîtresse. Sa joie indiscrète éclate dans ses traits. Entre les Grâces, l'une regarde complaisamment Psyché. Les autres écoutent l'Amour, sourient à sa confidence, et marquent quelque envie de le faire jaser.

Vénus se plaint de son fils à Junon et à Cérès. Elle leur demande en quels lieux il tient Psyché

---

[1] La Font., *Amours de Psyché*, liv. I.

cachée. Junon feint de n'en rien savoir. Vénus indignée se dispose à s'éloigner; et Cérès qui craint d'irriter l'Amour, ne témoigne que de l'indifférence.

Après avoir vainement cherché sa rivale sur la terre, Vénus remonte vers l'Olympe. Elle est sur un char brillant, tiré par des colombes d'une blancheur éblouissante. Les nuages fuient derrière elle, tant sa course est rapide! Dans ses yeux, on lit le trouble qui l'agite.

C'est à Jupiter qu'elle est allée se plaindre. Son air est suppliant. Le maître du tonnerre lui parle avec calme; mais elle prête impatiemment l'oreille aux avis qu'il lui donne. Pour lui, redoutant les vengeances de l'Amour, il paraît peu disposé à épouser la querelle de cette déesse contre une mortelle.

Cependant il a résolu de consulter les dieux sur l'union de l'Amour et de Psyché. Mercure part pour les en prévenir. Ses ailes sont déployées. Son corps svelte se dessine avec grâce. Il s'élance au travers des nuages, et semble plus léger qu'eux.

Jusqu'ici la scène s'est passée dans les cieux. Pour apaiser Vénus, Psyché, qui n'a point encore figuré dans ce drame, est allée aux enfers recueillir la rosée du Styx, qui a la propriété de rendre et de conserver la beauté. Aidée de Proserpine, elle en a rempli une urne, et se propose d'en faire hommage à la divinité qui la poursuit. Des zéphirs la portent dans les airs. Elle tient avec précaution son offrande précieuse, et s'abandonne à l'espérance d'apaiser les rigueurs qui lui ont déjà coûté bien des larmes.

Heureuse de posséder un présent si rare, et touchée de cet acte de soumission, Vénus se laisse fléchir. Un regard d'indulgence tombe sur Psyché; et ce pardon lui rend la sécurité et la joie.

De son côté, l'Amour accuse sa mère devant Jupiter. Il veut être uni à celle qu'il aime. Sa contenance enfantine exprime la bouderie. Il est debout. Ses ailes sont près de se replier, en signe de douleur. Jupiter, qui s'efforce de le consoler, lui prend doucement les lèvres, et les approche de sa bouche pour les baiser.

Mais les dieux s'assemblent. On les reconnaît à leurs attributs. Groupés sur de brillans nuages, ils délibèrent sur l'objet qui leur est soumis. L'Amour vient de plaider sa cause. Vénus lui reproche de vouloir épouser une simple mortelle. En même tems Psyché boit le nectar que Mercure lui verse dans une coupe d'or, et reçoit ainsi le don de l'immortalité.

Enfin les noces sont célébrées. Un banquet splendide est servi. Les époux occupent la place la plus élevée. Leurs bras sont amoureusement enlacés. Puis viennent Jupiter et Junon, se tenant étroitement serrés. Les autres dieux sont assis selon leur rang. Ganymède présente à son maître, le breuvage céleste. Bacchus en offre aux autres convives, tandis que les Grâces répandent sur eux des parfums. Vulcain cuit les mets. Sous la forme de nymphes aériennes, les Heures volent au-dessus de la table, et la jonchent de fleurs. Les Muses chantent. Apollon les accompagne de son luth. Pan mêle à cette harmonie, les sons de sa flûte : et Vénus, libre de ses vengeances, rendue à son goût pour les plaisirs, se dispose à danser.

Plus de trois siècles ont passé sur ces fresques, et leur éclat n'est point terni. Que de pensées fines, ingénieuses, délicates ; que de poésie dans chacune de ces compositions! Quelle noblesse dans les traits de ces différentes figures! Que d'élégance et de naturel dans les attitudes! Quelles vives couleurs! Non, l'Olympe, les Grâces, Vénus, l'Amour et sa jeune maîtresse, n'étaient pas autrement. Le génie de Raphaël lui en avait révélé les formes. Il avait assisté au conseil de la cour céleste. Il était prié de la noce. Il tenait de Jupiter lui-même, le secret de sa faiblesse; de Vénus, celui de sa jalousie : et Cupidon lui avait confié sa passion pour Psyché.

Des liens de fleurs, de verdure et de fruits entourent ces peintures. Leur coloris et leur relief font illusion. Dans les intervalles qu'ils laissent, figurent sous l'emblême d'enfans ailés, les Jeux, les Ris et les Plaisirs. Ils célèbrent les victoires du dieu de Gnide, et se parent de ses trophées. L'un montre en s'envolant, le fer aigu dont ses flèches sont armées, et rit des blessures qu'elles font : son carquois en est plein. L'autre emporte les foudres de Jupiter, en présence même de son aigle. Un troisième a dérobé le trident de Neptune : des oiseaux de mer volent autour de lui. La fourche de Pluton est demeurée aux mains d'un quatrième; et Cerbère est muet devant ce larcin. Celui-ci s'est armé de l'épée et du bouclier de Mars : un faucon, des oiseaux de proie l'environnent. Celui-là s'est saisi de l'arc et des traits d'Apollon : le griffon consacré à ce dieu ne l'en empêche point. Mercure a perdu dans sa défaite, ses ailes et son caducée : des pies s'élancent après l'enfant qui s'en est emparé. En voici un qui a ravi le thyrse de Bacchus chargé de pampres et de raisins : un tigre apprivoisé marche timidement après lui. Cet autre a pris la flûte du dieu des bergers : à ses côtés l'on voit une chouette harcelée par de petits oiseaux. Regardez ceux qui se jouent en riant, avec les armes d'Alexandre ou d'autres guerriers fameux : près d'eux de jeunes aigles déchirent un papillon. Les deux qui suivent ont réuni leurs forces pour traîner la massue d'Hercule : une harpie vole à l'entour. Vulcain a de même été dépouillé de ses tenailles et de son marteau. Enfin, il en est un dernier qui retient sous le même joug, et guide sans effort un lion et un monstre marin. Toutes ces allégories éparses autour de la fable de Psyché, justifient sa défaite. Elles prouvent que rien n'échappe au pouvoir de l'Amour; que l'Olympe, l'air, la terre et la mer, sont soumis à son empire; que contre lui toute résistance est vaine; que la faiblesse ne le désarme point; que, pour le vaincre, la force est inutile; qu'aucune arme n'est propre pour le combattre; qu'aucune égide ne préserve de ses atteintes; et que la Gloire elle-même, si jalouse de ses propres triomphes, se plaît à lui céder la victoire, et trouve du bonheur à subir ses lois.

Une salle attenante au vestibule que nous venons de parcourir, devait être décorée dans le même genre. Plusieurs panneaux de la boiserie ont été peints par Séb. del Piombo, Daniel de Volterre et G. Poussin. Chacun de ces artistes a donné à son ouvrage, le caractère qui le distingue. On admire surtout les paysages du dernier, où le choix des sites, la richesse des fabriques et la disposition des plans, offrent une heureuse combinaison des beautés de la nature et des prestiges de l'art. Mais la palme de ce concours est encore à Raphaël. C'est là, sur un de ces murs, qu'il a peint sa fameuse Galathée. Après la mort d'Acis, elle va rejoindre ses sœurs les Néréides. Debout sur une conque à laquelle deux dauphins sont attelés, elle glisse à la surface des flots. Elle est nue. Elle est belle. Ses blonds cheveux épars laissent voir ses attraits les plus cachés. Une nymphe la précède. Une autre la suit portée par un triton. Des Amours l'environnent, la devancent, volent sur ses traces, et menacent ceux qui osent la regarder. Tout ce cortége a du mouvement, de la vie. La mer est vaste, l'horizon éloigné, l'air transparent.

Un ciel pur couronne cette scène charmante, qu'on prendrait pour une apothéose de la beauté. Cependant, des regrets se mêlent à l'admiration dont on est saisi. D'autres cadres étaient réservés au pinceau de Raphaël. Frappé par la mort il les a laissés vides; et nul n'a osé les remplir. Ce désordre dans un lieu habité, est comme un signe du deuil causé par une si grande perte. Sur l'imposte d'une porte, une esquisse tracée au charbon, attend également qu'on la finisse. Ce n'est que le trait d'une demi-figure accoudée, et plongée dans une méditation profonde, peut-être sur la mort de Raphaël. Un génie créateur lui a donné une ame. Quelle expression dans le regard! Que de noblesse dans la pose, de profondeur dans la pensée, et de repos dans l'ensemble! La postérité respectera cet essai de Michel-Ange. Deux siècles et demi n'en ont pas effacé une seule ligne. On y retrouve la correction et la largeur de dessin, qui caractérisent son auteur, le style grandiose qui a égaré tant d'imitateurs, et cette magie qui anime le marbre et la toile.

Il y a en outre, dans le palais de la Farnésine, des tableaux précieux que l'on ne voit pas aussi facilement. La jalousie stupide du consul napolitain les dérobe aux regards des amateurs. En son absence, la consigne est moins rigoureuse; mais il n'est pas sorti. Moyennant une libéralité proportionnée à l'obstacle, nous allons être admis. C'est à l'insu du maître. S'il le savait, son humble concierge serait chassé sans pitié. Il faut monter bien vite, à petit bruit, ne point parler, admirer tout bas, et s'éloigner bientôt. Avec ces précautions, on est introduit dans le logement fort sale de ce délégué d'un souverain. Les peintures annoncées meublent son salon. L'une représente la famille de Darius aux pieds d'Alexandre. Le sujet de l'autre est le mariage de Roxane. Elles sont de Vercelli, dit le Sodoma, qui vivait au commencement du quinzième siècle. La première ressemble tellement au tableau de Lebrun, qu'on pourrait croire qu'il en est une copie, ou tout au moins l'imitation. La dernière est unique dans son genre. Tout y respire la volupté. Les époux sont dans la chambre nuptiale. Roxane assise sur la couche qui doit les recevoir, n'a conservé de tous ses vêtemens qu'une tunique de gaze. Pendant qu'un Amour cherche à la lui ôter, d'autres délient ses cothurnes. D'autres encore voltigent autour d'elle, cherchant malignement s'ils n'ont plus aucun voile à lui ravir. D'autres enfin écartent les rideaux, les soulèvent et se nichent dans les draperies. La joie, l'empressement, la curiosité, le désir, se peignent dans leurs diverses attitudes. Inquiets que leur conquête ne leur échappe, ils ne négligent rien pour s'en assurer. Roxane, légèrement émue, se prête aux jeux de cet essaim folâtre. Cédant à tout ce qu'il exige, elle paraît prendre quelque plaisir à sa docilité. Sa pudeur expirante colore son visage. Rien n'égale son éclat, sa fraîcheur. A travers le tissu léger qui la couvre, on croit voir palpiter son sein ; on distingue ses formes, ses contours. N'est-ce vraiment qu'une illusion ? Un groupe de femmes va s'éloigner. Après avoir parfumé leur maîtresse, et relevé les tresses de ses cheveux, elles examinent s'il n'est plus de soins à lui donner. Une négresse dont le teint d'ébène fait ressortir la carnation de ses compagnes, la regarde aussi, et sourit au bonheur de l'époux qui va la posséder. Alexandre s'avance. Il présente à Roxane une couronne dont elle détourne modestement les yeux. L'Hymen le suit. Son flambeau brûlé dans sa main.

Les jardins de la Farnésine donnent sur le

Tibre. Ils sont plantés de jasmins, de lauriers et de citronniers. Tenté de jeter un coup-d'œil sur la rive opposée, j'allais franchir la grille qui les ferme. « Où allez-vous? s'est écrié un homme d'une figure brutale qui venait au-devant de moi. Ce palais n'est point un lieu public. Je l'habite. Que demandez-vous? — Seigneur consul, s'est hâté de répondre notre guide, ce sont des étrangers qui veulent vous remercier. — C'est inutile. » Toutefois son ton était moins dur; et il a disparu, sans doute pour nous laisser la liberté de nous promener. Nous n'avons point abusé de sa complaisance. Des artichauts, des cardons, des brocolis, d'autres herbes potagères cultivées sans soin, l'odeur du fumier, n'ont pas tardé à nous désenchanter de la vue du Tibre, de ses bords célèbres, et des agrémens d'un ombrage si négligé.

Puisque l'heure n'est pas avancée, allons passer quelques momens au Vatican, dans les loges de Raphaël. C'est une longue galerie peinte, d'après les cartons de ce maître, par ses meilleurs élèves. Des arabesques, des branches ornées de feuillage, des bouquets de fleurs, des fruits assortis avec goût, couvrent les parties lisses des murs. Cinquante-deux tableaux retracent les principaux faits de l'Ancien-Testament. Le premier, qui représente la création du monde, est cité comme l'ouvrage de Raphaël lui-même.

Vis-à-vis du Vatican, à la gauche de la place de Saint-Pierre, est un palais nommé *Palazzo Giraldo*. Deux établissemens publics y sont réunis, l'atelier des mosaïques et le tribunal du saint-office : l'un destiné à perpétuer les chefs-d'œuvre de la peinture, l'autre à combattre et arrêter les progrès de l'esprit humain, bizarre assemblage d'institutions qui se condamnent réciproquement.

Dans l'atelier des mosaïques on compte plusieurs vastes salles. Le plus grand nombre d'entre elles renferme dans des cases séparées, dix-huit mille nuances d'émaux, propres à reproduire les tons de la palette. Dans les autres, sont les ouvriers qui pratiquent cet art d'imitation. Il a beaucoup d'analogie avec celui des Gobelins, tant pour le résultat que pour la lenteur du travail. Dans ce moment, un seul tableau est sur le métier : J.-C. confondant l'incrédulité de saint Thomas, par Camuccini. Il a six pieds de large sur douze pieds de haut. Une chapelle de saint

Pierre l'attend, honneur qu'on devrait réserver pour de plus dignes originaux. On y travaille depuis quatorze ans. La surface en est encore brute. Il faudra ensuite la polir et lui donner le fini, qui, au luisant près, rend l'effet de la peinture.

Que vous dirai-je du saint-office, de ses membres, des lieux où ils s'assemblent, et des avenues de ce tribunal redoutable? L'entrée en est interdite. On n'en voit rien. Il n'est pas prudent d'en parler. Chacun craint d'en être écouté; et je ne me soucie nullement d'en approcher de trop près. Au reste l'index affiché à la porte, contient le titre de l'ouvrage de Cabanis sur les rapports du physique et du moral de l'homme, et celui de l'innocent *Voyage Sentimental* de Sterne. Avis aux voyageurs qui aiment les études de la physiologie, et les essais gracieux d'une morale qui n'est pas purement catholique.

Le canon se fait entendre. C'est l'annonce des fêtes de Noël. Le son des cloches se joint au bruit de l'artillerie. Dès ce matin, le peuple s'apprêtait à célébrer la naissance de J.-C. Les ateliers étaient déserts. On avait fermé les boutiques. Il n'y a pas encore long-tems que l'office commençait à minuit. Les saturnales auxquelles cette heure servait de prétexte et de voile, l'ont fait changer. Les prêtres ont l'ordre de ne commencer leurs cérémonies qu'à la pointe du jour, afin que les seuls dévots y assistent, et qu'aucune orgie ne se mêle à cette solennité.

LA NUIT DE NOEL.

Rome, 25 décembre 1819.

Les précautions de la police et les pieuses prévoyances ont manqué leur but. Ce n'est point pour jeûner, se recueillir et prier, que les Romains ont veillé depuis hier. Les premières heures de la nuit ont été employées à se visiter et à s'égayer dans de longs repas. Des groupes n'ont cessé de parcourir les rues en poussant des cris de joie et chantant des noëls, précédés de cornemuses qui en répétaient les ritournelles. Leur marche était éclairée par des feux allumés de distance en distance. Des pétards, des boîtes les saluaient à leur passage; et leur apparition sur les places publiques et dans les carrefours, devenait le signal d'une allégresse générale. Les habitans de la campagne sont venus augmenter l'affluence et le bruit. A quatre heures du matin, chacun s'est acheminé vers l'église de Sainte-Marie-Majeure, où les débris du berceau de J.-C. gardés précieusement, sont, en ce jour, offerts à la vénération publique. Les carrosses des éminences, des patriciens modernes, et surtout ceux des étrangers, n'allaient qu'au pas, entre les haies des piétons. Réussirons-nous à pénétrer dans l'intérieur du temple? Toute nombreuse qu'elle est, la garde des portes né peut y maintenir aucun ordre. Malgré leurs billets et leurs habits de gala, les conviés à ce spectacle ne parviennent qu'avec peine à l'entrée qui leur est réservée. Puisque les privilégiés perdent leurs droits, suivons le torrent. Il nous servira mieux que les plus grands efforts ne pourraient faire. Encore quelques pas en avant, en arrière, de côté, et nous sommes au milieu de la nef.

Que de cierges et de bougies! Quel éclat de lumière! L'or, le marbre, les cristaux, la réfléchissent de toutes parts. Les yeux en sont éblouis. A travers les grilles du chœur et des chapelles, on aperçoit les mouvemens des prêtres, et les reflets de leurs ornemens. Des concerts angéliques commencent à se faire entendre. Cependant, comment écouter et voir, au sein de cette multitude d'hommes, de femmes, d'enfans des dernières classes du peuple, car on n'y compterait pas cent personnes de la classe moyenne ? L'odeur fétide qui s'en exhale, repousse les nuages d'encens qui volent au-dessus des autels. La plupart sont debout, poussés dans tous les sens par la foule qui les presse. D'autres, assis sur les marches du sanctuaire ou sur les socles des colonnes, causent, rient, folâtrent entre eux. Plusieurs couchés pêle-mêle le long des murs, sans distinction de sexe, dorment profondément. En voici qui jouent aux cartes, à *la mora*, aux dés. Mais qu'est-ce qui attire tous les yeux vers une des nefs latérales? C'est la procession qui vient de chercher les reliques de la crèche. Des lévites richement habillés les portent en grande pompe. Elles sont renfermées dans une urne de cristal de roche, fixée sur un support en argent, entourée de guirlandes du même métal, enrichie d'ouvrages ciselés en or de toutes couleurs, et surmontée d'une figure d'enfant également en or massif. Dans ce vase resplendissant, on distingue quelques morceaux de bois, attachés avec des rubans roses. Les soldats écartent par des bourrades, ceux qui tentent de s'approcher, pour les contempler de plus près. Quelques querelles s'élèvent et s'apaisent au même instant. D'autres leur succèdent, qui ne durent pas davantage. Elles sont étouffées par les transports d'un enthousiasme bruyant, les élans d'une extase qui tient de la frénésie : on n'entend plus qu'un long tumulte.

L'office vient de finir. Déjà l'obscurité règne dans quelques parties du temple. Des conversations plus ou moins mystérieuses s'établissent. Elles ne sont interrompues que par les premières clartés du jour. Le silence éveille ceux qui dormaient; et dans les ménages, dans les hôtelleries, dans les cabarets, on va se remettre à table, manger de nouveau, et boire à la victoire du ciel contre l'enfer. Si la santé du pape le lui eût permis, il aurait aujourd'hui donné sa bénédiction à Rome et au monde, *urbi et orbi*. J'emporterai le regret de n'avoir pu assister à cette solennité qu'on dit fort imposante; et après avoir donné ce peu d'instans à la curiosité que m'inspirait la fête du jour, je vais chercher la solitude. Rien ne m'y porte comme l'aspect des joies populaires. Elles ont quelque chose de sauvage qui me répugne. La cohue et le bruit m'attristent. Observer, réfléchir, sont mes plus douces jouissances; mais j'y suis paresseux. Il me faut pour cela toutes mes aises.

Je n'aime pas non plus qu'on m'y contraigne. Il ne me plaît pas toujours de penser tout haut, ni d'être obligé de répondre à ce qu'on me dit. Aussi, lorsque je parviens, comme en ce moment, à m'affranchir de toutes importunités, je me livre avec volupté à la rêverie; et de préférence je la ramène sur moi, non par égoïsme, Dieu merci, mais pour m'applaudir du peu de bien que j'ai fait, et me blâmer quand je l'ai mérité. Je repasse en idée, ma vie, ses alternatives de plaisir et de peine, mes goûts, mes penchans, mes affections, et les passions qui en ont troublé le cours. Il est des époques sur lesquelles je n'insiste point. Sur d'autres je m'arrête longuement; et j'en recherche dans ma mémoire, jusqu'aux moindres sensations. Des regrets se mêlent-ils parfois à ces souvenirs? docile à ma destinée, je m'y soumets sans l'accuser. Ce dont je dispose me suffit. D'inutiles retours sur le passé ne nuisent point à mon bien-être présent. Heureux des amis que j'ai conservés jusqu'à ce jour, c'est d'eux surtout que je préfère m'entretenir avec moi-même. Tout m'en rapproche. Je les appelle par la pensée. Ils viennent. Je les vois comme s'ils étaient présens. Je crois qu'ils me parlent, et que je respire un moment l'air de la France. Illusion délicieuse ! trompe-moi encore long-tems. Embellis les heures qui vont précéder celle du retour. Ne vous est-il jamais arrivé dans le sommeil léger du matin, de vouloir retenir, prolonger un rêve agréable ? Ah ! combien la moindre interruption devient alors importune ! Voilà ce que j'essayais tout à l'heure. Je ne songeais ni à Rome, ni à ses ruines, ni à ses fêtes payennes ou catholiques. Je viens de m'éveiller. Le charme est détruit; et je ne suis plus qu'aux réalités qui m'environnent.

UNE PARTIE DE CHASSE.
OBSERVATIONS SUR ROME. — SOUVENIRS DE MURAT.
L'OPÉRA DE IL TURCO IN ITALIA.

Rome, 26 décembre 1819.

Une partie de chasse arrangée par le fils de notre hôte, nous a réunis avant le jour. Il nous avait promis de bons chiens, de beaux chemins pour aller au rendez-vous, et beaucoup de gibier. Les chiens nous ont manqué. La pluie et l'orage qui avaient duré toute la nuit, présageaient une course difficile. Malgré ces contre-tems nous sommes partis en calèche découverte, avec nos armes et quelques provisions. Le canton vers lequel on nous a dirigés, se nomme la Magnana. Il est situé à trois lieues de Rome. Nous avons mis pied à terre, le long des murs d'un couvent abandonné, où s'abritent avec leurs troupeaux, les pâtres du voisinage. Ils avaient allumé du feu dans une cellule délabrée; et nous avons pris place à leurs côtés. Après un déjeuner frugal, fait à la hâte, et lorsque les ustensiles de notre ménage ont été soigneusement pliés et serrés, nous sommes entrés en chasse dans des prairies marécageuses. Partout nous avions de l'eau jusqu'au milieu des jambes. L'espoir de faire lever des oiseaux aquatiques, communs, disait-on, en cet endroit, nous encourageait. Quelques heures d'une quête inutile et pénible, ont suffi pour calmer notre ardeur. J'ai repris la route du caravanserail. Un Romain qui nous accompagnait m'a suivi; et nous avons rejoint près du foyer, les bergers que nous y avions laissés.

Pendant que nous nous ressuyions, je remarquais que mon compagnon cherchait précipitamment, et promenait des regards curieux sur les témoins de ses perquisitions, qui feignaient de ne s'en point apercevoir. « J'avais raison de m'en méfier, m'a-t-il dit en français. Ils ont volé une partie de notre argenterie.—Il faut la leur demander, lui ai-je répondu. — Je m'en garderais bien. Ils ne sont que quatre. Si je disais un seul mot, ils seraient bientôt dix. Outre leurs carabines qui sont chargées, ils ont des poignards, et ne se feraient aucun scrupule de s'en servir, pour se venger de mes soupçons. Je les connais mieux que vous. Il y aurait un grand danger et nul avantage à les interroger. Ma préoccupation les a avertis. Ils vont sous divers prétextes s'éloigner un à un ; et nous ne les reverrons plus. » En effet, peu de minutes après nous étions tête à tête. « Ce sont des brigands, a repris mon interlocuteur. Ces ruines leur servent de repaire ; et la garde des troupeaux déguise leur véritable profession. Si les Français eussent prolongé leur domination en Italie, d'autres mœurs s'y seraient introduites. Quelques sentimens d'honneur, l'amour de la gloire militaire, une émulation patriotique, le goût et le prix du travail, étaient déjà appréciés. Après votre départ, tous ces germes de civilisation se sont flétris. Nos moines, notre superstition, notre paresse, ont reparu, avec notre cour ombrageuse. La misère a ramené la mendicité. Les priviléges agricoles et industriels, ou, pour mieux dire, leurs abus ont été rétablis. Rendue à ses vieilles routines, la culture ne donne comme autrefois que de faibles produits. Les débouchés commerciaux sont nuls. Nous n'avons plus de vous, que vos impôts, et les moyens actifs de perception dont vous les aviez accompagnés. La population diminue sensiblement. Les revenus publics décroissent dans la même proportion. Le fisc aujourd'hui se paie sur les capitaux. Cet ordre de choses ne peut manquer d'amener la ruine du pays. »

Successivement la conversation est tombée sur des sujets divers. — Quelque soin que le gouvernement prenne des monumens antiques, chaque année en augmente la dégradation. Depuis dix ans, il en est dont on ne voit plus que la place. La mode de visiter ceux qui restent, finira par se passer; et le tribut levé sur la curiosité étrangère, commence à n'être plus si considérable.— La police est pour les nationaux d'une sévérité humiliante. Nul n'évite ses précautions ni son inquisition; et elle ne peut mettre aucun frein au brigandage des grandes routes. Dans les lois criminelles, la prodigalité des peines est extrême. Les moindres condamnations emportent celle des galères à tems. On en lit la menace jusque dans le permis de port d'armes de chasse, contre celui qui, muni de cette autorisation, rentrerait dans Rome à la chute du jour, avec de la poudre dans le bassinet de son fusil. Il y est également exposé si, avant le lever du soleil ou après son coucher, on le rencontre armé, dans la compagnie de plus de deux personnes.— Cette législation rigoureuse n'accorde d'ailleurs aucune protection à la liberté individuelle. Des citoyens disparaissent de leurs foyers, sans qu'aucun magistrat s'enquière des causes de leur disparition. D'autres subissent une longue détention dont ils ignorent le motif. Nul n'oserait les réclamer; et par là les liens de famille se trouvent aussi rompus.—Je ne finirais pas, si je rapportais tous les griefs dont se plaignent les sujets du pape. Le tems montrera si c'est un bon moyen de gouvernement, que de les méconnaître, ou d'étouffer la voix de ceux qui en demandent le redressement.

La mémoire de Murat se conserve à Rome comme à Naples. De même que sa vie entière semble empreinte d'un caractère romanesque, on veut qu'il y ait du merveilleux jusque dans les circonstances de sa mort. Il n'est point rare d'entendre nier qu'il ait cessé de vivre. « On n'aurait pas osé le fusiller, disent les gens du peuple. Une vaine ressemblance a induit en erreur. Il apparaîtra un jour, remontera sur son trône, et en chassera celui que les baïonnettes autrichiennes y ont replacé. » Leur enthousiasme se refuse à l'évidence. On a beau leur citer les tentatives de Joachim autour de Naples, son débarquement à Pizzo, le piége dans lequel il donna, croyant renouveler, au fond du golfe de Sainte-Euphémie, le prodige de celui de Juan, et sa mort sous les balles des soldats qui avaient tant de fois admiré sa bravoure : ils n'en veulent rien croire. « C'est de la folie, me disait mon Romain ; mais on ne peut les convaincre de la vérité. Il est pourtant bien vrai, qu'on l'a tué comme un oiseau.» Comparaison étrange! image singulière, qui montre la fragilité d'une vie à laquelle tant de hasards et de combats affrontés avec honneur, semblaient promettre une fin glorieuse et surtout moins facile.

Fatigués comme moi, et sans avoir eu meilleure chance, les autres chasseurs étant revenus, nous avons repris le chemin de la ville. Les spectacles étaient rouverts. Je suis allé au théâtre *Valle*, voir une représentation de *il Turco in Italia*. La Monbelli chantait : sa belle voix et son jeu plein de finesse n'ont pas eu le succès que j'en attendais.

ROMA VECCHIA. — FRASCATI.
SOUVENIRS HISTORIQUES. — LES FRASCATANES.
LA CAMPAGNE DE FRASCATI. — LA RUFFINELLA.
SOUVENIRS DE CATON, DE LUCULLUS, DE LUCIEN BONAPARTE.
LES RUINES DE LA VILLA DE CICÉRON. — GROTTA-FERRATA.
LE THÉATRE ARGENTINA. — L'OPÉRA D'OTELLO.
UN BALLET. — LES GROTESQUES.

Rome, 27 décembre 1819.

Traversons encore une fois la triste campagne de Rome, ses ruines et ses tombeaux. Parcourons ses routes désertes. Je vais vous mener à Frascati. A droite du chemin que nous suivons, vous voudrez connaître quel est l'amas de décombres que l'on aperçoit, entremêlé d'arcs rompus, de portions d'aqueducs, de murs à moitié écroulés. « C'est, vous dira-t-on, la vieille Rome, *Roma vecchia :* » non que jamais la maîtresse du monde se soit étendue jusque-là ; mais à cause que des édifices somptueux, à l'instar de ceux du mont Palatin, avaient été bâtis en cet endroit. Jetez les yeux sur les coteaux qui sont devant vous. Voyez-vous celui qui domine deux collines couvertes de *ville*? N'y distinguez-vous pas un amas considérable de maisons, un rempart, une muraille, une porte d'entrée? C'est Frascati. L'ancienne *Tusculum*, était à deux milles de là, sur un point plus élevé. Sa position, ses champs fertiles, l'humeur indépendante et belliqueuse de ses habitans, la rendirent célèbre dans les guerres de Rome. Le sénat et le peuple attachaient de l'importance à la posséder. Comme Tibur, elle eut ses alternatives de résistance et de soumission à la république romaine. Accusée d'avoir favorisé la révolte des Privernates et des Véliternes, elle ne trouva de salut qu'en se mettant à la merci des vainqueurs. Hommes, femmes, enfans, vêtus d'habits de deuil, se rendirent à Rome; et prosternés aux genoux de chaque tribu, ils implorèrent leur pardon. La justice eut moins de part que la pitié, à la grâce qu'ils obtinrent. Leurs tentatives pour secouer le joug du peuple-roi étant devenues inutiles, quelques citoyens firent des établissemens passagers, sous des abris de branches et de feuillage nommés *frasche*. D'autres les imitèrent. Des habitations plus solides furent construites. Peu à peu *Tusculum* délaissé tomba en ruines, et Frascati prit naissance. Le costume des femmes est remarquable pour son élégance et sa recherche. Elles portent une jupe courte, un corset bien coupé, fort échancré sur le devant, un tablier étroit et bariolé de plusieurs nuances. Ces diverses parties de leur habillement, offrent le contraste des couleurs les plus brillantes. Un bas blanc bien tiré, des pantoufles brodées, enrichies de filets d'or et d'argent, composent leur chaussure. Elles couvrent leur sein d'une mousseline claire, relèvent leurs cheveux à la manière des statues antiques; et du sommet de leur tête, un voile retenu carrément et dont l'extrémité est rejetée en arrière, descend le long du cou et des épaules, quelquefois jusqu'à la ceinture, s'agite au moindre mouvement qu'elles font, cache leur taille et la découvre tour à tour. Quelques épingles d'or, des bijoux, des fleurs, des nœuds de rubans, complètent cette parure qui semble une œuvre de coquetterie. Comme j'arrivais à Frascati, l'office divin finissait. Je suis entré dans la principale église qui donne sur la grande place. Les hommes sortaient. Les femmes encore réunies causaient entre elles à voix basse. Leurs attitudes, le jeu et l'éclat de leurs vêtemens, la blancheur de leur voile, la vigueur de leur teint, la finesse de leurs regards, la vivacité de leurs gestes, faisaient de ces groupes autant de tableaux charmans. Tels sont ceux que nous devons au pinceau de Melle Lescot, et dont nulle part encore je n'avais rencontré le modèle.

Le site de Frascati, ses ombrages, ses riantes campagnes, les sources qui les arrosent, la fraîcheur qu'elles y entretiennent, en rendent le séjour enchanteur. Aussi combien n'y voit-on pas de somptueux palais, appartenant à des familles riches ou patriciennes? Dans le nombre se distinguent les *ville* Aldobrandini, Conti, Bracciano, moins par le luxe de leur architecture, par leurs terrasses, leurs jardins et leurs cascades, que par les beautés naturelles de cette contrée. Autrefois des collections d'objets d'art y étaient réunies. Le peu de peintures et de sculptures qu'on y voit maintenant, n'inspire qu'un médiocre intérêt. Des pluies artificielles créées à grands frais, des fontaines abondantes et limpides changées en des jeux puérils, y peuvent amuser un moment : mais on ne tarde pas à se lasser de ces imitations mesquines, si mal adaptées à des paysages si pittoresques. Aussi, après avoir passé rapidement sous de tristes berceaux d'yeuses, entre des buis et des ifs taillés en galeries, en portiques, ou représentant des animaux, on se hâte de parcourir les environs; on gravit les coteaux; on va tenter les approches de la montagne voisine.

Au sortir de la Villa Aldobrandini, des degrés en pente douce, pratiqués le long d'une chute d'eau, m'ont conduit dans un bois de chênes, de platanes, d'ormes et de hêtres, qui tous avaient perdu leur parure. J'éprouvais un plaisir inexprimable à voir enfin s'interrompre la monotonie des verdures éternelles de l'Italie méridionale, à rencontrer quelques traces de l'hiver. Trompé un moment par ce trait de ressemblance avec notre climat, j'ai cru qu'un enchantement m'avait rendu la patrie. Tout, jusqu'aux feuilles sèches que j'entendais se briser sous mes pieds, ou qui s'envolaient sur la bruyère, me rappelait son souvenir. La dernière époque de l'année n'a pas seulement des rigueurs. C'est le repos de la nature. L'ame y trouve le sujet de méditations consolantes. Les arbres dépouillés ne sont point un emblême de la destruction et de la mort. Sans doute ils n'offrent plus d'ombrage. Leurs fleurs et leurs fruits sont tombés; mais, à leur aspect, s'ouvrent les trésors de l'espérance. En eux vivent les germes de la reproduction. Ils les protègent, les conservent, les tiennent, pour ainsi dire, en réserve, afin de les offrir aux premières ardeurs du soleil qui les fécondera, et qui couvrira de nouveau la terre, des dons précieux qu'ils renferment. Hélas! pour nous, il n'en est point ainsi. Notre hiver n'amène point de printems. Heureux celui dont les premières saisons ont été mises à profit! car il ne sera plus en son pouvoir d'en obtenir le retour.

Cherchons un horizon plus étendu. Le chemin dans lequel nous venons d'entrer, aboutit à la Villa Ruffinella, devenue célèbre par la résidence de Lucien Bonaparte. Elle lui appartient. Il l'a long-tems habitée avec sa famille. La maison est simple, et bâtie au fond d'une cour fermée par un mur d'appui sur lequel on a mis un buste de Cicéron. De grandes pelouses et quelques terres incultes, des rochers épars, des landes, des bois d'une végétation médiocre l'environnent. Placée sur une élévation, elle domine le pays. Le parc est traversé dans tous les sens par des courans d'eau vive. Les anciens jardins de Caton, de Lucullus, de Cicéron y touchent, ou sont enclavés dans son territoire.

Des décombres amoncelés çà et là indiquent l'emplacement de leurs habitations. La mémoire qu'ils ont laissée, est encore entière. On ne peut faire un pas sans voir quelqu'un qui vous en entretienne. Les détails de leur vie sont comme publics, et deviennent le texte de tous les discours. On vous parle d'eux comme s'ils vivaient hier. Les regards se portent-ils au loin? une admirable perspective se déploie : l'extrémité de la chaîne de l'Apennin qui s'incline vers le couchant et se perd dans les nuages, les hauteurs de Tivoli et ses vertes prairies, la plaine de Rome vaste tombeau de tant de monumens, Rome elle-même, Ostie, la mer, et plus près Albano, son lac et sa végétation surprenante.

Là vivait retiré, le frère de celui qui faisait retentir les deux mondes du bruit de sa renommée, et qui les étonnait plus encore par la puissance de son génie, que par la gloire de ses armes. Il eût pu monter sur quelque trône. Son nom lui suffisait : et il ne manquait alors ni de rois pour déposer le sceptre, ni de peuples qui n'eussent reçu, avec reconnaissance, le souverain que Napoléon leur aurait envoyé. Lucien aima mieux cacher sa vie au sein du bonheur domestique, et se contenta de solliciter des Muses un simple laurier. Sage avec une ame ardente, heureux de son obscurité, amant éprouvé de la liberté, sans doute il se suffisait à lui-même. Depuis, d'autres tems lui ont fourni l'occasion de mieux apprécier les conseils de son indépendance. Mais la retraite qu'il avait choisie était trop éloignée des lieux habités. Sa réputation de fortune et son isolement, encourageaient les entreprises nocturnes. La proximité des montagnes offrait à la fois aux brigands d'Itri, des facilités pour l'attaque, et un refuge assuré pour la retraite. Une nuit, ils envahirent à main armée, la maison de la Ruffinella. Par bonheur, Lucien, sa femme et ses enfans étaient absens. Un secrétaire et un intendant furent enlevés, et rachetés ensuite au prix d'une forte rançon. Cette irruption qui pouvait facilement se renouveler, ôta à ce séjour tous les charmes qu'il avait. Lucien l'abandonna. La Ruffinella n'est plus habitée que par un gardien, chargé d'en indiquer l'itinéraire. Des fouilles commencées avec discernement avaient eu d'heureux résultats. On avait découvert les premiers degrés d'un amphithéâtre, un aqueduc où passait encore un filet d'eau, des constructions thermales d'une grande étendue, des colonnes, des chapiteaux d'une bonne sculpture, des statues, des bustes, quelques bronzes, la trace d'une voie publique. Aujourd'hui les travaux sont suspendus; et puisque nous ne pouvons en suivre les progrès, visitons d'autres lieux qui répondent du moins à nos souvenirs.

A gauche, sur le flanc de la montagne, le long d'un bois touffu, se trouvent quelques pans de murs écroulés en plusieurs endroits, et des compartimens de fondations dont la destination est méconnaissable. Ce sont les restes de cette villa de Cicéron, dont il avouait que les dépenses, jointes à celles de sa maison de Pompéia, l'avaient ruiné. Elle réunissait l'utile à l'agréable. Il y composa ceux de ses écrits qui sont intitulés, *les Tusculanes*. On y voyait des salles propres aux entretiens littéraires et à l'étude. L'une s'appelait le Lycée : une bibliothèque en faisait le principal ornement. L'autre portait le nom d'Académie : on suppose que c'était une espèce de gymnase, situé dans la partie inférieure des jardins. Il y avait aussi un portique sous lequel on se promenait à couvert. « Au- » jourd'hui comme hier, dit quelque part l'ora- » teur romain, nous avons donné la matinée » à la rhétorique; et nous sommes descendus

» après midi dans l'Académie, où, en nous
» promenant, nous avons disserté sur diverses
» questions philosophiques [1].» L'embellissement
de ces lieux occupait souvent sa pensée. Il avait
pour eux une grande prédilection. Pendant le
séjour qu'Atticus fit dans la Grèce, il ne cessait
de lui demander des manuscrits, des marbres,
des objets précieux propres à en enrichir les collections. «Dans cette maison de Tusculum, lui
» écrivait-il, j'oublie mes chagrins et je me dé-
» lasse de mes travaux [2]. J'y suis si heureux,
» que nulle part je n'éprouve un tel contente-
» ment de moi-même [3]. Je vous prie de faire
» en sorte que j'aie le plutôt qu'il se pourra,
» tout ce que vous avez acheté et réservé pour
» moi. Pensez aussi, comme vous me l'avez
» promis, à me composer une bibliothèque.
» C'est sur vos soins obligeans, qu'est fondée
» l'espérance de la douceur que je me promets
» de goûter un jour, quand je me serai retiré
» de l'embarras des affaires [4]. Les Mercures de

---

[1] Cic., *Tusc.*, ii.

[2] Cic., *Lett.* 1 *à Att.*, liv. i.

[3] *Id. id.* 2 *id. id.*

[4] *Id. id.* 3 *id. id.*

» marbre penthélique avec leurs têtes de bronze,
» que vous me promettez, me font par avance
» beaucoup de plaisir. Je vous prie de me les
» envoyer au plus tôt, avec les autres statues, et
» toutes les raretés qui conviendront au lieu
» que je veux orner, qui seront du goût que j'ai
» maintenant et de celui d'un aussi bon connais-
» seur que vous; enfin, avec tout ce que vous
» jugerez propre à décorer un portique et une
» bibliothèque. J'ai une si grande passion pour
» toutes ces choses-là, qu'il faut que vous ayez
» la complaisance de la satisfaire, bien que ceux
» qui sont moins de mes amis, eussent peut-être
» le droit de la blâmer. Adressez-moi le tout
» par le premier vaisseau qui se présentera [1]. »
Après l'avoir, dans plusieurs autres lettres,
sollicité de hâter ses expéditions, il ajoute :
« Cherchez-moi aussi, je vous prie, des figures
» moulées que je puisse faire appliquer au
» plafond de mon vestibule, et deux couver-
» cles de puits en bas-relief. Ne traitez avec
» personne de vos livres, quelque prix qu'on
» vous en offre. Je destine toutes mes petites
» épargnes à cette acquisition, qui me sera

---

[1] Cic., *Lett.* 4 *à Att.*, liv. I.

» d'une grande ressource dans ma vieillesse[1]. »

Je me suis plu à copier ces détails familiers. Ils répondent à mes goûts les plus chers. Leur souvenir avait encore plus de charmes dans les lieux qui en furent l'objet. Que de soins donnés à cet asile préparé pour les derniers jours de la vie, pour cette époque si rapide parce qu'elle se rapproche du terme, pour ces heures où l'étude n'a presque plus aucun but, et où la lecture suffit seule à l'esprit! Que d'attention à l'orner! C'était un temple voué aux muses, à la sagesse, à l'amitié sans doute. Rien ne coûtait pour l'embellir. Celui qui se proposait d'y passer ses dernières années, ne pouvait trop se hâter d'y mettre la dernière main. Déjà il projetait de quitter les affaires publiques ou plutôt de s'en affranchir. Cette riante solitude l'appelait. Elle lui promettait le repos et la liberté. Plus de revers à essuyer, plus de disgrâces à craindre. Mais quelle terrible catastrophe renversa ses projets! Les orages politiques en disposèrent autrement. Pourquoi reculer en effet le moment de la retraite, quand les vœux d'une ambition modeste sont accomplis? Pourquoi dif-

---

[1] Cic., *Lett.* 6 *à Att.*, liv. 1.

férer les jouissances de la médiocrité, qu'il est si aisé et si doux de satisfaire ? La vie n'est pas si longue qu'on ait toujours le tems d'être heureux. Dans ses caprices, la Fortune se venge plus fréquemment de l'abus que nous faisons de ses faveurs, qu'elle ne se plaît à les redoubler. Pourquoi tenter son inconstance? Je ne l'ai pas fait; et chaque jour j'ai lieu de m'en applaudir, en voyant à combien peu de ses protégés elle est demeurée fidèle. Cet amour d'une belle campagne, ce besoin de la parer, ce désir d'échapper au tourbillon des affaires et du monde, ces apprêts pour la vieillesse, ce culte des arts et des tendres affections, tous ces conseils d'une philosophie consolante que je citais tout à l'heure, je m'y suis soumis; et depuis long-tems j'ai lieu de me féliciter de l'avoir fait. Je ne sais aucun succès d'ambition ou de fortune, qui soit comparable aux plaisirs qu'ils procurent. Des champs que je cultive, des fleurs, quelques livres, un petit nombre d'amis charment mes derniers jours. A l'avenir, Baïns comme Tusculum n'offrira plus que des ruines. Un grand nom n'y sera point attaché. On aura même oublié mon exemple. Peu m'importe ! Assez d'autres sont envieux d'une plus longue mémoire, qui, stérile pour eux, profite rarement à autrui. Combien de mauvais rois pour un Henri IV!

Une route pittoresque mène au village de Grotta-Ferrata. Elle passe sur des collines, à travers des bois, quelquefois dans de gras pâturages où l'on rencontre des troupeaux chétifs et leurs pauvres bergers. Ce contraste d'une terre féconde et de la misère de ses habitans, blesse la vue, attriste l'ame à chaque pas. Un groupe d'habitations bien clos, bien entretenu apparaît-il sur un tertre, dans un site agréable, arrosé d'eau courante, planté de beaux arbres? c'est un couvent. Celui-ci appartient à des Capucins : on les voit errer à l'entour, sortir avec leur besace vide, rentrer chargés des produits de la quête. Des Camaldules vivent dans celui-là : ils sont occupés dans les champs, travaillent à genoux; et, de quart-d'heure en quart-d'heure, au signal de l'un d'eux, croisant les bras sur leur poitrine, ils récitent des psaumes, et leurs accens plaintifs arrivent quelquefois jusqu'à vous. Si c'est une maison de Jésuites, vous la reconnaîtrez au silence et à la solitude qui l'environnent : les travaux de cet ordre veulent du mystère ; ses œuvres recherchent les ténèbres. Iraient-ils mendier, lorsqu'ils savent prendre? labourer, quand ils disposent des consciences? solliciter, tandis qu'on leur obéit?

A Grotta-Ferrata, il y a une église de Sainte-Marie consacrée au rite grec. Des religieux de Saint-Basile la desservent. On met au rang de ses plus précieux ornemens, des fresques du Dominiquin que le tems avait fort endommagées. Elles viennent d'être restaurées par Camuccini, qui prétend avoir le secret de cette peinture. Leur réparation est due à la munificence du cardinal Consalvi, qui possède une villa dans le voisinage, protége l'ordre de ces moines, et leur a donné un beau buste en marbre, qui représente le Dominiquin.

Un billet du théâtre *Argentina* m'attendait au retour de mon excursion. Le spectacle se composait d'*Otello*, opéra de Rossini, d'un ballet et d'une scène de grotesques. La salle est grande, sombre, enfumée, mal éclairée. Des draperies sales pendent hors des loges et nuisent à l'effet général. La toile tombe en lambeaux. Les décorations sont mesquines, ternes ou effacées et tachées d'huile. Aucune machine ne joue sans accrocher. Les changemens qui réussissent, ne produisent aucune illusion. Cependant les dilettanti se pressent dans ce local incommode. L'opéra d'*Otello* est chanté avec une rare perfection par la Dardanelli et David, qui ont quitté Naples furtivement, pour venir donner quelques représentations à Rome. La figure et la taille de la Dardanelli manquent de noblesse, et conviennent peu à la tragédie; mais cette chanteuse est jolie. Ses regards sont passionnés. Elle a de la grâce dans les gestes, de la volupté dans toutes ses allures. La douceur, la flexibilité de sa voix vont droit au cœur. L'amour, l'innocence, la douleur causée par d'injustes soupçons d'infidélité, n'auraient pas d'autres accens que les siens. Il s'en faut également que David soit d'une stature et d'une complexion héroïques. Dans toute sa personne il y a quelque chose d'efféminé. Si sa jeunesse, le climat, ses succès près des dames, affaiblissent, de tems en tems, l'expression des sentimens dont son ame ardente sait se pénétrer, il rachète ces courtes inégalités, par une profonde connaissance de son art. Il sait vous émouvoir de toutes les passions qui l'agitent. S'il peint la tendresse, la reconnaissance, le bonheur d'être aimé, vous lui portez envie. La jalousie entre-t-elle dans son cœur? Vous frémissez. Cet organe enchanteur qui rendait des sons si doux, si caressans, n'exprime plus que la violence des reproches, les cris de la vengeance, la férocité, le désespoir. Malgré le bruyant orchestre qui les accompagnait et quoiqu'ils fussent mal secondés, Desdémona-Dardanelli et Otello-David ont excité le plus vif enthousiasme, et les *bravo* et les applaudissemens se sont prolongés long-tems après la chute du rideau.

Les ballets en Italie n'ont presque aucun rapport avec ceux de l'Opéra de Paris. C'est un autre système de chorégraphie. En France quelque intérêt, la pantomime, et des danses analogues au sujet, sont les conditions de ce genre amusant. Ici la partie dramatique en est fort négligée. On n'exige rien de la déclamation. L'art de la danse est peu perfectionné. Le public semble préférer les groupes, les tableaux, les attitudes. Aussi un ballet n'offre-t-il le plus souvent, qu'une suite de marches plus ou moins compliquées, exécutées par peu ou beaucoup de choristes, qui, sur une partition dépourvue de motifs ou de ritournelles propres à expliquer la situation des personnages, se meuvent à la fois, et s'arrêtent brusquement pour composer des ensembles. Sans doute alors ils devraient demeurer immobiles pendant quelques secondes, pour laisser à l'illusion le tems de se former. Point du tout : selon que la pose exige plus d'efforts et d'aplomb, celui qui en est chargé se déploie moins promptement et se dessine tard. Incertain de son équilibre, il hésite, chancelle. La scène change; et la mesure l'appelle ailleurs, avant qu'il ait pu se mettre en place.

Les grotesques appartiennent à une classe séparée de danseurs. Leurs pas sont des sauts périlleux. Ils s'élancent par la vigueur de leurs jarrets à une grande hauteur, retombent sur le théâtre les jambes entièrement écartées, et recommencent de mille manières ce jeu effrayant. Ils tournent aussi avec une agilité extrême. Leur sécurité n'en inspire aucune à ceux qui les voient. Il est impossible de prendre du plaisir à avoir tant de peur. Les entrepreneurs de spectacle font avec cette espèce de baladins, des traités particuliers. Durant une représentation, la scène leur est abandonnée pour dix, quinze ou vingt minutes. Il n'y a point de programme de leurs exercices. Leur propre musique est distribuée d'avance. A l'heure dite, ils entrent, dansent, tournent, sautent et tombent au risque de se tuer, moyennant trois *paoli* par homme et quatre par femme : le *paolo* vaut environ douze sous de France. A la fin de la dernière minute de leur engagement, l'orchestre s'interrompt, fût-ce même au milieu d'une mesure; et ils disparaissent aussitôt au bruit des plus bruyantes acclamations, qui les dédommagent probablement du peu de profit qu'ils retirent de leur périlleux métier.

LE PALAIS DU DUC DE T........ — L'HERCULE DE CANOVA.
LE CHATEAU SAINT-ANGE.

Rome, 28 décembre 1819.

Le palais de représentation du duc de T....... est situé à l'extrémité du Cours. Les abords en sont moins dégoûtans que l'usage de la ville ne le comporte. Dans la première antichambre est placé un trône, ombragé d'un dais avec draperies et panaches. Tout à l'entour sont plaquées les armoiries de Sa Seigneurie, où, entre diverses pièces de blason, figurent deux comètes et de nombreuses étoiles. « C'est ici, dit gravement le majordome en ôtant son bonnet, que monseigneur reçoit ses vassaux et les hommages qui lui sont dus. » Tous les autres appartemens ne sont qu'un musée décoré de marbres, de bronzes et de tableaux. Le choix m'en a paru d'un goût peu sûr, ou du moins peu recherché. Le plus grand nombre ne méritait pas d'être exposé avec tant d'apparat. Personne n'est dupe, ni des barrières qui ont pour but d'empêcher un attouchement profane, ni des rideaux verts et des volets de vieux laque, qui préservent certaines peintures, du contact de l'air. Exceptons toutefois le groupe d'Hercule et de Lychas, par Canova, dont l'exécution est parfaite.

En sortant de ce palais du luxe, de la vanité, d'une sorte de bonheur, peut-être, me suivrez-vous dans les détours d'une forteresse qui fut jadis un tombeau, et qui sert maintenant de prison d'état ? Elle est près de Saint-Pierre, à l'extrémité orientale de la ville. Sa première destination fut de renfermer les cendres de l'empereur Adrien. On y comptait plusieurs étages de différens ordres d'architecture, dont un seul est resté. Les Grecs et les Romains s'y sont défendus contre les Goths. Boniface IX en fit un château fort. D'autres fortifications y ont été jointes depuis. Il a la forme d'une rotonde. Dans le haut, règne une muraille coupée d'embrasures et de créneaux. Des sentinelles y font la garde; et l'on y aperçoit la bouche de quelques canons. Au-dessus s'élève une statue de saint Michel en bronze, d'où lui est venu le nom de château Saint-Ange. On prétend qu'il communique par un souterrain avec le palais du Vatican, et qu'il peut, en favorisant l'évasion du souverain pontife, le mettre à l'abri d'une émeute populaire. Des soldats, des galériens, des prisonniers, un commandant, vivent sous les verroux de cette maison de force. On n'y entend que le bruit des chaînes et des armes. Les seules voix qui retentissent sous ses voûtes et dans ses couloirs obscurs, sont celles des gardes qui s'avertissent, à des intervalles égaux, des devoirs de leur surveillance. Parmi les détenus, les uns habitent des cachots où ils reçoivent à peine quelques rayons du jour, et ne peuvent parler qu'aux murs entre lesquels ils meurent lentement : ce sont les suspects que la loi absoudrait peut-être, et auxquels le gouvernement ne pardonne pas. Il en est d'autres à qui l'on ne refuse pas la liberté de se promener sur les terrasses ou dans les cours : ceux-ci font société entre eux, se visitent réciproquement, et forment une corporation séparée. La plupart sont des voleurs de grand chemin, qui, parvenus à un âge avancé, las du brigandage, et comptant moins sur leur courage ou leur adresse, se sont rendus à merci. En voici un qui passe. Il a environ quarante-cinq ans. Sa complexion est forte et nerveuse. A le voir on le croirait probe, humain, compatissant; et son atrocité n'a point d'exemple. Ce n'est qu'après s'être rassasié de crimes, qu'il a obtenu ici un asile qui ne lui eût été accordé nulle part. Sa femme et ses enfans sont avec lui. Il est bon mari et bon père. Depuis sa réclusion, il n'a donné lieu à aucune réprimande : et il se trouve, dit-il, heureux de son sort. Pour nous consoler de ce spectacle hideux, allons écouter encore les accens de David et de la Dardanelli.

LA MUSIQUE GRAVÉE. — CANOVA.
L'OPÉRA D'OTELLO.

Rome, 29 décembre 1819.

Croiriez-vous qu'il n'y a point de musique gravée à Rome, ni de graveur qui cherche à y établir ce genre d'industrie? Ceux qui veulent se procurer quelque partition, sont obligés de s'adresser à un copiste. Les airs les plus populaires ne se répandent par aucune autre voie. Ainsi cet art d'agrément n'y est pas plus encouragé que les arts utiles.

Je voulais faire l'acquisition d'un marbre de Canova. Le secrétaire de l'ambassade française avait obligeamment revendiqué cette commission; mais soit amour de son métier, soit je ne sais quel autre motif, il a voulu, malgré ma résistance, voir en cela matière à négocier. Ses procédés diplomatiques n'ayant abouti à rien, je me suis chargé moi-même de mon message. Introduit dans les ateliers du noble sculpteur, j'ai dit sans préambule, ce qui m'amenait, et demandé qu'on me conduisît vers lui. Peut-être cette façon de me présenter a-t-elle paru tant soit peu irrévérente ; peut-être était-il scandaleux de traiter des œuvres du génie par un marché vulgaire, et de rapprocher ainsi du commun des hommes, un digne courtisan des Muses? Quoi qu'il en soit, je n'ai pu pénétrer jusqu'à Son Excellence. Elle n'admet, sans recommandation, que les princes et les grands seigneurs. Des Prussiens de haut parage sont maintenant avec elle : or, je n'ai l'honneur d'être ni Prussien ni titré. D'ailleurs elle n'a rien de terminé. Pour obtenir un de ses ouvrages futurs, il faut le retenir d'avance, et s'inscrire dans la longue liste de ses admirateurs. A cet effet on s'adresse à son intendant : mais l'intendant est sorti ; et personne ne sait à quelle heure il reviendra. Tant de formalités et de contre-tems, un entourage de prétentions si ridicules, ont dissipé ma fantaisie. Pour me consoler de n'avoir pas un jour en ma possession, ce que je désirais tout à l'heure, je me suis réfugié au Vatican. J'ai revu le Laocoon, l'Apollon, l'Antinoüs, et les peintures de Raphaël. Puis, après avoir achevé les apprêts de mon départ qui aura lieu demain, je suis retourné à *Argentina*. L'exécution de la musique d'*Otello* m'a semblé plus parfaite que jamais. Plus on l'entend, plus elle plaît. D'autres compositeurs ont de la fécondité, de la grâce, de l'expression, de l'énergie. Rossini réunit tous ces dons et quelque autre mérite encore, que, dans mon ignorance, je ne saurais définir. Ce sont des motifs nouveaux, des accens dramatiques, des accords inattendus, des chants inconnus jusqu'à lui, des accompagnemens riches, mélodieux, qui séduisent, émeuvent, électrisent, et font éprouver à celui qui les écoute, des sensations délicieuses.

DÉPART DE ROME. — LA STORTA.
BACCANO. — MONTE-ROSSI. — RONCIGLIONE. — LA MONTAGNE DE VITERBE.
VITERBE. — UN CAPUCIN, PROFESSEUR DE PHILOSOPHIE.
MONTE-FIASCONE. — LE LAC DE BOLSÉNA.
SAN-LORENZO. — ACQUA-PENDENTE.

Acqua-Pendente, 3o décembre 1819.

Il a gelé à glace cette nuit. L'air est vif et piquant. Aucun brouillard n'obscurcit l'atmosphère. Le jour ne paraît pas encore. Quelques étoiles brillent. Les rues ne sont éclairées que par la lune; il y règne un silence profond. Je pars. En traversant la place du Peuple, je donne un dernier regard à l'obélisque d'Héliopolis, qui projette son ombre sur le pavé. Bientôt je cesse de voir les peupliers et les sapins qui couronnent le mont Marius, et dont les masses se dessinent dans un ciel d'azur. Adieu, Rome ! Je ne sais plus si je te quitte avec ou sans regrets. L'aspect de tes ruines, même après celles de la grande Grèce, a fini par m'inspirer l'intérêt le plus vif. Une course au Panthéon, au Colisée, au

Forum, au Capitole, était chaque jour un nouveau sujet d'étude. Cette vie occupée me plaisait. Mais le Tibre a déjà fui derrière moi. Je viens de dépasser l'église de Saint-André. La route de la Storta commence. Quoique cette heure matinale convienne aux brigands, je suis sûr que nous n'en verrons point. Il n'est pas exact qu'on ne puisse voyager en Italie, sans avoir à défendre sa vie ou sa bourse. Combien cette campagne solitaire m'attriste encore et m'importune ! Je suis pressé d'en sortir.

Il fait grand jour quand nous relayons à la Storta. Aucune voiture ne se croise avec la nôtre. On évite de se trouver ici trop tôt et trop tard. Le relais de Baccano se montre à l'horizon. J'aperçois les piliers et les arcs de son portique, et la croix qui s'élève au-dessus de son toit de tuiles. Hâtons-nous d'y arriver. Entre le petit nombre d'individus que nous y avons laissés à notre premier passage, les uns ne vivent plus, d'autres se sont éloignés. Le maître continue de lutter contre les influences funestes de cette résidence. La cupidité lui fait braver les angoisses de sa lente agonie. Un convalescent va nous conduire à Monte-Rossi. L'infortuné attend la fièvre. Peut-être le saisira-t-elle durant le trajet que nous ferons ensemble. Il espère lui échapper en changeant de lieu ; car ici l'air, l'eau, le sol, en favorisent les atteintes. Fuyons promptement cette terre de misère et de mort.

Nous sommes à Monte-Rossi, ville bâtie sur un sol parsemé de lave. Si, dans ce canton, la nature n'étale pas toutes ses richesses, du moins l'embellit-elle de quelques-uns de ses dons. Les champs ne sont plus incultes ou négligés. Des passans, des hameaux, des maisons rustiques abritées de leurs longues toitures, animent, égaient le paysage. Occupés de leurs travaux, les habitans vont et viennent de tous côtés. Le chemin que nous laissons à droite, nous mènerait à Pérouse. Dirigeons-nous vers Ronciglione, dont la tour carrée s'élève dans le lointain. Ce bourg assez considérable est situé sur la Téréia, petite rivière dont le courant fait mouvoir des usines grossières à fer et à papier. Les abords en sont pittoresques. A peu de distance, sur la gauche, on voit le lac de Vico. Il a trois milles de tour, et passe pour être le cratère d'un volcan éteint. Dans l'Italie méridionale, il n'y a presque pas une flaque d'eau, dont le bassin ne soit attribué à une semblable cause; et cette conjecture ne manque pas de probabilités. On y marche presque constamment, sur un tuf volcanique plus ou moins élaboré par la succession des tems. Le plus souvent il est encore à nu et repousse toute végétation. On le reconnaît à sa couleur d'un rouge foncé, aux scories qui couvrent sa surface, et à son imperméabilité. Quelquefois des débris de végétaux s'y mêlent; et, à l'aide d'engrais qui lui sont appropriés, il cède aux travaux du laboureur et lui donne des moissons.

Ici la route monte rapidement. Les coteaux grandissent, se multiplient, se rapprochent, varient les sites du pays. A chaque pas s'offrent des cavernes, des ravins. Leur entrée, leurs détours, leur issue, se dérobent à travers d'épaisses forêts. Les environs sont inhabités. On ne rencontre pas une seule chaumière. Naguère cet endroit était favorable aux surprises, au brigandage. Des arbres séculaires prêtaient leur ombre au crime. Des deux côtés de la chaussée, jusqu'à la distance de cent cinquante pas, ils ont été abattus par les Français. Leurs troncs hauts de trois à quatre pieds, sont encore debout; mais on voit distinctement entr'eux et au-delà. Néanmoins cette précaution prise contre les embuscades, n'écarte pas tout danger. Il n'est bruit que des attaques faites à des courriers, dans ces défilés justement suspects. A mesure que l'on avance, l'horizon s'étend, et la vue plane sur un pays désert. Le mont escarpé qui termine ce relais, se nomme la montagne de Viterbe; et la maison isolée, construite à son sommet, est celle de la poste. Soit que les palefreniers entendent de loin les voitures qui montent, soit qu'ils veuillent, par leurs prévenances, exciter la générosité des voyageurs, le service est prompt. Je regardais atteler nos chevaux. Un officier de carabiniers était sur le seuil de la porte de l'écurie, appuyé contre le mur, les jambes et les bras croisés. Il regardait de même assez nonchalamment. Une sorte d'intérêt en manière de pitié, se peignait dans ses yeux ombragés par la visière de son casque. Il avait l'air de nous plaindre en son ame, de quelque malheur qui nous était réservé. Après cette pantomime, et voyant que nous étions près de partir, il s'est avancé :

« Vos excellences vont à Viterbe, a-t-il dit : les chemins ne sont pas sûrs. Vous pouvez juger de ceux qui suivent, par ceux où vous venez de passer. Ne voudriez-vous pas prendre une escorte? » Nos refus et nos remerciemens ne l'ont pas satisfait. C'était ici, comme à Fondi, une branche d'industrie militaire. « Vous avez tort, messieurs, a-t-il ajouté, la contrée est infestée de brigands. Vous serez arrêtés; n'en doutez pas. D'ici à la ville, vous ne devez compter sur aucun abri, ni sur aucun secours. Si vous rejetez ma proposition, vous pourrez le payer de votre vie. Le moindre risque que vous couriez, est d'être retenus en captivité, jusqu'à ce que votre rançon soit payée. J'ai de braves soldats. Je les conduirai moi-même. Disposez de nous. — En vérité, nous n'avons ni armes, ni argent. Notre bagage n'est pas d'un grand prix. Jusqu'ici notre confiance n'a pas été trompée. Nous voulons de nouveau tenter la fortune. — Je vous prie de croire à mon désintéressement. Vous vous repentirez de m'avoir refusé. Sans une grande nécessité, le gouvernement ne nous maintiendrait pas dans ce poste périlleux. Ses craintes sont fondées, sérieuses. Il lui importe de prévenir des assassinats qui se renouvellent fréquemment. Permettez-nous de vous accompagner, je vous le répète. Vous sentez quels reproches j'aurais à me faire de ne pas insister, si, comme j'en ai la certitude, vous êtes dépouillés. » Pendant qu'il parlait, des soldats entouraient la voiture, d'autres chargeaient leurs carabines, se disposaient à brider leurs chevaux. Tous joignaient leurs instances à celles de leur commandant, et s'étonnaient de notre indifférence. Enfin le moment des adieux est venu. Ils nous ont recommandés à tous les saints du calendrier, et nous les avons quittés.

A peine étions-nous à un quart de lieue, qu'une plaine charmante s'est offerte à nos regards. Des champs en pleine culture, des vergers, des bosquets, de jolies habitations, en couvraient la surface. Nous voyions devant nous, les tours de la ville de Viterbe. Les chemins commençaient à se peupler. De pauvres conducteurs de bestiaux parlaient gaiement ensemble de leur commerce, de leurs profits sans doute, et portaient peut-être envie à notre existence plus fortunée, sans pourtant la menacer. Ainsi se trouvaient démenties les craintes qu'on avait cherché à nous inspirer.

Nous n'avons fait que traverser Viterbe. Cette ville a un air d'aisance qui fait plaisir. Les rues sont droites, spacieuses, bien bâties, propres, pavées de larges dalles d'une lave bleue légèrement poreuse qu'on nomme du *péperin.* On y compte treize mille ames. Sa campagne riche en produits agricoles, l'est aussi en antiquités. Tandis que la foule des curieux explore Rome, Naples, et leurs environs, ici, les mines des monumens anciens sont, pour ainsi dire, vierges. Sur une place régulière, entourée de beaux édifices et bien percée, je viens d'apercevoir une fontaine. Son ensemble, ses ornemens, et l'abondance de ses eaux, la rendent digne de remarque. Quelques jeunes garçons y abreuvent leurs chevaux. Inclinés sur le cou de leurs montures, ils causent négligemment avec les servantes qui sont venues remplir leurs cruches. Ce tableau charmant rappelle ceux du peintre Robert. Passons : l'heure nous presse. Bientôt nous laisserons la plaine de Viterbe, pour gravir les hauteurs de Monte-Fiascone. Nous n'allons plus que le pas : mettons pied à terre, et délassons-nous des fatigues de la voiture.

Un capucin nous devançait. Bien qu'il marchât lestement, malgré son embonpoint et sa robe de bure, nous l'avons atteint. Sa figure est belle, bonne et spirituelle. « Bonjour, révérend père. Nous faisons la même route. Le tems est doux. Vous paraissez fatigué. — Nullement. Un de mes amis habite Viterbe. Je viens de lui rendre visite, et je retourne à Monte-Fiascone. L'heure du couvent me rappelle. Mon titre de professeur me donne bien un peu de liberté; mais j'en profite rarement. Le bon exemple est la meilleure leçon. — Votre communauté fait donc des élèves? Est-ce une maison d'institution?—Non, non; je n'ai d'écoliers que les novices de notre monastère: et j'enseigne la philosophie à neuf disciples seulement. — Ce n'est guère. — Nous ne sommes pas nombreux non plus. La ville est petite, le pays peu populeux. Notre pauvreté fait peu de prosélytes; et tous les esprits n'ont pas une égale aptitude à recevoir de l'instruction. —Vous paraissez heureux. Peut-être le devez-vous à la pratique de la science que vous enseignez. — Je le crois. Elle m'a souvent été utile. Le roman de ma vie est fini. J'en puis maintenant disposer à mon gré. — Comment! un roman, mon père? — Hélas! oui. Ce mot s'accorde mal avec mon costume; mais quel autre nom donner aux aventures dans lesquelles tant d'individus se sont vus lancés, pendant la marche triomphante de vos armées, dont les succès tiennent si souvent du merveilleux? L'invasion de l'Italie par les Français, nous fut représentée, à tort ou à raison, comme la fin du monde. Tous les démons de l'enfer eussent été déchaînés contre nous, qu'ils ne nous auraient pas imprimé plus de terreur. Si les effets n'ont pas répondu à une telle attente, au moins était-il permis de prendre l'alarme. J'étais du nombre des timides, et je m'expatriai. Ce fut vers l'Allemagne que je tournai mes pas. Le peu de lumières qui m'éclairent, m'y fit distinguer, rechercher même. Mon exil eut quelque douceur; mais il fut long! Après les premiers charmes de la nouveauté, l'amour du pays me tourmentait. Je regrettais l'air natal, l'idiome maternel, ma cellule, l'autel où j'avais prononcé mes vœux : que dirai-je ? tout ce je ne sais quoi qui compose la patrie, que chacun sent dans son cœur et que personne ne peut expliquer. Dès qu'il me fut permis d'espérer du repos, j'y revins; et avec mes habitudes et mes anciennes amitiés, j'ai repris mes modestes travaux. — En quelle langue faites-vous votre cours? — En latin. — Ne vous lassez-vous pas quelquefois, de redire chaque année les mêmes argumentations sur les mêmes sujets? — Non; ma méthode sort de la routine commune. Elle se prête à une multitude d'aperçus susceptibles de combinaisons variées. Précisément j'ai sur moi un de mes cahiers. Vous pouvez y prendre une idée de mon genre d'enseignement. »

En même tems il a feuilleté sous mes yeux, un volume manuscrit, s'interrompant à diverses pages, pour me montrer des titres et des citations. «Vous vous étonnez de lire sur ces marges, les noms d'Épictète, de Platon, de Cicéron, de Sénèque. Vous paraîtraient-ils étranges dans la bouche d'un capucin? Je sais qu'ils contrastent avec ma tonsure, ma barbe et mon capuchon; mais les préceptes de ceux qui les portent, conviennent à tout le monde. — Certes, je ne les trouve déplacés nulle part, encore que les actions de ces sages n'aient pas toujours répondu à leurs paroles. — Il faut les plaindre et non les blâmer. Le naturel est quelquefois le plus fort. Tel condamne, du port, des prières faites pendant un naufrage, qui eût montré une bien plus grande dévotion s'il y eût été exposé. Vous le voyez; je ne me borne point aux aridités d'une vaine scolastique. Les anciens m'offraient un trésor : je me l'approprie, et l'exploite à ma manière. Notre règle nous prescrit de vivre d'aumônes. Mes frères la demandent pour la vie physique; je fais de même au moral, et vais quêtant de nos premiers maîtres, les alimens de la vie intellectuelle. Il m'est arrivé même de chercher et de trouver des règles de sagesse, entre les voluptés d'Horace. De toutes ces idées qui ne m'appartiennent pas, je me suis fait un corps de doctrine, que j'analyse de mon mieux. Puis, je le coordonne à mon propre système, qui consiste à consulter toujours sa raison, à lui soumettre toutes ses actions, et à se conduire uniquement d'après ses conseils. — Ne vous est-il pas difficile quelquefois, de le concilier avec les dogmes de votre religion? — Ah! c'est différent. Loin de l'essayer, je m'en abstiens au contraire. Ceci rentre dans la théologie. D'autres sont chargés d'en donner des leçons. » En disant cela, il a souri, non sans finesse. Notre entretien a continué. Par momens il restait un peu en arrière, pour rattacher les courroies de ses sandales qui le blessaient. Enfin nous nous sommes séparés. Il a pris un sentier qui conduit directement à Monte-Fiascone.

Le plateau sur lequel cette ville est bâtie, domine la contrée. Le dôme de sa cathédrale se voit de fort loin. Avant d'être promu à l'archevêché de Paris, l'abbé Maury en était évêque. Elle a donné son nom à un vin muscat doucereux, qu'on recueille dans ses environs. Nous n'y entrerons point. Le relais de la poste est en-dehors. Aussi-bien la nuit approche, et nous sommes encore loin d'Acqua-Pendente où nous devons faire une halte.

Jetons un coup d'œil en passant, sur le lac de Bolséna. Sa forme circulaire, son étendue, ses alentours, offrent des points de vue enchanteurs. Il a trente-six milles de circonférence. Ses eaux sont limpides. A sa surface s'élèvent deux petites îles. C'est sur ses bords que descendit un ballon lancé au moment de la naissance du roi de Rome. Paris n'était pas encore sorti de l'ivresse dans laquelle l'avait plongé cet événement qui renfermait tant d'espérances déçues depuis, que Rome et l'Italie l'apprenaient par une sorte de prodige. Les vents s'étaient chargés de ce message ; et l'on en parle encore ici avec étonnement.

Sur un coteau, des maisons ruinées marquent la place de l'ancien village de San-Lorenzo. L'air y était malsain, la mortalité considérable. Quelques familles cependant s'obstinaient à y demeurer, pour périr bientôt, et être remplacées par d'autres qui les suivaient promptement dans la tombe. Chacun inventait des prétextes pour imputer au malheur, ou à l'imprévoyance de son devancier, la cause de la fin qui l'attendait lui-même. Un genre de fatalisme présidait à ce renouvellement continuel. Pie VI, célèbre à juste titre par son administration ferme et éclairée, fit d'abord poser, dans une situation salubre et peu distante, les premiers fondemens d'un nouveau village, et força ensuite les habitans de l'ancien à s'y établir. Ce ne fut pas sans quelque violence qu'il les arracha à une mort certaine, tant est puissant l'empire des localités et des habitudes. Le succès a cependant couronné cette entreprise. Le nouveau San-Lorenzo est peuplé maintenant. Il se compose d'une place exagone, d'où partent plusieurs rues symétriques. La façade des maisons a un caractère d'architecture qui ne déparerait pas une grande ville. La campagne, surtout du côté du lac de Bolséna, n'est qu'un vaste et beau paysage. Une atmosphère pure, de bonne eau, des habitations aérées et convenablement distribuées, y entretiennent la santé, dont cette population avait cessé de connaître la jouissance et même le prix.

Il est dix heures de la nuit. Nous nous arrêtons devant une ville fermée qui a l'aspect d'une citadelle : c'est Acqua-Pendente. Le postillon appelle la garde à plusieurs reprises. Tout dort.

Un long tems se passe avant qu'on lui réponde. Le portier, accompagné de deux soldats, arrive pourtant. Après les explications d'usage sur le passeport, le visa, le logement, le nombre des voyageurs, leurs qualités, le motif de leur voyage, etc., l'on nous permet enfin d'entrer. L'hôtellerie est misérable. Les filles de l'hôte en font le service. Elles sont hideuses et à peine vêtues de haillons. Ce qui manque au souper, elles le remplacent par des empressemens et des soins importuns. S'il est possible, le gîte est encore pire que le repas. Une chambre obscure et froide, deux lits à tombeau sur des ais de bois, une paillasse couverte de draps d'une couleur équivoque et suspecte, une chaise de paille au dossier de laquelle on avait suspendu un petit seau de verre de fougère clissé d'osier, avec anse et couvercle, pour un usage dont nous ne nous serions pas doutés, et que nous n'avons pas appris sans rire : tel était l'ameublement de ce chenil qui ne promettait, ni repos, ni sommeil. Couché sur le bord de mon grabat, j'ai attendu avec impatience le lendemain, au bruit du ronflement des marchands dont la maison était pleine, et qui venaient assister à un marché de cochons.

ACQUA-PENDENTE. — UN TORRENT.
PONTECENTINO. — LE PASSAGE DE LA VELTA.
LE RIGO. — UN INGÉNIEUR HOLLANDAIS. — SOUVENIRS D'ANVERS.
LE PASSAGE DU RIGO. — RADICOFANI. — LA PODÉRINA.
TORRINIÈRI. — L'HÔTELLERIE DES FRANÇAIS.
BUONCONVENTO. — MONTARONI. — SIENNE.

Sienne, 31 décembre 1819.

Fatigué d'insomnie, transi de froid, ne pouvant éveiller personne, je me suis réfugié dans la chambre commune; et j'y ai allumé du feu. Successivement les autres voyageurs, puis les domestiques de l'auberge, puis le maître et ses filles, sont survenus. Tous déploraient la tempête et la pluie de la nuit. Les chemins devaient être affreux. Le marché serait désert. Les torrens gonflés intercepteraient toute communication avec le voisinage. Pour moi j'avais réussi à vaincre la résistance des postillons qui d'abord ne voulaient pas monter à cheval. Ils avaient pris courage; et nous sommes partis.

La brume était épaisse. De gros nuages chassés par un vent violent du midi, crevaient de tems en tems sur nous. A deux milles d'Acqua-Pendente, un ravin rarement visité par les eaux, coulait à pleins bords. Il inondait les environs et barrait la route. Aussi long-tems que nous en pouvions voir le fond, nous nous sommes avancés sans inquiétude; mais les cailloux roulés dont son lit est semé, ayant disparu sous un courant plus considérable, force a été de nous arrêter. La vitesse de sa course était extrême. L'accroissement continuel qu'il semblait prendre, ne permettait guère de se hasarder à le franchir. Placés sur un petit tertre dont l'élévation formait une espèce d'île, nous mesurions attentivement ses progrès, et nous consultions sur les risques de cette traversée. Dans ce moment un voiturin qui faisait la même route, descendait du haut de la montagne. Nous espérions que son expérience nous aiderait à sortir d'embarras. Cependant une nuée noire le devançait. Elle allait fondre, et nous fermer peut-être la retraite du mauvais pas dans lequel nous étions engagés, lorsque l'eau, qui venait de toutes parts, a cessé de monter. Nous n'avions que cinquante pas à faire. Notre conducteur était peu timide. Un mot a suffi pour l'exciter; et en quelques minutes il nous a conduits à la rive opposée. Un peu plus loin, on passe sur un beau pont, la Paglia qui se jette dans le Tibre au-dessous d'Orviéto. Rien n'a plus différé notre arrivée à Pontecentino. Ce hameau, le dernier des états du pape vers la Toscane, ne comprend que la maison de poste, ses écuries, quelques dépendances, une grange, et un hangar clos, servant de caserne pour une escouade de douaniers, et pour quelques troupes préposées à l'escorte des passans. Le chef de la douane n'a pas été exigeant; mais on nous a refusé des chevaux. Le prétexte de la rapidité d'un torrent prochain, a servi d'excuse. Il faut s'être vu à la merci de tant de paresse et de poltronnerie, pour connaître combien elles trouvent ici d'approbateurs, et au besoin de défenseurs. Raisonner serait perdre sa peine. A se fâcher, on courrait risque d'augmenter la contradiction. Le mieux est de céder, et même d'y mettre de la bonne grâce. Nous voilà donc déterminés à rester, assis devant un grand feu, faisant cercle avec les plus familiers, causant désormais d'autre chose, des voleurs surtout, sujet intarissable et banal de tous les entretiens populaires, depuis environ cinq cents lieues. Notre résignation, jointe à l'amour du gain, a touché le chef des écuries. Sans se le faire demander, il est allé à cheval sonder le gué. Revenu presque aussitôt, il a affirmé que la moindre tentative nous exposerait à un danger certain. Quelques momens après, un palefrenier a reçu la mission d'explorer une seconde fois le passage. Nouvelle colombe de l'arche, il a annoncé la diminution des eaux : et l'on s'est mis en devoir de nous mener au relais suivant. Cinq chevaux et deux postillons nous ont été imposés. Les circonstances l'exigeaient peut-être. Sans doute aussi l'on en abusait un peu. Le signal est donné ; et chacun veut voir l'issue de ce que tous regardent comme une témérité. Les habitans du hameau nous accompagnent. Il en est qui manifestent de vives craintes. Le reste, comptant sur le spectacle d'un naufrage, témoigne la curiosité commune à toutes les populaces. La Velta qu'il s'agissait de passer était fort large. Ses flots tumultueux roulaient précipitamment. Le vent qui n'était point apaisé, et d'énormes silex la faisaient bouillonner avec fracas. Les chevaux s'y sont lancés sans difficulté. Il s'en fallait de peu que son niveau n'atteignît la caisse de notre voiture, que des roches, des trous balançaient tantôt à droite, tantôt à gauche. Nous éprouvions un effet d'optique qui nous a trompés un moment. La direction de notre marche formant avec celle de la Velta un angle droit, il semblait que nous n'avancions plus, que nous dérivions obliquement, et que l'attelage était entraîné. Nous avons néanmoins atteint l'autre rivage; et, de celui que nous venions de quitter, les spectateurs nous ont adressé leurs félicitations.

Un autre torrent ou plutôt un fleuve, comme ils l'appellent, le Rigo nous attendait au sortir de la Velta. Il est à sec pendant la majeure partie de l'année; mais la moindre pluie suffit pour le remplir, tant il s'y rend d'affluens, même des montagnes éloignées. La grande route de Florence le coupe sept fois, sans qu'on ait senti le besoin de la détourner, ou d'y construire un seul pont. La chaussée était inondée. Le fleuve avait plusieurs pieds de profondeur. On pouvait craindre que le tems et la saison ne nous retinssent sur ses bords pendant plusieurs semaines. Il n'y avait, en ce lieu, qu'une masure habitée par de pauvres paysans. Nous avons été rejoints par le voiturin qui nous suivait. Dans sa berline, étaient un avocat de Turin, un Piémontais qui emportait de Rome une fièvre opiniâtre, et un Hollandais, officier du génie militaire, qui venait de parcourir l'Égypte et les côtes de Barbarie. Le courrier de Florence est survenu avec deux voyageurs, l'un Anglais, l'autre Italien, tous les deux fort contrariés de l'obstacle qui nous arrêtait tous. Entre ce que nous étions d'étrangers, la connaissance a été prompte. Chacun s'est prêté de son mieux à notre commune destinée. Je me suis approché de l'ingénieur hollandais. Il se nomme M. H***. Notre armée l'a vu dans ses rangs. Son nom est cité avec éloge dans l'*Itinéraire de Paris à Jérusalem*, dont il est loin d'admettre toutes les indications topographiques. Lorsque les Pays-Bas furent séparés de la France, la carrière des armes n'ayant plus d'attrait pour lui, il demanda et obtint que son gouvernement couvrît d'une mission publique, le voyage qu'il ne se proposait d'abord que par pure curiosité. A l'entendre, le Latium et la Campanie n'ont point de ruines qui égalent celles de l'Égypte. Les expressions lui manquent, pour rendre ce qu'il a éprouvé à la vue de Carthage, de la colonne de Pompée, des pyramides, de Thèbes, des temples, des tombeaux, et des débris de la magnificence des Pharaons. Touchant les états barbaresques, les moyens de les attaquer, le système de leur défense et l'évaluation de leurs forces, il prétend avoir recueilli des notes qui pourront être utiles plus tard. Mais il ne cesse de parler de la France, et de Bonaparte. Tout sujet les ramène à sa pensée. Il a trouvé l'Égypte pleine du nom français. Loin de nous juger sur le rôle qu'on nous fait jouer en Europe, il croit qu'un avenir glorieux est réservé à notre patrie, et que les peuples lui devront un jour de nouvelles leçons et de nouveaux exemples. Inquiet de la politique hollandaise, il voit, avec douleur, la Belgique devenue, sous l'inspection d'un Anglais, la frontière continentale de la Grande-Bretagne, et son pays exposé à être le champ de bataille de toutes les guerres maritimes.

Le tems s'écoulait dans ces entretiens qui répondaient à mes espérances, à mes vœux et à mes craintes. Repassant ensemble les souvenirs des premières campagnes de la révolution française, nous nous rappelions à l'envi Jemmapes, Fleurus, et la conquête hardie de Bruxelles et d'Anvers, de cette terre impatiente du joug autrichien, qui nous accueillit aux cris de la liberté, et qui, depuis, après nous avoir perdus avec regret, devait nous attendre vainement. Je lui citais les ouvrages admirables qui auraient fait de l'Escaut, le rival et peut-être le vainqueur de la Tamise. Il les connaissait aussi; mais il n'avait pas vu, comme moi, le port d'Anvers, vide, désert et impraticable qu'il était, se changer, par une sorte d'enchantement, en un arsenal formidable, et renaître en même tems au commerce. « Je ne trouve ici que des ruines, disait le premier consul Bonaparte au marquis d'H***, préfet des Deux-Nèthes, alors bon républicain et depuis excellent royaliste. Il n'existe pas de ville plus misérable en Égypte, et où l'apathie du gouvernement se montre davantage. Comment me laissez-vous ignorer l'état déplorable d'un port dont la situation est unique en Europe? » Des plans aussitôt exécutés que conçus tracèrent des cales, élevèrent des magasins, alignèrent des quais, jetèrent des ponts sur tous les canaux, creusèrent des bassins. De toutes parts les matériaux affluèrent. En peu de mois, vingt vaisseaux de haut-bord, descendant des chantiers, laissèrent à la surface de l'Escaut, le berceau qui les y déposait, et parurent armés sur ce fleuve qui, pendant un si long tems, n'avait été fréquenté que par des pêcheurs. Tandis que la marine militaire en prenait ainsi possession, la marine marchande en apprenait les passes. Toutes les mers s'empressèrent de lui payer le tribut que commandait son retour à la liberté. Des matelots, des négocians de toutes les nations accoururent au nouveau marché qui venait de s'ouvrir. L'oisiveté, née sous la verge autrichienne, disparut avec le cagotisme, dernier legs de la monarchie espagnole. Les bras suffisaient à peine à toutes les industries qui se développèrent à la fois. La présence d'individus de toutes les sectes et de toutes les parties du monde, amena une tolérance générale; et la richesse se répandit, par des milliers de canaux inconnus auparavant, jusque dans les dernières classes de la population qui doubla en peu d'années. Cependant ce miracle opéré par la puissance d'un homme de génie, était destiné à s'évanouir comme un songe. Déjà la fortune d'Anvers a pâli avec l'étoile du héros qui l'avait créée. L'industrie a fui. La valeur territoriale est dépréciée. Mais, tôt ou tard, cette ville retrouvera ses avantages, soit qu'une habile administration les lui rende, ou qu'elle les doive à l'influence de quelque nouvelle circonscription politique.

Retournons au bord du Rigo. Après plusieurs heures d'attente, on a enfin résolu d'en tenter le passage. Un homme à cheval sonde le gué; et nous marchons sur une seule ligne. Le premier trajet était large d'environ cinquante pas : nous l'avons fait sans accident. Les cinq qui suivaient n'ont pas offert plus de difficulté. Parvenus au dernier, largeur, profondeur, rapidité, rien n'y manquait. La malle qui nous guidait, touchait à l'autre rive quand nous sommes entrés dans le torrent. Sa trace ayant disparu, nous nous sommes écartés de la direction que nous aurions dû suivre. Nos roues montaient alternativement sur des rochers cachés sous l'eau. A chaque pas nous étions d'autant plus près de verser que le courant nous y aidait; et nous nous y préparions en silence. Notre bonne fortune nous a préservés. Arrivés sains et saufs, sur les terres de la Toscane, que le Rigo sépare de celles du pape, nous avons bientôt continué notre route, après avoir reçu des marques d'intérêt de tous nos compagnons de voyage, qui n'avaient pas douté que, plus d'une fois, nous ne dussions être submergés.

La campagne qui m'avait semblé mieux cultivée et plus fertile aux environs d'Acqua-Pendenté, redevient stérile et sauvage. Radicofani est le relais le plus proche. On l'aperçoit d'une grande distance. C'est un bourg peu considérable, bâti presque au sommet d'une haute montagne. La douane n'y est pas sévère. Un fort qui paraît abandonné, le domine. De là à Ricorsi, on descend par une pente rapide. Quelques ruisseaux croisent le chemin. Leur rencontre est moins dangereuse qu'importune. Après bien des alternatives de montée et de descente, on arrive à Podérina.

Le courrier qui ne nous précédait que de quelques pas, est venu nous parler : « Ici je dois me munir d'une escorte. Cette précaution ne nous retardera nullement. Mes instructions la prescrivent. Je ne séjournerai nulle part, que pour recevoir ou laisser des dépêches. Ne me devancez pas : nous nous réunirons ailleurs. » Deux dragons sont partis avec nous. L'un a couru en avant. L'autre allait et venait incessamment de la malle à notre voiture. Sur cette chaussée déserte, nous entendions, de tems en tems, le galop de son cheval, et le bruit de ses armes que la lune faisait briller. Se montrant tantôt à une portière tantôt à l'autre, il se multipliait par la promptitude de ce manége; et nous avons atteint ainsi le village de Torriniéri. Là, nous nous sommes arrêtés devant le perron d'une maison de peu d'apparence, mais dont l'extérieur était attrayant. Un homme s'est présenté, a annoncé que nous étions servis, et nous a invités à mettre pied à terre. Jamais hospitalité plus cordiale ne s'offrit plus à propos. Les murs nouvellement blanchis de la petite chambre dans laquelle on nous a introduits, réfléchissaient la lumière de plusieurs lampes de cuivre, polies et luisantes. Un feu clair brûlait dans la cheminée. L'hôte était âgé d'environ soixante ans. Sa fille, jeune, fraîche, avenante, plaisait sans être jolie. Son air vif, sa tournure amoureuse, son costume composé d'une jupe rouge, d'un corset brun, d'un tablier et d'un fichu blancs qui dessinaient de belles formes, et d'une cornette placée sous un chapeau d'homme ombragé de plumes noires, avaient quelque chose d'étrange et de piquant. Ces braves gens luttaient ensemble de zèle, d'affabilité, de bonhomie. Un esprit mercenaire ne les animait point. Du fromage de chèvre, des raisins exquis ont succédé aux premiers mets; et cette halte, qui n'a presque rien coûté, s'est terminée par une causerie amicale.

« C'est ici la maison des Français, a dit le courrier. Que vous en semble-t-il? Dans leur tems, elle était très-fréquentée; et chaque fois l'on y était accueilli comme vous le voyez. N'est-ce pas, Madeleine? a-t-il ajouté en regardant la jeune hôtesse. — Oui, sans doute, et toujours avec le plus grand plaisir. — J'avais l'honneur d'être au service du roi Murat. On ne s'endormait pas alors. Personne n'en avait le loisir. De combien de victoires j'ai porté la nouvelle! Il n'a fallu qu'un revers pour en amener le terme. Rien ne pourra les faire oublier. *La furia francese,* l'ardeur des Français se mêle à toutes choses. Ils commencent toujours bien; n'est-ce pas, Madeleine? — C'est pour plaisanter, que vous m'appelez ainsi en témoignage. Je le sais tout comme vous, M. Georges, mais non pas autrement, entendez-vous? quoiqu'ils soient bien aimables sur ma foi. » En prononçant ces mots, elle rougissait, baissait finement les yeux, et souriait avec une mine charmante. « Nous leur devons notre petite fortune, a-t-elle continué. Ils nous auraient enrichis; demandez à mon père. — *Ah perdio! dici la verità, mia brava figlia : ma altri tempi, altri affari.* »

L'heure s'avance, il faut partir. Nous avons à

parcourir plusieurs relais : Buonconvento sur l'Ombrone, Montaroni au-delà de la petite rivière de l'Arbia. Les distances sont longues. Le chemin est monotone. Nous voici pourtant sur la route de Sienne. Aux approches de la ville, le pays devient montueux et aride. Aucun ruisseau, aucun torrent ne l'arrose. Le sol a un aspect volcanique. Les arbres sont rares et d'une végétation chétive. Sienne elle-même passe pour être bâtie sur un cratère éteint. On cite les nombreux tremblemens de terre qu'elle a éprouvés; et sa population qui s'élevait à cent mille ames, n'est plus que de seize à dix-sept mille. Malgré la vitesse des chevaux, nous n'y arrivons qu'à une heure et demie du matin. A la porte, les formalités sans cesse renaissantes de la douane et des passeports, nous font perdre près d'une heure. Dans la meilleure auberge, celle des *Trois Rois*, maîtres et serviteurs dorment profondément. Nous attendons long-tems du feu, puis un lit, qui d'ailleurs ne paraît pas mauvais.

SIENNE. — SA CATHÉDRALE.
CASTIGLIONCELLO. — POGGIBONSI. — TAVARNELLA.
SAN-CASCIANO. — GLI SCOPETTI. — FLORENCE.

Florence, 1er janvier 1820.

La ville de Sienne a un air étranger qui lui est particulier. Ses maisons à plusieurs étages, d'un style gothique, et garnies de jalousies à l'espagnole, me représentent, je ne sais pourquoi, une ville moresque. Ses rues ne sont pas droites; et leur irrégularité n'a rien de désagréable. Avant que nous l'eussions possédée, elle était pavée en briques de champ. De larges dalles ont remplacé ce pavé raboteux. Elle est propre et douce au marcher. Les habitans semblent d'une humeur sociable. La plupart des femmes sont jolies et bien faites. On voudrait y demeurer. Le guide qui va nous la montrer, a servi dans la garde impériale, en qualité de sous-officier. Son maintien franc, sa démarche assurée, son regard ferme et loyal le font aisément reconnaître. Il regrette les aigles francaises, en parle avec orgueil et regret, et se félicite de pouvoir épancher des sentimens qui, dit-il, remplissent son cœur et sont bien pénibles à dissimuler.

Le *Duomo* (c'est la cathédrale) donne sur une place entourée d'édifices d'une assez belle apparence, qu'elle efface cependant par l'élégance de sa façade et la richesse de ses ornemens. Son architecture est d'un gothique épuré. Ses murs sont incrustés de marbre blanc et noir, dont la disposition symétrique produit un agréable effet. A côté est une tour carrée d'une grande hauteur, au sommet de laquelle on a pratiqué une galerie appuyée sur des éperons obliques en forme de consoles, et dont la base se perd dans la maçonnerie. Un clocher s'élève au-dessus. Cet ensemble est si svelte, si léger, si hardi, qu'on ne peut croire à sa solidité.

L'intérieur de l'église, également revêtu de marbre, est distribué avec goût. La solennité de la Circoncision y attire aujourd'hui la foule des catholiques, qui vient y célébrer une fête juive. Au sein de cette dévotion vraie ou feinte, des étrangers pourraient paraître importuns : il n'en est rien. Les fidèles les plus attentifs à la prière, se dérangent pour le laisser passer, et les suivent même quelquefois afin de revoir, à leur occasion, des choses qu'ils ont vues cent fois, mais pour lesquelles leur curiosité ne se rassasie point. Par amour-propre pour la ville qu'ils habitent, ils ne sont pas fâchés d'entendre les éloges qu'on lui prodiguera. On ose à peine marcher sur les incrustations précieuses et les mosaïques dont l'église est pavée dans toute son étendue. Ce sont autant de tableaux de dimensions différentes, enchâssés les uns auprès des autres, éclairés en gris de plusieurs nuances et ombrés en noir. On a placé dans le chœur et dans le sanctuaire, ceux dont le travail est le plus parfait. Pour prévenir les dégradations que pouvaient leur causer, les chaussures des allans et des venans, on les a couverts d'un faux parquet, qui se divise et s'enlève par feuilles, pour la commodité des amateurs. Pendant la pompe religieuse de cette journée, au milieu de ce concours pieux, il serait sans doute indiscret d'user, sans réserve, de la liberté qui nous est offerte. Cependant nous n'irons point jusqu'à nous en priver tout-à-fait. Nous ferons donc soulever quelques portions de ce plancher mobile. Les premières cachent des demi-figures d'expression, où se peignent les divers mouvemens de l'ame, les passions, le trouble des sens : le Poussin, le Dominiquin, Lesueur ne les désavoueraient pas. Plus loin est une Ève après le péché. Elle est seule, à genoux, dans l'attitude du repentir et de la prière; mais ses yeux ont gardé l'impression d'un reste de plaisir. Elle semble se plaindre que sa faiblesse soit une faute, plus encore qu'en demander pardon. La perte de son innocence n'a pas été exempte de douceur. On dirait qu'elle y puise des motifs de se résigner. Qui pourrait lui rien reprocher en la voyant si belle, sinon qu'elle eût pu résister à la tentation du serpent?

Une copie en mosaïque de la Fuite en Égypte, par Carle Maratte, et une Madeleine en marbre du Cavalier Bernin, sont les principaux objets d'art qui décorent cette église. La Fuite en Égypte est celle dont nous avons possédé l'original : c'était un des plus beaux tableaux du Musée-Napoléon. La Madeleine n'a d'autre défaut que d'être trop jeune pour la pénitence. Au reste, le moment est difficile à saisir. Les artistes le prennent-ils trop tôt? personne n'y croit; trop tard? le sacrifice n'est plus méritoire.

La rampe de l'escalier qui conduit à la chaire,

est sculptée à jour et d'un travail très-fin. Les sujets des bas-reliefs qui en remplissent les panneaux, sont la Naissance de J.-C., l'Adoration des Mages, un voyage de la Sainte-Famille, le Massacre des Innocens, et le Jugement dernier. Ces ouvrages méritent la réputation dont ils jouissent.

Au milieu de la sacristie, dont les murs sont peints à fresque, un massif en boiserie sert de piédestal à un groupe antique, trouvé dans les fouilles faites pour jeter les fondemens de l'église. Ce groupe est de marbre blanc. Il représente les Grâces. Elles sont debout sur la même ligne, dans un petit bassin où peut-être elles viennent de se baigner. L'une d'elles pose ses bras, d'un air caressant, sur les épaules de ses compagnes qui, tournées en sens inverse, lui sourient et s'appuient sur elle de la même façon. Ces attitudes favorables au développement de leurs formes, ne le sont nullement à la pudeur. Aucun voile d'ailleurs ne les couvre. La décence ne permettait pas de les laisser dans la nef où on les avait d'abord exposées. Elles y tenaient leur rang, avec trop d'irrévérence, auprès de la croix et des images de la Vierge : cette opposition d'objets profanes et religieux égarait trop facilement les regards et la pensée. Mais on n'a pas, pour cela, sacrifié ce chef-d'œuvre. Enhardis par la sainteté de leur ministère, contre le danger des tentations, les prêtres se sont crus assez forts pour n'être point émus de ces nudités séduisantes. Des autels de Vénus, où elles présidaient aux mystères de la volupté, elles ont passé dans le lieu consacré aux apprêts du culte catholique. Là, confondues avec les ornemens du sacerdoce, les vases sacrés, l'urne de l'eau bénite, elles font pendant à des missels précieux pour la beauté des caractères et pour les dessins dont ils sont enrichis. Celui qui va célébrer la messe, confesser, prêcher, s'habille et se recueille devant elles. Il ne peut passer sans les rencontrer, sans les voir, sans éprouver, malgré lui, des émotions qu'il n'est guère donné aux hommes de combattre avec avantage. Au reste ces contrastes ne sont pas rares en Italie : et, en fait d'abnégation des faiblesses humaines, l'opinion publique s'y satisfait à bon marché.

La grande place de Sienne se nomme *Il Campo*. Elle a la forme d'une coquille. On y fait des courses de chevaux qui, à cause de l'inégalité du sol, amènent de graves accidens. Elle sert de marché aux provisions du ménage. A l'aide d'une fontaine dont les sculptures sont mutilées et qui ne donne presque plus d'eau, on la transformait jadis en une naumachie.

La promenade publique doit à l'administration française, ses embellissemens et plusieurs belles statues. Elle est vaste, située dans un lieu élevé, près de la citadelle. Des jeux de paume et de ballon en dépendent. Les maisons qui l'environnent sont d'une architecture élégante. Dans le lointain, on aperçoit, par intervalles, une campagne riche et féconde en sites pittoresques.

Partons pour Florence. Des jardins, de jolies *ville*, des champs de vignes et d'oliviers bordent les deux côtés de la route. De grandes et hautes avenues l'ombragent. A Castiglioncello il n'y a qu'une seule maison, celle de la poste. Au-delà de ce relais, l'agriculture semble plus perfectionnée, et la terre de meilleure qualité. On marche dans une vallée coupée par des torrens que l'on passe sur des ponts. Situé près de l'embranchement des routes de Livourne et de Florence, Poggibonsi tire de sa position, quelques avantages commerciaux; et le pays circonvoisin se ressent de cette bienfaisante influence. De Poggibonsi on se rend à Tavarnella, village bâti sur une élévation. Le maître de poste et les gens de son écurie sont familiers et causeurs. La pluie qui tombe depuis plusieurs jours, leur fait supposer que nous avons été retenus par les torrens. Ils assurent que si les Français avaient gardé l'Italie, ils seraient parvenus à faciliter une communication si fréquentée. De là, des éloges et des regrets qui auraient, pour la centième fois, embarrassé ma vanité nationale, si nos revers n'avaient pas encore plus besoin de vengeance que de consolation. Je puis dire que j'ai compté les suffrages des Italiens. Partout ils nous appartiennent, et dans plus d'une classe : l'avenir se chargera de le prouver.

Après Tavarnella, le chemin devient montueux. Nous n'avançons qu'avec lenteur ; mais l'aspect du pays récrée tellement la vue, que l'on n'éprouve, ni impatience, ni ennui. De San-Casciano, bourg considérable ; on ne cesse de descendre jusqu'à Florence. Le jour est sombre. La nuit vient de bonne heure. Quel dommage de ne pas voir le passage *dègli Scopetti*, qui va nous conduire à la ville ! Tracé sur une pente rapide et dans le roc, il parcourt des sinuosités sans nombre, qui en diminuent la roideur. Dans certains endroits il est si peu large, qu'on croirait pouvoir toucher de la main, les parois des montagnes qui ont été séparées pour lui donner issue.

Quand le soleil est couché, on ne pénètre point dans Florence par la Porte Romaine. Cet usage désobligeant pour ceux qui arrivent de Rome ou de Sienne, n'a d'autre motif que la commodité des douaniers et des soldats qui veillent à la sûreté publique. Après un long détour, on parvient à l'entrée qui reste ouverte la nuit. Quelques pièces de monnaie aplanissent les formalités usitées. L'hôtel de Schneiderff, à la suite de tant de mauvaises hôtelleries, cause une surprise ravissante. Il semble que l'on soit dans un lieu enchanté. Sur le seuil de la porte, le maître vous accueille. Il a vu de quelle nation vous étiez, et vous assigne des domestiques qui parlent votre langue. Vous traversez un vestibule orné de colonnes, éclairé de bougies. Au milieu se dessine la double rampe d'un escalier en marbre, garni d'orangers, de myrtes, d'arbustes, de vases de fleurs. Dans un appartement meublé à la moderne, vous trouvez du feu, des lumières, de bons siéges. Le souper ne se fait pas attendre. Il est recherché, et d'une cuisine analogue à vos habitudes. Puis, dans des draps fins, sur un bon lit, vous ne tardez pas à goûter les douceurs du repos : car ce palais où les voyageurs abondent, où les domestiques sont si nombreux, jouit d'un silence profond; et l'on serait tenté de s'y croire seul.

J'irai d'abord au spectacle. La salle de l'Opéra se nomme *la Pergola*. On a représenté *la Rose rouge et la Rose blanche* de Mayer. Excepté la Mosca qui remplissait un rôle de soprano, les chanteurs ne valaient rien. Le sujet du ballet qui a suivi l'opéra, est *Otello*, sur la partition de Rossini. L'intérêt du drame se perd dans les évolutions et les tableaux dépourvus de pantomime, dont il est surchargé, embarrassé, obscurci. On y a cependant ajouté un pas qui fait exception, non qu'il soit bien placé, mais parce qu'il est vif, gracieux, et que l'air en est charmant : il se nomme *la Furlana*. D'abord deux femmes dansent seules nonchalamment, presque sans plaisir, avec gravité même. Deux autres se joignent à elles, puis quatre, puis davantage, puis quelques hommes, puis plusieurs. La mesure se hâte. Les passes deviennent plus rapides. Tous les danseurs finissent par s'y mêler.

Avec la lenteur du mouvement, disparaît l'extérieur décent et modeste. Les regards, les gestes, les attitudes s'animent. Une sorte d'ivresse et de volupté semble avoir pénétré les sens de cette troupe joyeuse et folâtre; et le spectateur lui-même est entraîné, et la partage.

Le carnaval qui commence aujourd'hui, ramène, pour les Florentines, l'ère d'une indépendance qui ne finira qu'avec lui. Elles ne quittent presque plus le masque. Le jour même et dans les rues, on en rencontrera qui seront déguisées. Autrefois cet usage était général. Le costume le plus léger obtenait la préférence. Dans les lieux publics, une fine gaze, un voile transparent suffisaient. En cachant le visage, le masque couvrait tout. Cette mode, ou ce privilége a passé, dit-on : le droit et le besoin de se masquer sont seuls restés. La salle de *la Pergola* était pleine. On n'y était venu que pour parler, rire et se promener. Personne n'écoutait. Tout le monde empêchait d'entendre. Parmi les spectateurs, le plus grand nombre était en domino, ou en habits de caractère. L'amour du spectacle est poussé ici jusqu'à la frénésie. Les hautes classes s'emparent des loges. Le parterre est réservé pour les hommes. De sorte que les femmes des classes moyennes se trouvant exclues du théâtre, désirent plus vivement d'y aller. La saison des déguisemens leur en ouvre la porte. Alors l'usage leur permet d'occuper, sans blesser la bienséance, les places où elles n'oseraient se montrer à visage découvert. Celles qui ne s'y rendent que pour le spectacle, s'asseyent sur les banquettes les plus voisines de la scène, prêtant une oreille attentive, et réservant pour les entr'actes, leurs observations sur le sujet de l'ouvrage, la voix et le jeu des acteurs : là, on rencontre plus de vieilles que de jeunes. Il en est qui viennent dans d'autres desseins. Vous paraissent-elles préoccupées? Voyez-vous briller, à travers les yeux de leur masque, leurs prunelles mobiles? Tournent-elles précipitamment la tête de tous les côtés ? Vont-elles sans cesse d'un endroit à un autre ? celles-là cherchent un amant préféré. L'impatience, l'inquiétude, ne les quitteront que lorsqu'elles l'auront aperçu, à moins que la jalousie ne trouble le rendez-vous qu'elles lui ont donné, et auquel il sera arrivé trop tard. Il en est au cœur désœuvré, (celles-ci sont plus rares) qui, cédant au penchant d'une ame aimante, courent les aventures romanesques. Vous les reconnaissez à leur démarche composée. Il y a de la préméditation dans leurs projets. Elles raisonnent l'entreprise qu'elles se proposent, et discutent leur choix en elles-mêmes. C'est une amorce qu'elles présentent. Elles tendent un piége. Dans leur manière de s'approcher, de se laisser voir, de s'arrêter, elles s'abstiennent de toute coquetterie, jusqu'à ce qu'il s'offre une victime digne de leurs coups. Rarement elles sont seules. Une amie les accompagne, qui a aussi ses intentions. Selon qu'il leur convient d'attaquer ou de fuir, elles se quittent ou se reprennent. Rentrées au logis, le mari lui-même ne saurait leur demander compte de l'emploi du tems. Il blesserait la liberté momentanée dont elles jouissent, et passerait pour un ombrageux hors de saison. Ce spectacle est bien autrement divertissant, que celui de *la Rose rouge et de la Rose blanche*.

FLORENCE. — L'ÉGLISE DE L'ANNONCIADE. — LA CATHÉDRALE.
USAGES FLORENTINS.
LE JARDIN DELLE CASCINE REALI. — LE THÉATRE DELLA PERGOLA.

Florence, 2 janvier 1820.

Mes fenêtres donnent sur l'Arno. A droite est le pont de la Trinité ; à gauche, celui que l'on nomme *alla Carraja*. Des quais spacieux sont bordés de maisons et de palais d'un dessin grave et sévère. Au-dessous de la ville, de grands massifs de verdure longent la rive droite du fleuve. Je crois voir Paris entre le pont des Arts et le pont Royal, puis les Tuileries et les Champs-Élysées. Aucun nuage n'obscurcit le ciel. Le soleil fait briller, du reflet de ses rayons, les cailloux dont le lit de l'Arno est semé, et couvre sa surface de lames argentées. Une tiédeur délicieuse amollit l'atmosphère. Il y a dans l'air quelque chose de voluptueux, qui trouble les sens, et passe jusqu'à l'ame. On aime à respirer, à se mouvoir, à vivre. Un printems continuel régnerait-il à Florence? Les fleurs qu'il fait éclore, auraient-elles donné à cette ville, le nom qu'elle porte?

La solennité de ce jour ne permet l'entrée d'aucun établissement public. Les églises seules sont ouvertes. La population entière s'y rend pour assister à l'office divin. Je vais la suivre au couvent de l'Annonciade. Que de peintures, de sculptures, de dorures, de richesses, réunies dans cette basilique! L'œil en est ébloui, l'attention embarrassée. Par une pieuse émulation, des nobles Florentins ont fait construire des chapelles, dont quelques-unes conservent le nom de leurs fondateurs. Celle de l'Annonciation attire les regards par sa somptuosité. Des marbres précieux, artistement travaillés, en couvrent les murs. L'autel est d'argent massif et incrusté de pierreries. Des lampes en argent et en or pendent à sa voûte. Des vitraux coloriés la peignent de mille couleurs; et des draperies d'un travail admirable en garnissent le pourtour.

Le cloître est orné des ouvrages de plusieurs artistes célèbres. Le Repos en Égypte, peint sur une imposte par André del Sarto, l'emporte sur tous les autres : c'est celui que l'on connaît sous le nom de *la Vierge au sac*. Joseph assis à terre, appuyé contre un sac, lit un livre saint. La Vierge l'écoute. Elle tient son fils sur ses genoux. Vous assistez à une scène de famille. Le dessin, la couleur, l'expression ne laissent rien à reprendre. La figure de Joseph est empreinte d'un caractère vénérable. Les larges plis de ses vêtemens conviennent à son âge, sont en harmonie avec sa gravité, et suivent bien ses formes mâles et prononcées. Les traits de Marie expriment l'innocence, la candeur, la paix, la félicité d'une mère. Pourquoi faut-il que la vétusté des murs et leur humidité altèrent cette fresque, à laquelle Michel-Ange et le Titien attachaient tant de prix? Que de regrets se mêlent au plaisir de l'admirer!

La cathédrale située également au nord de la ville, mais plus près de l'Arno, est sous l'invocation de la Vierge. On la nomme *Sainte-Marie-des-Fleurs*. Ces sortes de désignations qui plaisent à l'esprit, sont communes en Italie et propres à exalter la dévotion. L'alliance des dons de la nature avec la protection céleste, frappe, dès l'enfance, l'imagination, s'interrompt à peine dans l'âge mûr, renaît dans la vieillesse avec une force nouvelle, et contribue au maintien de la puissance sacerdotale. L'église, bien que revêtue de marbre à l'intérieur, semble nue, sombre et pauvre. On dirait que ses arcs, ses piliers, ses voûtes, sa coupole, n'ont de proportions ni entre eux, ni avec l'ensemble de ce monument religieux. Si, comme on le prétend, quelques-unes de ses dimensions surpassent celles des parties analogues de Saint-Pierre de Rome, elles pèchent par leur discordance. L'œil en est blessé. Quelque vaste que soit un édifice, on veut pouvoir, d'un seul regard, en mesurer l'étendue, en embrasser les détails, et que la perspective, loin de nuire à l'assortiment des lignes, serve à les développer, à coordonner les derniers plans avec les premiers. La façade est loin d'avoir reçu la dernière main. Ses murs de brique attendent les feuilles de marbre qui doivent y être appliquées; et il ne paraît pas qu'on y travaille avec beaucoup d'activité. Vis-à-vis est un ancien baptistère consacré à saint Jean, construction octaèdre, fort estimée des artistes et des connaisseurs, un peu massive, enfumée, et écrasée par le voisinage de l'immense basilique de Sainte-Marie-des-Fleurs. Dans une rue latérale, le long des maisons, on conserve un banc de pierre, sur lequel le Dante avait l'habitude de s'asseoir. Une inscription indique la place qu'il affectionnait.

Un carrosse et une loge au théâtre sont les

principaux objets de luxe d'un ménage florentin. Il n'est point de noblesse, pour antique qu'elle soit ou récente, considérable ou chétive, qui n'emporte ce petit étalage de magnificence. Sans lui, la dame de qualité courrait le risque de se voir compromise avec la simple bourgeoise. Sous le règne philosophique de Léopold, cette confusion eût été sans inconvénient, et se fût même accordée avec l'esprit de réforme qu'il voulait introduire. Aujourd'hui, il n'en serait pas de même. La révolution de 1814 a été opérée dans d'autres vues; et, il en faut convenir, elle a trouvé de nombreux auxiliaires dans les membres de la vieille aristocratie, voire même dans ceux de la nouvelle, et non-seulement à Florence, mais ailleurs. Pour jouir d'une distinction si futile, il n'y a point d'économie à laquelle une femme titrée ne se réduise. La dépense qu'elle exige, devient un article spécial des conventions matrimoniales. A cet égard, la fiancée et ses parens ne s'en rapportent ni à l'humeur complaisante du prétendu, ni à son attachement; et telle est l'influence de l'usage, que les riches, par une imitation qui est de tous les pays, ne négligent point ces mêmes conditions, croyant par-là dissimuler l'obscurité de leur origine. Il s'ensuit qu'une place au spectacle ou dans un carrosse, sont des actes d'hospitalité, qui acquittent celui qui l'exerce, envers l'étranger qu'on lui a adressé.

Il n'a tenu qu'à moi de m'enorgueillir de cette admission au partage des habitudes honorifiques du pays. S. E. *il signor M*** di B****, à qui j'étais recommandé, a bien voulu me conduire dans sa voiture et en famille, aux *Cascine reali* : c'est un immense parc qui longe l'Arno, et dont les jardins dessinés à l'anglaise, sont parsemés de pelouses, de bosquets, et coupés par mille chemins charmans, qui les traversent dans toutes les directions. Un bois épais et giboyeux en dépend. Dans le centre s'élève un pavillon, rendez-vous de chasse du Grand-Duc, qui vient s'y reposer de tems en tems, durant la belle saison. A une heure fixe de la journée, toute la population de Florence, oisive, élégante ou riche, se rassemble aux *Cascine,* pour faire parade de son désœuvrement et de ses équipages. L'allée où l'on se promène, varie selon les époques de l'année. Maintenant, celle qu'il est du bon ton de fréquenter, est garantie du nord, par une forte haie d'ajoncs marins et de genévriers. La foule s'y presse. J'ai pu observer que la critique et les commérages n'y étaient point épargnés. A chaque rencontre nouvelle, le récit des anecdotes du jour, les caquets, les étonnemens feints ou réels, les soupçons d'une liaison tendre qui commence, diminue ou finit, animent la conversation, l'entretiennent, lui donnent des formes piquantes. Tout cela se dit dans cette langue souple, caressante, expressive, harmonieuse du Tasse, mais avec un accent guttural et bruyant, qui lui ôte tout son charme, en fait presque un patois grossier, et la rend inintelligible pour tout autre qu'un Toscan. Le Florentin qui vous a ainsi fait les honneurs de la promenade publique, vous ramène à votre hôtel. Là, finit sa politesse du matin. Le soir, il vous recevra dans sa loge, si vous voulez y venir figurer, entre les indifférens, les amis et les curieux qui s'y succéderont pendant la durée du spectacle. Pour moi, j'ai préféré encore aujourd'hui le parterre de *la Pergola*, sa liberté et ses masques, et le plaisir de jouir à mon aise, de la turbulence joyeuse que communiquent aux spectateurs, l'air et les pas de *la Furlana*.

M. DE F*** CHARGÉ D'AFFAIRES DE FRANCE.
LA GALERIE DE FLORENCE.
LE THÉATRE GOLDONI. — CELUI DEL COCOMERO.

Florence, 3 janvier 1820.

Le gouvernement français n'entretient à Florence, qu'un chargé d'affaires. Le titulaire de ce poste diplomatique se nomme M. de F***. Il s'énonce avec recherche, montre de l'instruction, et possède des manières à la fois affectueuses et polies, dépourvues surtout de toute morgue officielle. Son obligeance est poussée si loin, que vous pourriez disposer de tous ses momens sans en abuser. Vous plaît-il d'être introduit dans la haute société, de voir à des heures privilégiées les musées et les bibliothèques, d'avoir des places à tous les théâtres? Parlez : il vous laissera tout au plus le tems de désirer. Mais vous ne devez point oublier que le propre de cet empressement est de n'engager à rien, celui qui le témoigne, et que ce serait presque en abuser que d'y croire.

Le goût pour les antiques et les objets d'art est inséparable du séjour de l'Italie. Tous les ambassadeurs, ministres, résidens ou simples consuls, paient ce tribut à la terre classique. M. de F*** ne s'en est point affranchi. Il aime les tableaux, les médailles, même les gravures, pour peu que le tems y ait mis un cachet de vétusté. Quelques portefeuilles, un médaillier, des cadres, comme disent les Italiens, ornent son cabinet et ses appartemens. Il croit avoir découvert que les peintres célèbres aimaient à donner leur portrait; que cet usage s'étendait aux littérateurs distingués; et que ces portraits étaient le plus souvent en miniature et à l'huile. Le soin d'en compléter une collection est devenu pour notre aimable diplomate, une sorte de manie. Il en a déjà réuni plusieurs qui ne lui sont pas tous connus; mais le peu de noms qu'il croit pouvoir, avec certitude, appliquer sur ces visages, la plupart fort étranges, stimule sa curiosité touchant les autres, et le porte à faire des recherches qui l'intéressent, l'amusent, et satisfont son amour-propre. Chacun d'eux a sa petite histoire ou son roman, que leur heureux possesseur débite avec quelques doutes, pures concessions de bienséance, dont on ne tirerait pas avantage sans le contrarier.

La galerie de Florence date du seizième siècle. Dès l'origine elle obtint une grande célébrité, qui, depuis, n'a fait que s'accroître. Côme Ier de Médicis en fut le fondateur. Il y fit transporter tous les monumens des arts réunis par ses ancêtres, dans leurs palais, alors qu'ils n'étaient que de riches amateurs, et que la couronne de Toscane n'appartenait pas à leur famille. Ses successeurs n'ont cessé d'ajouter à cette précieuse collection. L'emplacement est vaste. Les marbres et les bronzes ont été exposés de manière à faire ressortir leurs beautés et à dissimuler leurs défauts. Les tableaux sont classés par école. Une salle contient deux cent cinquante portraits de peintres, qui ne sont pas tous également dignes d'avoir part à cette apothéose. Dans le nombre il en est d'une exécution au-dessous du médiocre.

La Vénus Pudique ou de Médicis, est venue reprendre ici son rang. A Paris, le voisinage de l'Apollon, du Bacchus, des statues égyptiennes la rapetissait. Dans un cabinet qu'on nomme *la Tribune*, entre des figures de moindres proportions, elle semble avoir grandi. Ce charlatanisme, ou, si l'on veut, cette coquetterie lui rend tous les avantages de sa taille. Ses formes fines, déliées, exactes, en acquièrent plus de consistance. Sans moins tenir d'une déesse, elle ne s'éloigne pas tant d'une mortelle : et la divinité de Vénus n'est pas de celles qui ne sauraient s'accommoder des charmes d'une beauté terrestre. Les dogmes de son église et les rites de son culte, reposent plus sur des perfections physiques, que sur des qualités morales. On le voit bien, malgré moi, que, si je ne craignais d'être taxé de blasphême ou de sacrilége, je hasarderais des critiques injustes peut-être, et qui blesseraient, contre mon intention, les oreilles accoutumées aux louanges que l'on prodigue à cette œuvre de la sculpture grecque. Je me tairai donc. Cependant en présence de cette idole des artistes, dont les traits toutefois sont inexpressifs, la pose incertaine, le geste inutile, la pudeur sans objet, je n'oublierai ni la Vénus Callipyge, ni celle du Capitole, ni celle de Canova. Celles-là ont une ame, un corps, des sens, de la vie et des attraits dignes de séduire également les dieux et les simples mortels.

En voici deux autres peintes par le Titien. Chacune d'elles est au milieu d'un paysage. L'une se repose, mollement étendue. L'autre, assise sur le gazon, et accoudée, écoute d'un air distrait l'Amour qui lui parle, et qui tâche de fixer son attention. Que vient-il lui dire ? Quels voluptueux conseils lui donne-t-il ? Elle les suivra, si l'on en croit ce sourire d'un désir qui commence, ce regard languissant, cet abandon qui ne promet qu'une résistance légère. Quelle carnation fraîche, blanche, rosée ! Tout est relief, et l'on n'aperçoit aucune ombre. La magie de ce coloris inimitable, distingue surtout le premier tableau, où les chairs se détachent sans fadeur, sur une draperie blanche.

L'Albane a déployé, dans un Enlèvement d'Europe, tout ce que son imagination y pouvait mettre de poésie. Cette composition est douce, aimable, pleine d'amour ; et sa couleur appartient aux tons les plus fins de la palette de ce maître.

Dans un petit espace, Cignani, son élève, a placé la Vierge et l'enfant Jésus. On ne les voit que de profil ; et pourtant cette scène de tendresse maternelle ne laisse rien à désirer. Marie arrondit ses bras autour de son fils, et le presse mollement sur son sein. Une candeur touchante, une ivresse qui semble lui venir du ciel, se peignent dans ses traits. La joie de l'enfant est tranquille. Il trouve dans les bras de sa mère, tout ce qu'il est susceptible de goûter de plaisir.

Passons dans la salle des marbres de Niobé. Quelle vengeance menace sa famille ! N'y reconnaissez-vous pas une puissance surnaturelle? L'un des fils de cette mère malheureuse cherche son salut dans la fuite. Un autre se met en défense. Pour éviter le trait fatal, un troisième se baisse. Frappé au cœur, un quatrième est renversé. La blessure profonde qui entr'ouvre son sein est toute palpitante. Un reste de vie l'anime encore; mais il va mourir. Rien de plus vrai que ce beau corps, en proie aux dernières angoisses de la douleur. L'effroi dont les filles de Niobé sont saisies, se ressent de la faiblesse de leur sexe. A genoux, l'une d'elles élève ses mains suppliantes. L'autre a recours aux larmes. Celle-ci veut s'échapper. Celle-là perdant toute espérance, succombe et n'a plus assez de force pour se détourner. Toutes redoublent les plis de leurs longues robes, et tentent de s'en faire un abri. Niobé, au milieu de ses enfans dispersés autour d'elle, serre contre son cœur la plus jeune de ses filles, qui vient de tomber à ses pieds, et invoque son secours. Debout, penchée vers elle, réduite au désespoir, elle l'embrasse, la couvre de ses mains, l'enveloppe de ses propres vêtemens, se dévoue pour la sauver. La tête haute, elle regarde le ciel, demandant grâce, implorant la clémence des dieux, trompant peut-être sa douleur par quelque vain espoir. A l'aspect de cette scène tragique, la pitié, la terreur s'emparent de votre ame. Vous voudriez savoir d'où partent les coups qui frappent ou menacent tant de victimes, et qu'il vous fût possible de les détourner, ou de désarmer le courroux céleste.

Il est peu de peintres qui n'aient peint une Madeleine. Comment ce sujet touchant eût-il échappé au pinceau suave de Carlo Dolci ? Mais son génie, moins empreint de mélancolie que passionné pour la beauté, n'a point attendu, pour reproduire l'image de cette pécheresse pénitente, que les macérations eussent flétri ses charmes, qu'elle fût vêtue de bure et ceinte d'une corde grossière. Il l'a parée d'un manteau de pourpre, brodé d'or et de soie. Sa blonde chevelure descend en boucles sur ses épaules. Les larmes n'ont pas usé ses cils, ni rougi ses paupières. Dans ses mains croisées sur sa poitrine, elle tient un vase de parfums. La grâce vient de la toucher. Elle va céder au repentir.

Ses regards annoncent que le sacrifice est consommé. Elle ne cherchera plus que dans les cieux, les jouissances pour lesquelles son cœur aimant était formé. Sa bouche ne s'ouvrira que pour exprimer les vœux de l'amour divin. Elle a fait au monde, ses derniers adieux; et les regrets du monde la suivront.

Dans un appartement richement décoré, de dessus un lit d'or et de pourpre, une femme séduisante s'élance, et cherche à ramener près d'elle, à retenir dans ses bras, un homme jeune et beau, qui se débat et veut s'éloigner. Cédant au désordre des transports qu'elle éprouve, son manteau, sa tunique sont tombés, et l'offrent presque nue aux regards de celui qui la fuit. Ses traits, la violence de son action, expriment l'amour et la rage, l'espérance et la crainte. Le tumulte de ses sens se manifeste par une sorte de fureur. La honte des dédains qu'elle essuie, l'irrite. Quant au héros de la scène, il ne se laissera point tenter. Bien qu'un peu embarrassé par une émotion involontaire, sa résolution est inébranlable. La candeur de son front indique qu'il évitera le piége. Ce tableau de la chasteté de Joseph, est un des meilleurs ouvrages du peintre Biliverti.

Il appartenait à Raphaël d'associer à son immortalité, la Fornarina, sa maîtresse. Quelquefois dans les sujets les plus graves elle s'offrait à ses crayons. Il y retrouvait son image sans qu'il eût songé à l'appeler : douce inadvertance qui mêle ainsi l'objet aimé à toutes les occupations de la vie, le laisse intervenir dans les pensées qui lui sont le plus étrangères, en fait comme un génie familier qui nous suit inaperçu, nous conseille, nous guide, ajoute à nos qualités, diminue nos défauts, et répand sur notre existence un charme qu'on désire avant de le connaître, et dont la perte laisse les plus vifs regrets. Ces réminiscences passagères n'ont pas suffi au cœur passionné de Raphaël. Il a voulu léguer à la postérité, l'image fidèle d'une femme chérie. On ne peut s'y méprendre. Celle qu'il a tracée ne saurait être purement imaginaire. La nature peut seule offrir des ensembles si naïfs, si complètement assortis, si homogènes, s'il est permis de le dire. Ainsi la Fornarina n'était ni belle ni jolie. Elle avait une forte corpulence, et des cheveux d'un blond ardent ; mais une douceur parfaite, une humeur égale, l'aménité de son caractère, se montrent dans tous ses traits et dans son attitude. La bonté n'aurait pas un autre air de tête, un regard plus bienveillant. Que ne pouvait le pinceau de Raphaël conduit par l'amour !

Je crains que ces souvenirs de musées ne deviennent importuns. Cependant je citerai encore deux tableaux, où le pathétique est porté au plus haut degré. L'un est du Florentin Cigoli; l'autre, du Moretto, peintre de l'école vénitienne. Le premier représente le Martyre de saint Etienne, le second la Mort d'Adonis. — Le saint vient d'être renversé. Des meurtrissures, du sang dont quelques gouttes ont rejailli sur sa robe de laine blanche, marquent les coups qu'il a reçus. On voit éparses, autour de lui, les pierres ensanglantées qui l'ont atteint. Ses bourreaux en ont saisi d'autres qu'ils se disposent à lancer sur lui. Un fanatisme féroce les excite, tandis que leur victime attend la mort avec une sorte de ravissement. Deux anges lui présentent la couronne et la palme qui l'attendent. Son ame aspire aux joies célestes. On dirait qu'elle est déjà détachée de son enveloppe mortelle, et qu'elle va quitter la terre. La scène se passe dans une forêt, au pied d'un arbre isolé, dont le feuillage agité par un vent de tempête, semble frémir de ce meurtre. Le ton local, harmonieux,

sévère de cette composition, fait frissonner. —
Au contraire, le paysage où la vie du bel Adonis
vient d'être tranchée, est d'un aspect délicieux.
Des coteaux verdoyans, des gazons émaillés de
fleurs, de frais ombrages l'embellissent. Un
ruisseau paisible l'arrose. La mélancolie en a
tracé le dessin et marié les tons. La lumière y
est sans éclat, et l'ombre sans épaisseur. Un demi
jour éclaire seul, ce lieu d'amour et de regrets.
Adonis est étendu sur l'herbe. Près de lui Vénus
couchée négligemment, a perdu l'espoir de le
ranimer. Sa douleur est calme, mais profonde.
Elle a beaucoup pleuré. Son fils s'efforce de la
distraire. Elle prête l'oreille, et ne repousse pas
les consolations qu'il lui donne. Sans doute elle
y cédera : cependant la perte d'un si doux lien,
et les charmes de son amant lui causent encore
une vive peine.

Les bronzes antiques réunis dans la galerie
de Florence, n'approchent pas de ceux de Naples et de Portici. Une tête de cheval mérite
toutefois d'être mentionnée. Sa structure savante, l'exactitude de ses proportions, ses na-
seaux ouverts, ses oreilles droites et près de se
mouvoir, persuaderaient qu'elle est vivante. On
l'avait employée à épancher l'eau d'une fontaine.

Elle eût été mutilée, détruite. Le génie des arts l'a déplacée et veille à sa conservation.—Parmi les bronzes modernes, comment omettre le Mercure de Jean de Bologne ? Tout le monde l'a vu, le connaît et l'admire. Ses ailes sont déployées. Il ne touche plus à la terre. Son pied ne repose que sur le souffle d'un des fils de Borée. Il va s'envoler.

Un cabinet particulier renferme des pierres précieuses. Plusieurs sont enrichies d'un travail qui surpasse la matière. Un vase de dix-huit pouces de haut, et de six pouces de diamètre, d'une anse à l'autre, est fait d'un seul onyx. Les parois d'un coffre creusé dans un bloc de cristal de roche, offrent gravées, les scènes de la mort de J.-C. Une perle d'un volume considérable représente un chien couché sur un tabouret. Des colonnes d'agate de Sienne et de cristal de roche, destinées à orner le tabernacle de la chapelle royale de Saint-Laurent, sont surchargées de diamans, de topazes, de turquoises et de grenats. Ces pierreries ont toutes de grandes dimensions, et par conséquent beaucoup de valeur.

Ailleurs, des guides expliquent les détails d'un musée, répondent aux questions qu'on leur adresse, arrêtent où l'on ne ferait que passer. Ce sont des artistes qui font les honneurs de celui de Florence. D'un air digne et cérémonieux, ils vous accueillent et vous promènent. S'ils daignaient en prendre la peine, il y aurait probablement à s'instruire avec eux; mais ils ne disent rien, ou du moins parlent peu. Payés par le gouvernement, ils s'offenseraient du prix que vous mettriez à leur complaisance. Aussi qu'arrive-t-il? Leur enthousiasme pour les chefs-d'œuvre qu'ils sont chargés de montrer, étant épuisé, il ne leur reste que l'ennui de leur emploi. La crainte de les importuner empêche qu'on ne les interroge. De leur côté, abusant de cette discrétion, ils laissent à peine le tems de rien examiner. C'est ainsi que je me suis vu éconduit d'une salle à une autre, sans oser élever la moindre réclamation. Les heures trop lentes pour ces démonstrateurs officiels, s'écoulent bien rapidement au gré des curieux. Celle de la clôture des portes vient de sonner; et j'ai à peine le tems de jeter un regard rapide sur les objets répandus dans les nombreux salons qu'on me force de parcourir à la hâte.

On a ouvert dernièrement un théâtre dédié à Goldoni. Sa décoration intérieure est légère et de bon goût. La façade rappelle celle du théâtre des Variétés de Paris, ouvrage élégant de Cellérier, l'un des architectes français les plus habiles, et surtout les plus spirituels. Le répertoire de ce spectacle complète la ressemblance que je viens d'indiquer. Il ne se compose que de bouffonneries. Pour les apprécier, il faudrait être familier avec des locutions populaires, qui n'entrent pas dans l'étude que les étrangers font de la langue italienne. Les auteurs n'y épargnent point les équivoques. Ils s'en permettent même de fort hasardées. Le bon usage les tolère. Il serait ridicule de les censurer ; et la pudeur ne s'en alarme point. J'ai quitté ces scènes parfois grossières, pour un théâtre plus recherché, celui *del Cocomero*, mot qui signifie *pastèque*, et que cette salle emprunte sans doute, de ce que sa forme est la même que celle de ce fruit de nos jardins. La troupe prend communément le nom de son principal acteur : la Marchioni lui a donné le sien.

L'héroïne de la comédie qu'on y jouait ce soir, est une Célimène du *Misanthrope* de notre Molière. Après avoir accueilli les vœux de plusieurs amans, et leur avoir promis sa main, elle est démasquée par l'un d'eux, qui n'a feint de l'aimer que pour en détourner un autre, jeune, ingénu, qu'il destine à sa propre sœur. La Marchioni était chargée du rôle principal. Tour à tour fausse, rusée, sincère, tendre, passionnée, jalouse même, elle a mis en œuvre tous les artifices de la coquetterie, avec un talent incroyable, des transitions délicates, des nuances si fines, qu'elles semblaient moins un effet de son art, que des inspirations de la nature. Ses grâces, sa légèreté, son enjouement compensent ce qu'il lui manque de jeunesse. Sans être belle, elle le paraissait, quand, d'une voix émue, avec de doux regards et d'un air caressant, elle essayait de ramener son soupirant novice, indigné de quelque perfidie qu'il venait de découvrir. Que de séduction dans son accent, dans ses gestes, dans ses manières! Se trouvait-elle au milieu de ses adorateurs? avec quelle souplesse de ton elle enhardissait le timide, déterminait l'indécis, inquiétait l'avantageux, et les retenait tous, sans que les situations les plus embarrassantes leur donnassent aucun sujet de se détromper! Néanmoins elle finit par se trahir. Alors, sa seule ressource est de se retirer du cercle brillant, formé autour d'elle; et comme notre Célimène française, elle cherche à dissimuler les écarts de sa conduite, par une imposante fierté.

A part un petit nombre d'effets forcés, cet ouvrage est bien fait. Les agaceries de la coquette seraient peut-être trop vives à Paris, ses explications incomplètes, ses excuses tirées : on jugerait que son manège est tant soit peu inconvenant. A Florence, ce ne sont pas des défauts. Je pense même qu'un goût plus difficile pourrait s'en accommoder. Pour moi, je l'avouerai, il n'a rien manqué à l'illusion. J'ai plaint le prétendant timide et vrai, victime de son inexpérience et de son amour. Le philosophe qui se croyait aimé pour sa raison, sa sagesse et son esprit, m'a fait pitié. J'ai trouvé plaisant, le riche qui fondait sur sa fortune et ses dons, la sécurité de ses droits. Je me suis amusé de la dissimulation du faux amant, qui parvient à mettre celle qu'il trompe, dans l'intérêt de ses propres tromperies, et se fait aider par elle, à tendre le piége dans lequel elle finit par tomber. Une caricature de Français était chargée d'égayer la scène. Le comique de ce personnage consiste dans les gallicismes qui lui échappent, dans l'emploi des mots français qu'il italianise, et dont la signification prête à des sens burlesques. Les Italiens rient beaucoup de ces fautes de langue, pour lesquelles ils trouvent parmi nous, une grande indulgence. Du reste, les soi-disans Français qu'ils exposent à leurs risées, n'ont point notre air, ni nos travers, ni nos ridicules, ni seulement notre costume. Ce sont, comme en Angleterre, des êtres imaginaires qu'on n'a vus nulle part, et dont probablement il est du bon ton national de se moquer. Quand nos auteurs mettent nos élégans sur le théâtre, le parti qu'ils en tirent n'est désavoué, ni par l'esprit, ni par le bon goût; et si les Florentins veulent voir une gaie imitation de leurs compatriotes, sans charge grossière et d'une vérité parfaite, qu'ils assistent à la représentation de la scène du maître d'italien, que Dugazon avait ajoutée aux *Originaux* de Fagan, qu'il jouait parfaitement, et dans laquelle, après lui, Monrose mérite des éloges.

LA BIBLIOTHÈQUE IMPÉRIALE.
CHAPELLE SÉPULCRALE DES MÉDICIS. — LE PALAIS RICCARDI.
LES FRESQUES DE LUC GIORDANO. — L'ACADÉMIE DES BEAUX-ARTS.
LES MOSAÏQUES EN PIERRES DURES. — OBSERVATIONS POLITIQUES.
L'ÉGLISE DE SAINT-MARC. — CELLE DE SAINTE-CROIX.
LES TOMBEAUX D'ALFIÉRI ET DE MACHIAVEL.
PARALLÈLE DE MACHIAVEL ET DE MONTESQUIEU.
SUITE DE L'ÉGLISE DE SAINTE-CROIX. — LES PRISONS.

Florence, 4 janvier 1820.

La bibliothèque impériale, nommée précédemment bibliothèque de Saint-Laurent, et dans l'origine *Mediceo-Lorenziana*, est un des plus vastes magasins de livres qu'il y ait en Europe. Le gouvernement n'en repousse aucun ouvrage. Elle se distingue aussi par la quantité de manuscrits rares, dont elle a été successivement dotée. On doit sans doute se féliciter, qu'avant la découverte de l'imprimerie, des écrits utiles, qui se seraient perdus, aient été copiés à la main, et multipliés par cette voie lente et imparfaite : mais ces copies sont aujourd'hui sans importance, et présentent peu d'intérêt. Pour ma part, je ne fais aucun cas de ces vieilles écritures, si elles ne sont pas de la main de l'auteur. Quel prix, en effet, peuvent avoir des caractères tracés par un moine, ou par un oisif qui n'eut en partage qu'une patience opiniâtre, quand je peux lire ceux qui sortent des presses de Didot?

Plusieurs de ces manuscrits sont enchaînés sur des pupitres, dans des salles exclusivement réservées à ceux qui viennent les consulter. La communication n'en est refusée à personne. Dans le nombre, se trouve une Bible de l'an 540. Elle fut écrite par le supérieur d'un couvent, nommé Cervandos, et contient mille vingt-neuf pages grand in-folio. Le commencement, le milieu, la fin, n'offrent pas entre eux la moindre différence. Il n'y a pas jusqu'à la nuance de l'encre, qui ne soit toujours égale. Les siècles écoulés depuis, et l'influence de l'air n'y ont apporté aucune altération. On retrouve encore dans chaque ligne, les traits d'une plume identique, le même genre d'écriture, le même ordre, les mêmes ornemens, une régularité presque mécanique. Combien de soins minutieux n'a pas exigés ce travail, où l'on n'aperçoit aucune tache, aucune rature! Quels momens aura-t-il laissés à son auteur, qui était cependant chef d'une communauté, astreint par conséquent à des devoirs religieux, et surveillant de ses subordonnés et des affaires de sa maison? A quelle abnégation physique et morale de soi-même, ne l'a-t-il pas condamné? Qu'a fait cet homme, de sa faculté de penser, pendant le long exercice de ce métier? Au reste, la correction de l'exemplaire qu'on lui doit, jouit d'un tel renom, que Rome l'a emprunté pour assurer la fidélité d'une nouvelle édition du livre saint.

J'ai feuilleté en outre, un manuscrit des *Pandectes*, dont la date n'est pas postérieure de beaucoup à la mort de Justinien. On m'a voulu montrer aussi une copie des OEuvres de Machiavel, corrigée par lui-même. Les fautes indiquées par les surcharges de la main de l'auteur, sont des contre-sens et des inepties qui n'eussent pas échappé à l'esprit le moins exercé. Enfin, j'ai jeté les yeux en passant, sur un Boccace qui m'a paru avoir été ouvert plus souvent. La plupart de ces livres sont ornés de dessins, de vignettes, de lettres majuscules enluminées, qui, abstraction faite du talent des dessinateurs, peuvent montrer les différentes phases de ce genre d'ornemens barbares ou gothiques.

Sur la tablette en marbre d'un secrétaire, on conserve les os d'un doigt de Galilée. Cette relique du philosophe de Pise, qui, le premier, prêta à la physique le langage de la vérité et de la raison, est l'objet de la vénération publique. Un bocal de verre la couvre, afin de la préserver de toute atteinte. Au-dessous sont inscrits des vers, hommage tardif rendu à la science qui fut condamnée par l'ignorance et la superstition, dignes attributs du saint-office romain.

On descend par quelques degrés, dans l'église de Saint-Laurent, fondée par une riche veuve au tems de l'empereur Théodose. Des dépendances considérables y ont été ajoutées. La dernière fut projetée par Côme Ier, sur les dessins de G. Vasari. Ce devait être une nouvelle sacristie, bien qu'il y en eût déjà deux. Ferdinand Ier en fit une chapelle sépulcrale. Destinée originairement à recevoir le saint-sépulcre, que le fils de Côme Ier se proposait d'enlever à la Terre-Sainte, elle est devenue une sorte de musée des monumens élevés aux mânes des souverains issus de la famille de Médicis. Sa forme est octogone. On y entre par le côté qui touche à l'église. Vis-à-vis s'élèvera un autel. Les six autres pans sont occupés par les mausolées des grands ducs, Côme Ier, François Ier, Ferdinand Ier, Côme II, Ferdinand II, et Côme III, morts en 1574, 1585, 1587, 1620, 1670, 1723. Gaston, fils de Côme III et son successeur, décédé sans postérité en 1737, n'est point ici : on ignore même le lieu de sa sépulture. Les parois de ce temple funéraire sont incrustées de marbres rares. On n'y a employé que le granit blanc, le granit rose, le vert et le jaune antiques, et le vert de Corse. Des écussons composés de lapis-lazzuli, d'albâtre oriental, de nacre et de lumachelle, suspendus dans les entre-colonnemens, contiennent les armoiries des principales villes de la Toscane. Le revêtement de la coupole est à peine commencé. Pour achever cette construction dont rien n'égale le luxe et la magnificence, il faut des sommes plus considérables encore que celles qu'elle a déjà absorbées. Ferdinand III, vient d'y assigner un fonds spécial. Florence abonde en entreprises semblables qui sont suspendues, et que les contemporains ne verront point terminer.

Dans une sacristie attenante, on voit plusieurs tombeaux ébauchés par Michel-Ange. Son génie brille dans ces masses encore informes. Une seule statue est presque terminée, celle de Laurent de Médicis, duc d'Urbin, père de la célèbre Catherine. Il est représenté en costume guerrier, assis, la tête appuyée sur sa main gauche, et dans l'attitude de la méditation. L'illusion est telle, qu'on n'ose ni parler, ni se mouvoir, de peur de le distraire du grave sujet qui l'occupe.

On compte à Florence quatre bibliothèques publiques ; mais il en est d'autres dont l'entrée est également libre, et qui ne sont, ni moins riches, ni moins curieuses. Dans le nombre on cite celle du palais Riccardi. Ce palais construit par Côme Ier que les Toscans nommaient le Père de la Patrie, fut acheté par la famille Riccardi, dont il a conservé le nom, bien qu'il appartienne aujourd'hui au gouvernement. Les ouvrages imprimés ou manuscrits qu'il renferme, ne le recommandent pas seuls à la curiosité des étrangers. Le plafond d'une galerie peinte à fresque par Luc Giordano, est son plus beau titre à la célébrité dont il jouit. Tâchons d'en faire une esquisse : c'est le tableau de la vie humaine, accompagné d'allégories mythologiques.

Un antre formé de plusieurs voûtes profondes qui se succèdent, représente l'éternité. L'entrée est un amas de roches informes qui s'étend de tous côtés et n'a d'origine nulle part. En se dégradant, les tons de cette composition grandiose, finissent par n'offrir au loin qu'une vapeur, au-delà de laquelle la vue n'aperçoit point de terme. Prométhée descend du ciel, tenant dans sa main, le flambeau qu'il vient d'allumer aux feux du soleil. L'homme va naître. Janus remet aux Parques, les fils dont leurs fuseaux seront chargés. Jeunes et belles alors, elles reçoivent les instrumens de leur terrible emploi. Au même instant s'élancent vers la terre les Vertus et les Vices, les Biens et les Maux, qui se diputeront les destinées de l'humanité. On les reconnaît moins encore à leurs attributs, qu'à l'expression de leurs traits. D'un côté s'offre un sentier difficile, semé de roches et d'épines; de l'autre, un chemin charmant, jonché de fleurs. Là, sont des figures graves, nobles, sévères. Elles s'avancent d'un pas ferme et sûr. La Candeur et l'Innocence les guident. Le bonheur sera leur récompense. Ici, s'élance un essaim folâtre, qui cache, sous des masques séduisans, des visages hideux. La Satiété, le Dégoût le suivent, sont près de l'atteindre. Au terme de sa course, il ne trouvera qu'un abîme de malheurs.

A peine la vie commence-t-elle, et déjà le premier crime est commis. Ce sera la jalousie qui l'enfantera. Adonis vient de mourir. Des nymphes l'entourent : leur groupe est ravissant, aérien. Elles tâchent, mais en vain, de le rendre à la vie. D'autres poursuivent le sanglier qui lui a donné la mort. Diane, présente à cette scène de douleur, jouit du succès de sa vengeance. C'est elle qui d'un coup de javelot a irrité le sanglier. Les larmes de Vénus expieront la mort d'Hippolyte, qu'elle ne cesse de lui reprocher. Une riante campagne est le théâtre de ce touchant épisode, et favorise la transition à des scènes d'un genre plus élevé.

La première se passe sur la mer. La navigation, le commerce, l'industrie en sont le sujet. Neptune, sur un char attelé de chevaux marins, glisse à la surface des flots. Les naïades, les tritons, Borée et ses fils, l'environnent, le précèdent ou l'accompagnent. Atlas soutient le monde et l'offre au navigateur qui va s'en emparer. Aussitôt se mêlent et se confondent les passions viles ou généreuses qu'enfante la richesse. La marche est ouverte par Bacchus. Des tigres traînent son char. Puis viennent la Force, le Courage, le Succès, les Revers, la Peur, la Misère, le Vol, le Brigandage, la Bienfaisance : que sais-je ? Cette foule se hâte, précipite ses pas. Qui donc l'emportera dans une telle confusion, au sein de ce désordre, où le hasard prodigue toutes ses chances, et en laisse si peu au choix de la raison ? Les Sciences, les Arts apaiseront ce tumulte. Orphée se présente. Les accords de sa lyre résonnent. La nature s'émeut à la douce harmonie de ses accens. Les animaux eux-mêmes accourent près de lui. Il apprivoise les plus timides, dompte les plus farouches, adoucit les plus cruels, et les tient tous, sous le charme du même enchantement. Minerve et Mercure apparaissent. Ils remettent à la Vérité, le livre de la sagesse. La Prudence confirme ce présent que les dieux font aux humains, et foule à ses pieds, l'Hypocrisie et l'Ignorance : deux philosophes sont à ses côtés, Archimède et Euclide.

Cependant le bonheur n'est pas seulement dans l'étude et la philosophie. La vie et les travaux des champs ne le donnent-ils pas aussi ? Le peintre y songeait, quand à côté des dernières images que je viens d'ébaucher, il a placé une allégorie champêtre. Des bœufs attelés à une charrue tracent des sillons. Couronnée de bluets, Cérès les suit, semant le blé à pleines mains. Un cortége de nymphes élégantes l'imite et l'aide à dispenser ses dons précieux. Junon survient. Elle n'a fait que passer ; mais les roues de son char, les pieds des paons qu'elle dirige, laissent des traces empreintes sur le sol. Il est foulé. La symétrie de la culture a été dérangée. Cérès regarde Junon avec colère, et redouble de soins pour effacer ce dommage. C'est ainsi que l'ordre, l'économie et l'activité sont la richesse du laboureur, et qu'une saison nouvelle répare les pertes de celle qui a été moins abondante. Flore couronnée de roses, de violettes, de myrte et de jasmin, jonche la terre de bouquets. Le front ceint de pampres garnis de feuilles et de raisins, Vertumne et Pomone épanchent leurs corbeilles remplies de fruits. Ces dons des vergers et des jardins se joignent à ceux de la reine des moissons, tandis que Zéphyre de son souffle amoureux, échauffe la terre, la féconde, et la couvre de fleurs.

Mais enfin la coupe des plaisirs s'épuise. Les peines même perdent de leur amertume. Le feu des passions s'éteint. L'ambition n'a plus ni but, ni énergie. L'empire du vice est détruit. Celui de la vertu n'a plus qu'un jour, qu'une heure, qu'un moment. La vieillesse est venue.

La mort l'attend. Un poème entier expliquera ce dernier mystère de la vie humaine. Proserpine au milieu de ses compagnes, cueillait des narcisses dans une prairie. Pluton l'a enlevée malgré sa résistance et celle de Cyane l'amie préférée de son cœur. Déjà il l'a placée sur son char d'ébène. Les dieux du Ténare, les Furies courent en avant, saluant, par un rire féroce et d'affreux transports, la nouvelle conquête des enfers. A leur approche, Cerbère lève sa triple tête. Près de là, les Cyclopes forgent les foudres de Jupiter. Plus loin, le Styx promène son onde noire. Les ombres dont les corps n'ont pas reçu les honneurs de la sépulture, errent sur le rivage, impatientes d'être admises dans l'Élysée. D'autres attendent le retour de Caron. Celles qui étaient arrivées les premières, se pressent dans la barque fatale et touchent presque à l'autre bord. Parmi les nuages d'une fumée épaisse, on aperçoit Ixion sur la roue environnée de serpens à laquelle il est attaché, Sisyphe au-dessous du rocher dont la chute le menace, Tityus et le vautour qui déchire et dévore ses entrailles sans cesse renaissantes.

A ces images redoutables, des tableaux consolans vont succéder : ce sont ceux d'une autre vie.

La Justice y préside, environnée des Vertus, ses compagnes accoutumées. Son bandeau, son glaive, sa balance la font reconnaître. Près d'elle sont la Récompense et le Châtiment : l'une exprime la joie et la bienveillance; l'autre prête à frapper, menace de son épée à double tranchant. Une ombre vertueuse vient d'être jugée. Elle monte vers l'Olympe. Jupiter l'attend au milieu de la cour céleste. Son apothéose est une fête pour les dieux. Un festin célébrera cette victoire de l'innocence sur le crime, de la vertu sur le vice. Le nectar y coulera à grands flots. Hébé le prépare, entourée d'amphores et de coupes d'or. Le firmament couronne cette composition. Les feux du soleil y répandent une brillante lumière. L'Aurore qui les devance, laisse échapper de son sein, des gouttes de rosée. Elle chasse la Nuit dont le voile, en se repliant, semble se dissoudre, le Sommeil qu'on reconnaît à sa couronne de pavots et à son sceptre de plomb, et les Songes, enfans ailés, les uns agréables, les autres effrayans, précédés par Morphée, et éclairés des pâles rayons de Phébé.

Que de philosophie, quelle verve poétique dans cette allégorie pompeuse! Le génie en a tracé le plan. Une imagination riche et brillante a prêté à la vérité, les fictions de la mythologie. Un tout harmonieux est sorti de cette multitude de scènes qui s'enchaînent sans effort. Chaque partie est peinte des couleurs qui lui sont propres, sans aucune opposition, aucun contraste qui nuise à l'ensemble. La lumière et l'ombre se partagent l'espace, s'arrêtent, se prolongent; et nulle part elles ne se heurtent. Enfin les sites convenables aux divers sujets, choisis avec goût, rendus avec talent, se marient entre eux, et conduisent insensiblement les yeux et la pensée, sur cette description de l'origine, des vicissitudes et du terme de la vie humaine.

Il y a dans ce même palais Riccardi, une fabrique de mosaïques d'un genre particulier, qui tiennent, dans les arts d'imitation, un rang éminent, et sont recherchées par les amateurs de curiosités. Leur différence, à l'égard des mosaïques ordinaires, consiste dans les matériaux qui les composent. Au lieu d'émaux, il n'y entre que des pierres dures naturelles. Ces pierres sont distribuées dans des magasins, rangées sur des tablettes, et classées selon la dégradation de leurs nuances. Leur emploi exige beaucoup de précaution. Quand un tableau a été mis sur le métier, et que les masses principales en sont établies, l'ouvrier procède au choix des teintes. Puis à l'aide de scies très-fines, il détache de chaque pierre, des feuillets proportionnés au vide qu'ils doivent remplir. Son habileté s'exerce alors à les adapter les uns aux autres, de manière qu'ils suivent les contours indiqués par l'original, et que leurs joints soient imperceptibles au tact et à la vue : il faut, en un mot, qu'il imite la peinture. La place de chacune de ces lames ne se prépare point avec des instrumens tranchans, dont la main la plus sûre ne pourrait pas toujours retenir les écarts, mais par le frottement d'un fil d'archal plus ou moins délié, enduit d'émeri, et mû à l'aide d'un arc dont il forme la corde. Lorsque le cadre est plein, on donne à sa surface, qui est inégale, le poli du marbre; et après cette dernière opération, l'ouvrage terminé semble être d'un seul jet et d'une seule pièce. Cet atelier appartient au gouvernement. Il ne travaille que pour le Grand-Duc. Les produits de son industrie sont exposés dans une salle voisine : on croirait que ce sont des tableaux peints à l'huile, et dont le vernis serait pur et brillant. Puis vient une galerie où l'on voit une collection presque complète de pierres dures : c'est comme une immense palette, assortie et chargée de toutes les couleurs primitives et de toutes leurs modifications, depuis le ton le plus vif jusqu'à la nuance la plus délicate et la plus éloignée. La finesse du grain, et les jeux de la nature qui se sont rencontrés dans ces échantillons, en ont déterminé le choix. Il en est dont les veines représentent des personnages dans diverses attitudes. Plusieurs offrent des monstruosités. Dans quelques-unes on trouve des profils ridicules, coiffés de casques, ou affublés d'ajustemens bizarres.

L'académie des beaux arts, fondée en 1500, a été transportée en 1784, dans le palais qu'elle occupe aujourd'hui. De nombreuses salles d'étude y sont ouvertes aux élèves, selon l'art qu'ils cultivent et les progrès qu'ils ont faits. Les bons modèles, et des maîtres capables de joindre l'exemple aux leçons, n'y manquent pas. La gravure en taille-douce y est enseignée par R. Morghen. Son grand âge le retient souvent dans sa demeure. Les écoliers lui portent leurs travaux, et vont chercher, dans ses conseils, les secrets de son génie. Un amphithéâtre est consacré à l'étude du nu. Parmi d'excellens plâtres d'après l'antique, figurent ceux qui ont été moulés sur les marbres dérobés à la Grèce par les Anglais, et rapportés depuis peu d'Athènes à Londres. Le prince régent d'Angleterre vient d'en faire hommage au Grand-Duc. Les plus remarquables retracent les restes de trois belles statues, dont deux à demi couchées, s'inclinent vers le côté, et sont accoudées : on suppose qu'elles représentent des fleuves. La troisième est le torse d'un adolescent qu'à ses formes mi-parties d'enfance et de jeunesse, on ne peut prendre que pour l'Amour. Afin de ne rien omettre, je citerai une suite de bas-reliefs, qui paraissent avoir appartenu à la frise de quelque édifice. Ils rappellent le Combat des Centaures et des Lapithes. On y devine plus qu'on n'y voit ; et sans le respect dû au ciseau des Grecs, je doute que l'on attachât un grand prix à ces débris presque entièrement effacés. En retour de ce présent, le Grand-Duc destine au futur George IV, des épreuves, également en plâtre, qu'il fait tirer sur plusieurs marbres de Michel-Ange, au risque même de les briser, car on est obligé de les déplacer pour les soumettre à ce travail.

On voit en outre, dans le palais des beaux-arts, les essais des élèves qui ont obtenu des prix. Ils se distinguent généralement par un élan de jeunesse, qui promet beaucoup. C'est l'enfance du talent. On la reconnaît à ses témérités, à ses écarts, à ses incorrections, à ses effets hasardés. Attendons qu'une étude plus approfondie, une plus juste appréciation de la nature, et le goût, sans lequel rien n'est beau, aient régularisé ces imaginations encore vierges. Le sentiment de l'antique, la recherche des belles formes caractérisent ces productions, plus qu'on n'a lieu de l'observer dans celles de l'école française. La couleur s'y ressent également du ciel pur de l'Italie. Son harmonie est vraie, et n'a rien de commun avec le coloris de convention admis en France, dans les tableaux d'histoire. La sculpture n'est pas cultivée avec moins de succès. Tenez; approchez-vous de ce marbre que le jeune F. Pozzi vient d'envoyer de Rome, où il est pensionnaire de son gouvernement. Le sujet s'explique de lui-même. Cyparisse pleure le cerf chéri qu'il a blessé par mégarde à la chasse. Assis sur un tertre, il tient entre ses genoux le jeune animal, qui, la tête penchée en arrière, dérobant un œil mourant sous ses paupières humides, est près d'exhaler le dernier souffle de la vie. Le chasseur désolé cherche à étancher d'une main, le sang qui coule de la blessure mortelle qu'il a faite. De l'autre, il se cache et se presse le front, en signe de reproche et de douleur. Vous le plaignez, n'est-ce pas? n'aimeriez-vous pas à le consoler? n'en n'éprouvez-vous pas le désir, le besoin? Il y a, dans cette attitude, une telle expression de regret, que vous en êtes ému. Le cerf est charmant, malgré ses souffrances et son agonie.

Le gouvernement toscan entretient, dans le palais des beaux-arts, un atelier où l'on imite les mosaïques de pierres dures. Ces imitations se font avec une espèce de talc, nommé *scagliuola*, qu'on trouve dans le pays et qui s'exfolie avec facilité. Brûlé, il se réduit en une poudre impalpable, que l'on délaie avec des eaux colorées. Après avoir gravé en creux les sujets que l'on se propose de copier, on remplit les traits du burin avec cette pâte, qui a la propriété de durcir, de recevoir le poli, et d'approcher de très-près de la perfection des mosaïques véritables.

Entrez-vous dans un hospice? Un palais attire-t-il vos regards par sa riche architecture? Êtes-vous introduit dans un établissement public, consacré aux lettres, aux sciences, aux arts? Rencontrez-vous des monumens utiles ou de pur agrément? Parcourez-vous des galeries, des bibliothèques, des musées? Partout les noms de Côme de Médicis, de Michel-Ange, de Léopold, retentissent à votre oreille. La munificence des souverains de l'ancienne Étrurie, n'a commandé que des travaux dignes des hommages de la postérité ; et l'artiste immortel a laissé en tous lieux l'empreinte de son génie. Mais le monachisme commence à dominer de nouveau, avec l'esprit autrichien. Les réformes de Léopold sont abandonnées, et ne trouveraient plus d'apologistes ni d'instrumens. La trace du règne des Français à Florence, y est aussi plus effacée que dans les autres états de l'Italie. Nos guerres, nos conscriptions, nos usurpations, créaient tout, animaient tout, donnaient à toutes les circulations financières, commerciales, industrielles, une rapidité qui tenait du prodige. Je l'entends dire en tous lieux. Chacun en profitait. L'émulation avait passé dans tous les rangs. L'oisiveté était bannie. Aujourd'hui, tout est frappé de mort. De même qu'à Rome et à Milan, les marchands vous diront qu'ils ne vendent rien ; les propriétaires, que leurs denrées n'ont aucun débouché ; les négocians, que l'isolement des états a tué toute spéculation. Le gouvernement vient d'acheter le palais Riccardi moins de cent mille francs, avec ses marbres, sa bibliothèque et son mobilier : sous notre règne, ce n'eût pas été le prix des pierres dont il est bâti.

En visitant l'église de Saint-Marc, ne manquez pas de vous faire indiquer un tableau de la Sainte-Cène par Santi-di-Titi. Le Christ est divin. La contenance des apôtres témoigne de la sainteté de cette cérémonie. Judas, le seul Judas est préoccupé de sa trahison. La bourse qu'il tient dans sa main, suffirait pour le désigner ; mais le parjure et l'ingratitude se isent sur son front : c'est le crime personnifié. On ne peut lever les yeux sur lui, sans éprouver un mouvement d'horreur. — Le tombeau de Pic de la Mirandole est dans la même église. Pic est celui qui sut tout, à ce que l'on prétend, dans un tems toutefois où il était facile d'en imposer sur le savoir, par une métaphysique absurde et de vaines argumentations. « Ceux qui gouvernaient le monde, dit Vol-
» taire dans son *Essai sur les Mœurs des na-*
» *tions*, étaient bien excusables alors de mé-
» priser les sciences, et Pic de la Mirandole
» bien malheureux, d'avoir consumé sa vie et
» abrégé ses jours dans ces graves démences. »

La basilique de Sainte-Croix n'est pas achevée.
Elle donne sur une grande place où les masques
se réunissent dans les jours de carnaval, pour se
livrer aux jeux de cette saturnale. L'intérieur
a de la majesté. La nef se prolonge entre deux
colonnades qui en rendraient l'aspect gracieux,
si la couleur sombre des pierres n'y répandait
une obscurité désagréable. Cette église renferme des tableaux précieux. On y est surtout
attiré par les tombeaux de plusieurs hommes
célèbres. Le premier, à droite en entrant, est
celui de Michel-Ange. Son buste, sculpté par
lui-même, surmonte un sarcophage, au-devant
duquel sont assises des femmes éplorées, images
des Beaux-Arts.

Ensuite vient celui d'Alfiéri, exécuté par
Canova. L'Italie, sous la figure d'une matrone
artistement drapée et ajustée, se penche sur un
cercueil et verse des larmes. Une lyre, une couronne, un médaillon où est inscrit le profil du
poète tragique d'Asti, sont les seuls accessoires
de cette composition. Au-dessous on lit :

VICTORIO ALFERIO ASTENSI

ALOÏSIA A PRINCIPIBUS STOLBERGJS

ALBANIÆ COMITISSA.

M. P. C. ANN. MDCCCX.

Ce monument érigé par l'amitié à un littérateur philosophe, est de la plus noble simplicité. On aime à le voir, aujourd'hui surtout que l'Italie est retombée sous le joug des prêtres et du pouvoir absolu. En d'autres tems il servira d'appel et d'encouragement à la pratique des vertus civiques. Parmi ceux qui vous le montrent, les uns en tirent vanité, comme d'un hommage public rendu à un homme supérieur; les autres le citent comme une hardiesse qu'ils sont surpris de ne pas voir réprimer. Au reste, il date de l'ère française dans le pays.

Non loin de là, s'élève le tombeau de Machiavel. Une femme pleure, assise près de l'urne qui le couronne; et en désignant avec douleur, le buste de cet instituteur des mauvais princes, que la muse de l'histoire n'absout point de ses odieuses maximes, elle est censée prononcer les paroles écrites au-dessous :

TANTO NOMINI, NULLUM PAR ELOGIUM.

NICOLAUS MACHIAVELLI

OBIIT ANNO A. P. V. MDXXVII.

Cette louange si concise et si tranchante, ne passera jamais que pour l'expression du plus aveugle enthousiasme. Une sage critique eût plus judicieusement apprécié celui dont le nom est ainsi placé au-dessus de tout éloge. Ce n'est pas la première fois que les tombeaux altèrent la vérité. Ici, une justice plus exacte aurait mieux convenu. Les biographes s'accordent sur ce point, que, dans sa vie privée, Machiavel réunissait les qualités qui concilient l'affection des proches, de solides amitiés et l'estime générale. Mais comme homme public, déjà la censure commence à l'atteindre. Les alternatives de sa carrière politique signalent, en lui, un caractère inquiet et remuant. Chargé successivement de missions ou d'emplois importans, dans lesquels il se distingua autant par la finesse de son esprit que par la profondeur de ses vues, il les perdit, soit que, cherchant à faire prévaloir ses desseins, il inspirât de la méfiance à son gouvernement; soit que, par la nature de ses principes, il dût être entraîné dans les ruines des institutions libérales de sa patrie ; ou bien que, comme il en fut accusé, il eût pris part aux conjurations ourdies contre les Médicis. L'exil, la torture, la prison suivirent sa mauvaise fortune. Gracié enfin, il se réfugia dans le sein de l'amitié qui lui était restée fidèle, et se livra à l'étude et à la culture des lettres pour lesquelles son goût ne s'était jamais démenti.

C'est aux productions de ses veilles littéraires qu'il doit principalement sa renommée. Il ne faut point parler de ses vers inspirés par une imagination plutôt déréglée que poétique. Entre ses œuvres dramatiques, on n'en cite non plus qu'une seule, *la Mandragola*, qui, même à l'époque où elle fut faite, n'obtint de succès que parce que la licence du sujet répondait à celle des mœurs. Quoiqu'elle blessât à la fois la pudeur et la piété, on la jouait devant le pape et les cardinaux. Ils pensaient que ces libertés n'attaquant, ni les dogmes, ni la cour de Rome, ne pouvaient nuire au catholicisme. Étrange raisonnement qui séparait la religion de la morale, et qu'on ne se permettrait plus aujourd'hui, malgré les diatribes dirigées contre la philosophie du siècle, qui tend chaque jour à serrer les nœuds de ce double lien social!

Nous arrivons enfin aux écrits sérieux sur lesquels se fonde la vraie gloire de Machiavel. Ici se déploient les facultés de son génie. Politique habile, il sait analyser l'histoire avec une sagacité presque inconnue avant lui. Cependant moins consciencieux dans l'examen des faits que dans leur recherche, la justesse des conséquences qu'il en déduit n'égale pas toujours la sûreté de son érudition. Souvent elles sont plus spécieuses que solides. Il semble l'avoir senti lui-même, et que quelquefois, pour en dissimuler la faiblesse, il ait à dessein embarrassé son style, afin que cette obscurité de l'expression de sa pensée fût prise pour de la profondeur. Trompé par cet artifice, il lui est arrivé de s'écarter du but qu'il se proposait. Il est d'ailleurs constamment préoccupé de sa partialité en faveur du pouvoir. Cette idée dominante fausse son penchant pour la liberté. Il ne veut pas que les peuples puissent être les gardiens de leurs droits. Il lui faut des défenseurs des libertés publiques, autres que ceux qui ont intérêt à les conserver : ce qui serait le chef-d'œuvre de l'organisation sociale, si, par une faiblesse commune à tous les hommes, les gouvernans n'affectaient pas d'étayer leur autorité du principe désormais inadmissible de l'obéissance passive, qui peut bien les maintenir pour un tems au timon de l'état et flatter leur vanité, mais qui porte en soi le germe des révolutions.

Les cendres de Machiavel doivent à lord Clavering, le mausolée qui leur est consacré. J'aurais dû le deviner. L'aristocratie britannique n'érigera jamais trop de monumens, à tous ceux qui essaient de prouver aux peuples la nécessité de déléguer l'exercice de la souveraineté, et qui enseignent aux délégués l'art d'user et d'abuser de leur mandat, et de n'être point difficiles sur le choix des moyens. Si, comme on le lit dans un ouvrage anglais, Machiavel était républicain, et que l'exécution des changemens qu'il proposait n'eût rien laissé à désirer à ses concitoyens pour être libres, comment se fait-il que son nom soit l'étymologie du mot technique, devenu injurieux, qui désigne une domination despotique, exclusive et astucieuse? Ne dit-on pas d'un gouvernement qu'il est machiavélique, quand il cherche, au prix du sang humain, à maintenir sous son joug, des colonies jalouses de leur indépendance; quand il fait précéder par des hostilités, ses déclarations de guerre, et qu'à la façon des pirates, il écume les mers en pleine paix, pour rompre une trêve garantie par des traités; quand il s'arroge un empire maritime, qui n'est fondé ni sur le droit naturel ni sur le droit des gens; quand il bombarde la capitale d'un pays neutre et sans défense, pour le punir d'être fidèle à ses alliés ; quand, proscrivant l'agrandissement des puissances continentales, il s'attribue furtivement un archipel tout entier ; quand il enlève à sa patrie une nation valeureuse, et la jette sur un rivage étranger, veuve de son air natal et des ossemens de ses pères ; quand enfin il repousse, à coups de canon, des proscrits foudroyés par une armée victorieuse, et cherchant, à la nage, leur salut à bord de ses vaisseaux ? « Il ne faut pas faire le crime à demi, » dit le docteur de ceux qui n'ont que de la politique, l'auteur du traité *du Prince*, ou *du Tyran* comme quelques-uns ont voulu le traduire : précepte digne des souverains et des ministres qui, ne prenant conseil que de leur intérêt privé, croient justifier la violation des principes sacrés de l'humanité, en alléguant le prétexte du salut public.

Si aucun éloge ne peut suffire au nom de Machiavel, que dirons-nous donc, nous Français, de Montesquieu, qui, au tems d'un roi absolu, fut surnommé *le grand*, pour avoir retrouvé les droits que le genre humain avait perdus, et pour les lui avoir rendus ; dont la science et la sagesse sont appelées chaque jour à l'appui de nos lois constitutionnelles ; et à qui l'énergie, la concision et la grâce de son style, assignent un rang si élevé dans notre littérature? A quels nobles objets ne sut-il pas appliquer les arts les plus exquis de la parole? Grave ou léger, et toujours pur et correct, il n'est presque rien sorti de sa plume éloquente, qui ne puisse être offert comme un modèle de clarté et de goût. Ce n'est pas lui qui met en question s'il vaut mieux qu'un prince soit aimé ou craint. Homme d'état, il fonde l'autorité sur de bonnes lois; magistrat, il veut que l'équité commande seule la soumission. Il donne pour base aux diverses formes de gouvernement, l'honneur, la vertu, la modération, l'égalité. S'il tient compte de l'indocilité naturelle aux peuples, c'est moins pour y opposer la violence, que pour y remédier par les conseils de la raison. Observateur des mœurs de ses concitoyens et de leurs usages; censeur de leurs travers, de leurs vices et de leurs ridicules, il adoucit par une adroite fiction, les traits d'une satire amère et juste. Enfin pour se délasser de ses études profondes, de ses méditations abstraites, soit qu'il veuille peindre les voluptés de Gnide, ou qu'il analyse les causes des plaisirs de notre ame, l'enchaînement de ses idées, le tour de ses phrases, le choix de ses expressions, se modifient, à son gré, selon le charme, l'élégance ou la sévérité du sujet qu'il traite.

En même tems qu'il exerçait une influence utile sur le siècle qui lui doit une partie de son illustration, des qualités précieuses le faisaient respecter et chérir dans l'intimité de la famille et de l'amitié. J'emprunte quelques traits de son caractère à un critique spirituel. « Montes-
» quieu, dit-il, avait une simplicité de manières
» qui encourageait la modestie timide sans ce-
» pendant permettre la familiarité, un entier
» oubli de sa gloire qui n'excluait pas la louange,
» une habitude de distraction compensée par
» les retours d'une bonté naïve, une vivacité
» de discours qui avait l'air de l'abandon, mais
» d'où s'échappaient des éclairs de génie. »

Je ne céderai point au plaisir de vous raconter un voyage que je fis, dans ma jeunesse, au château de la Brède où naquit Montesquieu, bien que j'aimasse à vous peindre l'impression que produisit sur moi l'aspect de ce manoir flanqué de tourelles, plaqué d'armoiries seigneuriales, fermé par un pont-levis, et environné de fossés pleins d'une eau vive et limpide. Quel plaisir n'éprouvais-je point, à errer dans les jardins témoins des jeux de son enfance, et qu'ensuite il avait embellis; à parcourir les longues avenues où il s'était promené, et que son fils, le baron de Secondat, n'osait élaguer, par respect pour la mémoire de son père qui les avait plantées. Avec quelle vénération je marchais dans sa bibliothèque, j'ouvrais les livres qu'il avait feuilletés, et où il avait tracé quelques annotations ! Il n'y avait pas une des tablettes où je posais ma main, qu'il n'eût également touchée, devant laquelle il n'eût lu, et à laquelle il ne fût revenu, après avoir extrait, des trésors de l'histoire, les vastes pensées dont le tems s'est chargé de révéler la vérité et la justesse, mais qu'on ne craignait pas alors de taxer quelquefois d'obscurité, parce qu'il n'est pas donné aux facultés ordinaires de l'esprit humain d'atteindre les hauteurs sur lesquelles plane le génie. Sa table, son écritoire, le fauteuil dans lequel il s'asseyait, étaient encore à la même place. L'on voyait dans l'âtre de sa cheminée gothique, l'empreinte que son pied y avait laissée. Sa belle-fille, une dame qui l'avait connu, un vieux garde, un ancien jardinier, se plaisaient à me parler de lui. Ils citaient ses vertus qu'ils avaient pu mieux apprécier que ses ouvrages;

et, laissant à la postérité le soin d'immortaliser son nom, ils m'entretenaient de leur douleur, comme si elle était encore toute récente.

Mais ce rapprochement entre deux hommes justement célèbres dans la même carrière, quoiqu'à des titres différens, nous a bien éloignés de la revue des tombeaux que nous avions entreprise. Nous étions dans l'église de Sainte-Croix, près du bénitier. Au-dessus, contre le pilier auquel il est adossé, une inscription presque effacée indique la sépulture d'un Bonaparte. Jadis une branche de cette famille vivait à Florence. Un oncle de Napoléon habite encore la Toscane. Il est curé d'un village qu'il refusa de quitter, malgré les vives instances que lui avait adressées son neveu. « Ma tranquillité, répondait-il constamment, m'est plus précieuse et plus chère que les honneurs et les dignités. »

En sortant de l'église de Sainte-Croix, jetez un coup-d'œil à gauche contre la porte, et vous verrez un tableau du Bronzin, qui représente Jésus dans les limbes. Le peintre y a placé une multitude de femmes jolies, heureuses de n'avoir pas tout à fait manqué leur salut, en damnant les hommes. Où donc prenait-il ses modèles? Jusqu'à présent je n'en ai pas aperçu le type dans son charmant pays.

Nous n'irons point visiter les prisons. Que pourrions-nous pour le soulagement de ceux qui y sont détenus? Quand on jouit si délicieusement de sa liberté, ne serait-ce pas au contraire insulter à ceux qui l'ont perdue, ou du moins leur susciter de douloureuses comparaisons? Nous nous contenterons de regarder, en passant, le péristyle et la cour qui y conduisent. Les décorations architecturales de cet édifice, et la forme de l'escalier par où l'on monte aux étages supérieurs, offrent un mélange d'élégance et de sévérité, qui flatte la vue et fait naître de tristes réflexions.

LE PALAIS PITTI. — LE JARDIN DE BOBOLI.
L'ÉGLISE DU SAINT-ESPRIT. — IL POGGIO IMPERIALE. — LA BÉFANA.
LE DRAME DE BLANCHE ET DON FERNAND.

Florence, 5 janvier 1820.

Le palais Pitti, résidence impériale, a l'aspect d'un château fort. Il est adossé contre la citadelle, dont les ouvrages semblent former une de ses dépendances. Sa façade est matérielle et sombre. On la croirait composée de pierres brutes, bien qu'elles soient taillées en pointes de diamans, tant les assises ont d'épaisseur et de saillie. Le guichet d'une prison ne serait, ni plus bas, ni plus étroit que sa porte principale. L'escalier est obscur, lourd, rapide. Par rapport à la masse de cet édifice, les fenêtres paraissent petites. On se propose de le flanquer de deux ailes demi-circulaires, à l'instar de celles de la basilique de Saint-Pierre, et d'agrandir la place sur laquelle il donne. Cependant aucunes constructions nouvelles ne sont commencées; et l'on n'a pas seulement déblayé l'emplacement sur lequel elles devraient s'élever, quoique le Grand-Duc aime passionnément à bâtir. C'est l'objet principal de ses dépenses. Ses palais de la ville et de la campagne sont remplis de maçons. Au-dehors comme au-dedans, on n'y rencontre que le sale et bruyant attirail de leur métier; et des matériaux de toute espèce en obstruent les approches. Montons : ne nous arrêtons point dans quelques appartemens d'apparat, meublés avec plus de clinquant que de goût. Une collection de tableaux et de statues nous attend. Raphaël va d'abord nous en faire les honneurs.

Voici la Vierge à la chaise : *la Madonna della sedia*. Combien l'original surpasse toutes les copies qui en ont été faites, même par des peintres célèbres! Quel repos virginal se mêle à la tendresse de cette jeune mère! Que ces enfans ont de candeur et de naïveté! Il y a quelque chose du ciel dans ces trois figures. Quelle simplicité dans leur agencement! La nature ne les aurait pas mieux posées. Que d'harmonie dans le choix et dans la couleur des accessoires!

Passons à un sujet plus grave. Léon X est assis devant une table. Deux prélats debout sont à ses côtés. Une pensée grave et importante le préoccupe. Son regard est fixe, sa résolution incertaine. Il médite une réponse, un ordre. Aussitôt qu'il aura décidé ce qu'il discute en lui-même, il sortira de cette immobilité. Ses yeux se tourneront ailleurs. Sa bouche parlera. La vie est dans cette tête admirable; et pour la mieux faire ressortir, voyez les deux prélats : ils réfléchissent moins qu'ils ne sont prêts à agir. Après avoir attendu avec respect, ils obéiront en silence.

Ici Raphaël s'est peint lui-même auprès de la Fornarina. Il pose familièrement un de ses bras sur l'épaule gauche de sa maîtresse, et la regarde avec une tendre curiosité, cherchant à connaître si elle est aussi heureuse d'être aimée de lui, qu'il trouve lui-même de bonheur à l'aimer. Quand il est venu, elle lisait un billet qu'il lui avait écrit, et qu'elle tient encore à la main. Ses yeux suivent celui qui examine le tableau. Il semble que la présence d'un tiers lui imprime un peu de contrainte. Mais l'amour l'emporte. On voit que, malgré elle, son secret lui échappe. Elle partage le sentiment qu'elle inspire, et s'y livre avec confiance. C'est comme si elle vous en faisait l'aveu, sans vous demander de ne point le divulguer.

On ne connaît que sous le nom de *la Reli-*

gieuse, un portrait peint par Léonard de Vinci. Sans le respect que ce sujet commande, que ne penserait-on pas de cette sainte fille? La grâce et la finesse de ses traits lui tiennent lieu de beauté. Ses yeux sont vifs et doux. Des sourcils noirs et déliés les accompagnent. Elle a le nez bien pris. Sa bouche est empreinte de quelque mélancolie; et ses lèvres, légèrement colorées, ne paraissent pas tout-à-fait étrangères à l'amour. Sa mine est grave et pourtant agaçante : mélange singulier de prude et de coquette! Elle aimerait vivement, mais avec précaution. Ses caresses seraient moins abandonnées, qu'elle n'y mettrait d'attention, de soin et de recherche. Sous sa coiffe blanche, son teint un peu pâle se détache bien. Son corset de bure cède moelleusement aux ondulations de sa taille souple, élégante. Elle n'a point de guimpe. Son sein est découvert : et cette mondanité contraste d'une façon piquante, avec son costume, le cordon de son rosaire, et son regard décent mais non timide. Ses bras sont négligemment croisés. D'une main, elle tient un petit livre de prières, dont les feuillets n'ont guère été fatigués. L'autre main, vue en raccourci, est prête à faire un geste qui exprimera quelque caprice du moment. Il n'y faut point chercher des doigts effilés, potelés, rosés, d'un fini précieux. C'est tout simplement une main de femme, dont les proportions ont été dictées par la nature, flexible, sensible au toucher, telle qu'on aimerait à la sentir dans la sienne et à la baiser. Je n'avais d'abord fait que passer devant cette figure séduisante. Par réflexion j'y suis revenu. Cette fois, nous sommes demeurés plus long-tems ensemble. La connaissance était faite. Il m'a semblé que nous étions plus familiers. Son ajustement monacal ne m'inquiétait plus : il lui impose si peu à elle-même ! Au contraire, cette nuance légère de profanation n'était pas sans attrait. Après l'avoir de nouveau quittée, j'y suis retourné. Nous commencions à être d'intelligence. Enfin, je ne suis point parti sans lui dire adieu, avec quelque regret de m'en séparer.

Combien de sujets religieux, de martyres, de Saintes-Familles ! Pour les décrire, la langue la plus riche aurait une monotonie insupportable. Mais quel singulier parti André del Sarto a-t-il tiré de l'Annonciation ? Marie à genoux témoigne la surprise d'une dévote attaquée par un téméraire, et non d'une simple mortelle appelée à recevoir le souffle de l'Esprit-Saint. De son côté l'ange Gabriel a la contenance d'un amant rebuté. Cette scène appartient plus à un boudoir, qu'à la chambre modeste de la femme d'un charpentier. Les ailes du messager céleste, l'auréole de la Vierge, et le bouquet de lis qui sépare ces deux personnages, ne réparent point la méprise de l'artiste.

Avec plus de vérité, et surtout avec l'énergie qui lui est propre, Michel-Ange nous retracera l'allégorie fabuleuse de la mort. Dans un cadre, trop étroit sans doute, il a placé les Parques remplissant leur terrible emploi. Lachésis roule sur un fuseau le fil de la vie, que Clotho détache de sa quenouille et laisse couler entre ses doigts. Atropos, prête à le couper, tient ses ciseaux ouverts. Filles du destin, chacune d'elles est inspirée par le don qui lui est échu en partage. La première, d'un caractère plus méditatif, conserve la mémoire du passé : elle se hâte de charger son fuseau, peu inquiète du moment où elle en devra prendre un autre. La seconde, attentive au présent, règle et connaît la durée de la vie. Une attention sévère la distingue. Bien qu'elle agisse avec discernement, elle y mettra de la surprise. Un seul mouvement de ses paupières indiquera l'heure fatale; et sans se laisser pénétrer, elle est toujours sur le point de la dire. L'avenir est connu de la troisième. L'indifférence et l'inflexibilité la caractérisent. Son regard dur, ses lèvres serrées annoncent la cruauté. Les traits des trois sœurs se ressentent de la noblesse de leur origine. La vieillesse ne les a point déformées. Elles sont flétries ; mais leur carnation ne manque pas d'un certain éclat. Dans leur ajustement, d'un goût parfait, elles ont un désordre qui ajoute à l'effet du tableau. Leurs cheveux sont à peine retenus par de larges bandelettes, symbole de leur pouvoir absolu sur l'univers. Le tems leur manque pour soigner mieux leur parure. Qui tenterait de les fléchir, de suspendre un moment leur fatal ouvrage? Rien ne saurait les en distraire. On se surprend à attendre que les jours qu'elles filaient soient tranchés, tant ce moment semble près d'arriver !

Sur les murs d'un salon, Piètre de Cortone a peint les quatre âges qui suivirent la création de l'homme. — Des enfans jouent sous les yeux de leurs mères. Dans une prairie, des troupeaux errent sans guides. Les animaux sauvages se mêlent parmi eux. Le paysage est riant, le ciel pur, l'eau limpide, la terre couverte de fleurs et de fruits venus sans efforts et sans soins. Cette scène respire le repos, la paix de l'ame, le bonheur : c'est l'âge d'or. — La campagne moins fertile est couverte de laboureurs. Soumis au joug de la charrue, des bœufs la sillonnent. L'art sollicite les dons de la nature. Le sol ingrat est fécondé par le travail. Les moissons deviennent moins abondantes. Pour donner des fruits, les arbres ont besoin d'être émondés. Tels sont les emblêmes de l'âge d'argent. — L'âge d'airain s'annonce par des trophées en l'honneur de la paix. Les nations se forment. Des vieillards président à la confection des lois. La limite des propriétés est indiquée par des bornes. — Enfin des combats, un champ de bataille jonché de morts, de mourans, de blessés, et les horreurs du pillage signalent l'âge de fer.

Une composition touchante orne une autre salle. Ève vient de naître. Elle est assise sur un tertre de gazon. Sa jeunesse, sa fraîcheur, ses attraits en font le plus beau présent de la divinité. Elle respire, connaît son être, ignore encore sa faiblesse; et confiante dans son innocence, elle rend grâce à Dieu des charmes qu'il lui a prodigués. Adam prosterné le remercie aussi. Sa reconnaissance paraît se ressentir de l'ennui que lui causait déjà la solitude. Il est peut-être un peu trop sensible à cette faveur céleste. Jamais il n'aura la force de résister à la tentation.

C'est dans les appartemens du palais Pitti, que François II a logé, quand il est venu à Florence. Ils sont, pour la plupart, tendus de vieilles soieries fanées. Au fond, dans un boudoir, sur un pivot mobile porté par un piédestal, est le marbre de la Vénus de Canova. Il a la transparence de l'albâtre. Sa couleur moins fade se rapproche de celle de la chair. Une veine bleue qui se trouve sur l'épaule droite, loin de nuire à l'illusion, l'augmente au contraire : tels sont les linéamens sanguins que l'on remarque sur la cuisse de l'Apollon du Belvéder. La tête de cette statue est légèrement tournée vers la gauche. Sa figure est ravissante. Son cou se détache sans roideur. Ses épaules s'effacent bien. Ses bras sont libres. D'une main, elle cherche à cacher son beau sein. De l'autre, elle retient une tunique qui arrive à peine à sa ceinture. Comme ses hanches sont heureusement modelées ! Ses reins ont de la souplesse, ses cuisses des formes voluptueuses. Que ses genoux sont déliés et pourtant arrondis ! Quelles jolies jambes ! Quels pieds délicats ! et comme ils sont bien attachés ! N'y touchez pas. Le froid du marbre vous détromperait. Contentez-vous de la regarder. Dans ces contours moelleux quoique arrêtés, dans ce mouvement de pudeur, ne retrouvez-vous pas la nature? Ces chairs ne vous semblent-elles pas fermes, élastiques, palpitantes d'amour et de plaisir? Des glaces répètent à l'infini cette figure divine. Sans changer de place vous pouvez la voir dans tous les sens, sous tous les aspects. Le Grand-Duc l'a payée trois mille louis. Elle date de nos jours. Qu'on la retire plus tard des ruines du palais Pitti, elle passera justement pour un chef-d'œuvre de la sculpture grecque; elle n'aura pas de prix, et les Musées se la disputeront.

Le jardin de Boboli s'étend du palais Pitti jusqu'aux remparts de la ville. Il est en partie dessiné à la française, et en partie à l'anglaise. Des bosquets de laurier et d'arbres verts, y entretiennent de frais ombrages dans toutes les saisons. Au milieu est un vaste bassin entouré d'une grille en fer, dont chaque montant renferme un jet d'eau. Lorsque les conduits en sont ouverts, ils forment une corbeille jaillissante, qui, éclairée par les rayons du soleil, produit mille iris, et par son éclat et sa mobilité embellit la promenade et récrée les promeneurs.

On arrive, par un sentier charmant, à un cabinet d'histoire naturelle, qui contient d'abondantes collections d'objets appartenant aux quatre règnes de la nature. Mais les préparations anatomiques y tiennent le premier rang. Des imitations en cire d'une perfection prodigieuse, reproduisent toutes les parties du corps humain, depuis le squelette jusqu'aux vaisseaux les plus déliés, depuis l'épiderme jusqu'aux organes les plus cachés. La forme, la couleur, l'ensemble, les détails, rien n'y manque : ainsi l'on y peut étudier sans dégoût. Quelle excuse reste-t-il à l'ignorance?

Terminons par la visite du jardin de botanique. Les sommes qu'y dépense le Grand-Duc, les travaux d'un jardinier habile et diligent, et surtout le climat, en font un des plus précieux établissemens de ce genre. Toutes les parties du monde ont été mises à contribution, pour en orner les serres et les plate-bandes ; et chaque jour de nouvelles acquisitions viennent multiplier ses richesses.

Le cloître de l'église du Saint-Esprit est incrusté de pierres sépulcrales. Sur l'une d'elles on lit l'inscription suivante :

S. DI BENEDETTO
DI PIETRO, DI GIOVANNI
BUONAPARTE E SUI
DISCENDENTI.

Aucune date n'indique l'époque où elle fut tracée. La vétusté de la pierre la reporte à une grande ancienneté. Personne ne sait en quels lieux on la trouva. Elle est surmontée d'un écusson dans lequel on voit deux étoiles séparées par un bandeau en sautoir. Serait-ce là l'origine de celle qui de nos jours brilla d'un si vif éclat, et mêla tant de revers affreux à de si glorieux succès ?

Non loin de la ville, à l'extrémité d'une allée de cyprès, est situé le *Poggio imperiale*, maison de plaisance du Grand-Duc. La façade est moderne, d'un bon style et point lugubre. Les environs offrent des promenades agréables. L'intérieur n'a rien de curieux.

Aujourd'hui, veille de l'Épiphanie, une tradition ancienne met les enfans en grand émoi. Ils attendent la *Befana*. C'est une fée qui viendra cette nuit leur apporter des présens. Mais pour en être favorablement traités, ils doivent la fêter par des fanfares et des mascarades. Dès le matin, une sorte de frénésie s'est emparée d'eux. Ils ont parcouru les rues d'un air égaré, soufflant dans de longs tubes de verre qu'ils ne cessaient de faire retentir. A la nuit, les coureurs isolés se sont rassemblés par troupes, comme les dévots répandus dans les églises se réunissent pour suivre les processions. Il y en avait qui portaient en triomphe, un mannequin de femme, image grossière de la fée. D'autres traînaient dans un petit char orné de feuillage, un de leurs camarades dont ils avaient charbonné la figure. Le cortége marchait à la lueur des torches, au son des trompettes; et la plupart des acteurs de ces scènes burlesques, avaient dans leurs mains des branches de laurier, qu'ils agitaient en signe de joie. Deux bandes venaient-elles à se rencontrer, c'était le signal d'une sorte d'ivresse et de fureur. Les danses, les chants, les cris redoublaient, tandis que le héros de la fête, nonchalamment étendu, conservait un sérieux imperturbable sous ses moustaches et ses sourcils de charbon.

Autrefois la jeunesse florentine des plus hautes classes prenait part à ces saturnales. Le soir, aux flambeaux, des cavalcades masquées traversaient les divers quartiers de la ville, donnaient des sérénades, et sonnaient aussi de la trompe nationale. Des mœurs plus graves ont succédé à ces usages populaires. Quant aux enfans, les priviléges et les plaisirs de leur âge, sont sujets à moins de changemens. Leurs traditions se perpétuent, sans qu'il soit besoin de chroniques pour en conserver la mémoire. Ils ont, dans chaque saison, des jours fixes qui ramènent les mêmes amusemens. Leurs constitutions, s'il est permis d'emprunter aux hommes faits cette expression politique, remontent à la plus haute antiquité. Elles sont fondées sur des facultés physiques et morales, dans lesquelles la nature immuable n'admet aucune variation. S'il se trouve des individus d'un caractère plus timide et moins enjoué, qui se tiennent à l'écart, ce sont les misanthropes de cette génération naissante. Ils forment une opposition ; mais elle est de pure inertie, et n'empêche pas que les lois ne s'exécutent comme par le passé. En France, dans le midi, la nuit de Noël est l'époque d'une réjouissance analogue à celle de Florence. Elle se passe sans bruit et sans déguisement. Les enfans attendent également des présens, qu'on a soin de cacher afin de leur ménager le plaisir de la surprise. Plus on y met de mystère et plus ils sont heureux. A l'occasion de cette même solennité, il se passe en Allemagne, quelque chose de semblable. L'une des fêtes de ce genre les plus plaisantes, a lieu en Belgique. Dans un jour déterminé de l'année, les chefs de famille abdiquent leur autorité, et les enfans de sept à quinze ans s'en emparent. De tout tems, dans chaque maison, sans que personne s'en avertisse la veille, cette révolution s'opère; mais elle ne dure que vingt-quatre heures. Le ménage est dirigé par les filles. Les garçons se visitent et feignent de traiter les affaires. Ils portent les habillemens de l'âge mûr. Les domestiques prennent leurs ordres, et obéissent sans la moindre observation. On s'attend bien que les friandises abondent dans les repas. Le soir, il se forme des réunions, où le thé est servi avec toutes les minutieuses prétentions qu'y mettrait une matrone consommée. Il n'est pas rare de rencontrer ces petits hommes d'une journée, affublés d'une perruque et d'un chapeau à trois cornes, la canne à la main, vêtus d'un habit carré, d'une veste à pans, d'une culotte courte, et chaussés de souliers à grandes boucles, se promenant ou causant posément à la Bourse et sur les places publiques. Jamais ils n'abusent de ces courts momens d'émancipation; et ils mettent de l'amour-propre à ce que leur administration éphémère n'excite aucune plainte.

Aujourd'hui la troupe de la Marchioni a donné la représentation d'un drame intitulé *Blanche et don Fernand.* Le père de Blanche règne à Syracuse. Il refuse son consentement au mariage de sa fille avec don Fernand qu'elle aime. Une conjuration secrète fait descendre le roi de son trône, et y place don Fernand. Blanche découvre que son amant était le chef des conjurés. L'amour qu'il lui inspire, cède à sa piété filiale; et elle réussit à rendre à son père, la couronne qu'il avait perdue. Ce drame bien intrigué donne lieu à des scènes d'héroïsme et de pathétique, qui ont été parfaitement jouées, surtout par Blanche-Marchioni, dont le talent rare se prête avec une flexibilité sans égale, aux genres les plus opposés de l'art théâtral.

LA VILLA STROZZI.
L'ÉGLISE DE SAINTE-MARIE-NOUVELLE.
LA PROMENADE AU BORD DE L'ARNO.
UNE FEMME MASQUÉE.

Florence, 6 janvier 1820.

Bâtie au fond de la vallée de l'Arno, et partagée par ce fleuve, la ville de Florence est environnée de coteaux qui offrent à ses habitans des sites et des promenades agréables. Celui de *Bello-sguardo* la domine en entier. Des chemins charmans y conduisent. Dans les beaux jours, on s'y rend pour jouir de ses ombrages, en admirer les points de vue et respirer le bon air. Des fermes ornées, lieux de repos et de plaisir, sont éparses de tous côtés. L'architecture en est simple et légère. De petits porches soutenus par des colonnes, leur servent d'entrée. Les arbustes, les fleurs y sont cultivés avec soin. Parmi ces habitations champêtres, la villa *Strozzi* se distingue par son élégance et son hospitalité. Le jardinier et sa femme, vieux époux, images de Philémon et Baucis, vous accueillent en l'absence des maîtres. Leur logement est convenablement meublé. Ils sont vêtus proprement. L'aisance règne dans leur ménage. Leur bonheur vous touche et vous intéresse. Vous voulez en connaître les détails ; et ils s'empressent de vous satisfaire. Ils ne prononcent le nom des propriétaires qu'ils servent, qu'avec une émotion visible d'affection et de reconnaissance. Aucune des choses confiées à leurs soins et à leur garde, ne vous sera épargnée. La maison, les plus petits sentiers, les bosquets, les serres, les plate-bandes, les arbres, les fleurs, il vous faudra tout voir. Puis, en retour de votre complaisance, et quand vous aurez inscrit votre nom sur un album, on vous offrira un bouquet de violettes de Parme, d'œillets, de jasmin et de roses : c'est ainsi que j'ai été reçu moi-même, et que l'est tout étranger qui visite cette jolie retraite.

Après cette excursion favorisée par un des plus beaux jours dont le ciel embellisse la terre, retournons à la ville. L'église de Sainte-Marie-Nouvelle donne sur une place où se font les courses de chevaux. Elle est vaste, construite en marbre, et accompagnée de nombreuses dépendances. On y compte cinq cloîtres peints par des artistes médiocres. Entre les peintures et les sculptures qui s'y trouvent, on remarque un crucifix du sculpteur Brunellesco, dont la vérité est déchirante, tant le corps pèse sur les clous, et donne de tension aux muscles !

La basilique de Sainte-Marie-Nouvelle et ses accessoires appartiennent à un couvent de Dominicains. Ces moines, que leur suppression momentanée a ruinés, et qui sont faiblement secourus par le nouveau gouvernement, se livrent aux travaux de la pharmacie. Leur laboratoire occupe un grand emplacement. Ils l'ont distribué avec intelligence : et ils mettent le soin le plus scrupuleux à l'entretien de leurs ustensiles. Un alambic ingénieux et simple, inventé par eux, distille, au feu d'un seul fourneau, vingt-deux essences différentes. Leurs magasins sont renommés pour la bonne qualité des drogues qu'on y débite. C'est là que se vend la liqueur d'Alkermès, dont l'Europe fait une consommation importante. Nulle part il ne s'en fabrique d'aussi parfumée. Puissent les moines de tous les pays, imiter les Dominicains de Florence, et nous réconcilier ainsi par le travail, avec leurs institutions anti-sociales !

Le beau tems et la fête du jour ont réuni, dans les jardins publics, une grande partie de la population. Ce matin la foule s'était portée aux *Cascine*. Vers trois heures après midi, quand l'humidité a commencé à se faire sentir, on a continué de se promener sur un des quais de la rive droite de l'Arno. Ce lieu est plus spécialement le rendez-vous de la société à la mode. On ne le quitte que vers six heures du soir, et seulement quand la nuit est venue. L'affluence est telle qu'on y peut à peine marcher. Des imprudens ou des indiscrets viennent s'y montrer à cheval, en calèche, et passent et repassent au milieu des piétons, sans égard et sans politesse. Ils ne sont soumis à aucune règle de police. Aucune bienséance ne les retient. Chacun suit sa fantaisie, et se rend où son goût et sa curiosité l'attirent, comme s'il était seul avec sa monture ou son attelage. Cette licence rappelle celle que s'arrogent les Anglais dans leur pays, et qu'ils prennent pour un droit de l'égalité prétendue qui les régit. En France, on la regarderait comme une grossièreté. Mais ce qui ne se rencontre dans le mois de janvier, ni à Londres, ni à Paris, ce sont de jolies marchandes élégamment vêtues, qui se mêlent aux promeneurs, et leur vendent, à très-bas prix, des bouquets de muguet, de roses et de violettes, qui exhalent un parfum délicieux. A la fraîcheur de leur teint, à leur costume léger, on prendrait ces jeunes filles pour des nymphes de Flore. Peut-être ne dépend-il que de vous, d'en faire les suivantes d'une autre divinité, et de les trouver aussi empressées à en prodiguer les faveurs.

La population de Florence n'excède pas quatre-vingt mille ames; et neuf salles de spectacle, ouvertes tous les jours, excepté le vendredi, sont constamment pleines de spectateurs. Il y avait cette nuit au théâtre neuf, une multitude de masques, et même des hommes déguisés, ce qui est rare. Mais ils étaient beaucoup plus nombreux à *la Pergola*. Une femme en domino noir, transparent comme de la gaze, et à peine vêtue en dessous, se trouvait près de moi. Nous sommes entrés ensemble en conversation. Un homme placé derrière elle paraissait la surveiller et la protéger. Elle se plaignait de la fatigue que lui causait son masque, et s'inquiétait que ses yeux, qui étaient charmans, n'en devinssent malades. Les plus vives instances n'ont pu la décider à l'ôter un seul instant. L'usage le lui défendait.

Peut-être aussi ne se sentait-elle pas assez jolie pour s'y exposer. A mon étonnement sur ce goût de mascarade qui lui faisait braver la chaleur, la gêne et même la douleur, elle répondait que c'était un privilége féminin; qu'à cette époque et sous ce costume, les dames jouissaient d'une liberté entière; qu'un petit nombre en abusait vraisemblablement; et que nulle n'était assez ennemie de ses plaisirs et de son sexe pour n'en pas user. « Ce serait, continuait-elle, un crime de lèse-coquetterie, que d'autoriser, par son exemple, la désuétude d'une prérogative si précieuse. Elle donne des occasions, peu fréquentes d'ailleurs, de répandre de la variété dans la vie. La monotonie du ménage en est interrompue. Le chevalier servant y puise une ardeur nouvelle pour l'accomplissement de ses devoirs : c'est ainsi que nous nommons celui qu'en France vous appelez l'ami de la maison. Notre expression est plus douce au mari, et ne fait rien à la femme. Enfin notre déguisement nous ouvre l'entrée des salles de spectacle où, sans lui, nous ne pénétrons presque jamais. » En parlant, elle regardait de tous côtés et ne tenait pas en place. Assise à l'extrémité d'une banquette, près d'un couloir, heurtée à chaque instant par les allans et les venans, elle s'amusait de cette cohue, et des mots qu'elle disait ou recueillait à la hâte. Personne ne passait sans lui adresser la parole. A peine se donnait-elle le tems de répondre. Elle était singulièrement adroite à prendre l'offensive. Une question piquante, une allusion maligne, des complimens, des reproches lui échappaient alternativement; et quand le trait était lancé, elle riait en voyant celui qui l'avait reçu, emporté par la foule, malgré le désir qu'il aurait eu de s'arrêter. La reconnaissait-on? et cela lui arrivait souvent : elle s'en dépitait. Pour elle, ses attaques s'adressaient la plupart du tems au hasard; mais sa finesse la secondait assez bien. « Que j'ai de peine à les deviner! me répétait-elle vivement. Que je suis gauche à lire dans les yeux qui me sont le plus familiers! Voilà par exemple une magicienne de mon intimité, que je n'aurais pas nommée, si celui qui la suit, ne la signalait à tout le monde comme à moi. — Peut-être est-ce pour un motif semblable, lui disais-je, que vous êtes vous-même si peu déguisée.» Notre entretien s'est prolongé. Les femmes en sont devenues le sujet. Elle se plaisait à faire leur éloge, celui des Florentines surtout, dont elle plaignait le sort à cause de l'humeur inconstante des Florentins. Touchante d'abord, sa voix s'est animée. Elle a fini par donner à ses plaintes, plus d'amertume qu'elle ne le voulait peut-être : et si j'eusse été curieux, les confidences ne m'auraient pas manqué. Puis venant aux Françaises, et s'informant si elles inspiraient des amours durables, elle s'écriait de tems en tems, avec un soupir profond : « Ah ! je vois bien que c'est partout de même. »

DÉPART DE FLORENCE. — LE GÉANT DE L'APENNIN. — LOÏANO.

Loïano, 7 janvier 1820.

La porte par laquelle on sort de Florence, pour aller au nord, est un arc de triomphe, digne frontispice de la patrie du Dante et de Michel-Ange. Quels autres titres de gloire cette ville acquerrait-elle maintenant? Renferme-t-elle quelque imitateur de la magnificence des Médicis? Où trouver un seul vestige du règne philosophique de Léopold? Sous des dehors pieux, les mœurs n'y sont-elles pas aussi hasardées que dans le reste de l'Italie? Les Toscans se montrent-ils instruits de leurs droits, ou jaloux d'en faire usage? On se loue de l'urbanité et des formes populaires du Grand-Duc régnant : en exerce-t-il moins une autorité absolue? Que gagnerait-il à s'environner d'un appareil militaire, de vaines hauteurs, d'un extérieur impérieux, dans un pays où tout est jouissance et porte à la volupté, au sein d'une population dont les sentimens politiques sont éteints depuis long-tems, et à qui il ne reste, de ses combats pour son indépendance, qu'une docilité à toute épreuve? Au demeurant, le peuple est-il plus libre? La verge empruntée à l'Autriche est-elle moins lourde, la police moins importune, la presse moins esclave, la robe monacale moins en crédit? Pour n'être point blessé dans son harnais, chacun s'y est accommodé, en a pris l'habitude; et l'on n'en rougit point, parce qu'il est commun à tous. Il arrive même que les nations prennent cette résignation pour du bonheur; et que les souverains n'y voient qu'une légitime obéissance. Mais de telles illusions n'ont jamais une longue durée. Il suffit d'une voix hardie pour les dissiper. Ainsi commencent les révolutions, qu'il serait plus expédient et plus sûr de prévenir par des concessions opportunes.

La route s'élève par degrés. Les vallées et la partie inférieure des montagnes sont ensemencées de céréales, et plantées de vignes et d'oliviers. Une végétation vigoureuse s'y déploie. A trois milles de distance, on laisse sur la gauche le cimetière de la ville. Les premiers relais se nomment Fontébuona, Cafaggiolo, Montécarelli. Entre les deux derniers est la *villa reale* de Pratolino, qu'on prendrait au-dehors pour une citadelle. L'intérieur a été successivement enrichi d'objets d'art, et embelli par les souverains de la Toscane. On y voit le géant de l'Apennin, statue de Jean de Bologne, d'un noble caractère et de proportions vraiment colossales. A mesure que nous avançons, les difficultés du voyage se multiplient. On nous montre divers passages déserts, ombragés de bois touffus, fréquentés par des brigands, et souvent témoins de vols et d'assassinats. Nous atteignons enfin le point culminant du mont Giogo, qui sépare Florence de Bologne. Il ne nous reste plus qu'à franchir la chaîne secondaire des Apennins. Au-delà du hameau *delle Filigare*, on passe à la Piétra-Mala, dernier poste des douaniers de la Toscane. Dans le voisinage, les restes d'un volcan exhalent des vapeurs enflammées, qui, durant la nuit, offrent l'image des feux infernaux. L'état de l'atmosphère ne nous permettra pas de visiter ce phénomène. La température se refroidit sensiblement. Un brouillard épais nous environne. Des nuages qui se traînent à la surface de la terre, tour à tour laissent apercevoir ou nous dérobent la profondeur des précipices ouverts de toutes parts. Les rayons affaiblis du soleil couchant, viennent-ils à les dissiper par intervalles? leur réfraction fait briller de mille feux, les glaçons et les frimas dont les arbres sont chargés. Des alternatives de brume, de pluie, de neige, nous conduiront jusqu'à Loïano, et nous empêcheront de passer outre.

Les perquisitions des préposés à la douane papale stationnés dans ce village, la lenteur forcée de notre marche, l'approche de la nuit, l'ennui d'un chemin fatigant, ont contribué à nous retenir dans la misérable auberge du lieu. Ce n'est qu'une grange partagée en deux parties, l'une pour les hommes, l'autre pour les animaux. Un tas de pierres qui roulent sous les pieds, sert d'escalier pour passer de l'écurie dans la seconde moitié de ce bâtiment, tout à la fois cuisine, office, salle à manger, salon, tabagie, repaire des chiens, des chats, de la volaille, des cochons et des maîtres, et chambre d'honneur pour la réception des passans de toute qualité. Quelques brins verts d'épines et de genets, brûlent sans répandre aucune chaleur. Suspendue dans la cheminée, une seule lampe éclaire l'espace; et la fumée qui s'en échappe, mêlée à l'odeur grasse des mets destinés au repas commun, empeste l'air. Au-dessus est un galetas où l'on monte par une échelle. Des cloisons de planches entrebâillées, le partagent en plusieurs cellules, la plupart déjà occupées. Là, sur des lits de paille, sans feu, exposé à tous les vents, il faudra chercher le sommeil, que la toux et les étouffemens d'un asthmatique qui couche près de nous, banniront de ce détestable asile, pendant toute la nuit.

BOLOGNE. — LE MODENAIS. — MODÈNE.

Modène, 8 janvier 1820.

Long-tems avant le jour, chacun avait été chassé de son grabat par le froid et l'insomnie. Maîtres, valets, voyageurs, formaient un cercle étroit autour des cendres tièdes du foyer. Il était tombé depuis la veille plus d'un pied de neige. La pluie qui l'accompagnait en avait glacé la surface. Après avoir consenti à prendre, en renfort, un attelage de bœufs, et deux enrayeurs munis de chaînes de fer, nous parvenons à nous mettre en route. Le verglas était épais. Un traîneau eût été plus utile et surtout moins dangereux qu'une voiture. Les dernières inégalités du sol ont encore retardé notre marche. Puis, la neige ayant moins d'épaisseur, la glace moins de solidité, nous sommes promptement arrivés au relais de Pianoro. A peu de distance, on passe le torrent de Savéna, et l'on descend à Bologne, sans jamais perdre de vue la vaste plaine qui s'étend de Novi à Venise, que ferme au nord la chaîne des Alpes, et que sa fertilité secondée par une culture habile, couvre de richesses agricoles de toute espèce.

De Bologne à Anzola, la route est coupée par le Réno. Jusqu'à Castel-Franco, rien ne nous arrêtera plus. Nous touchons à la frontière des états du pape, limitrophe de celle du Modenais qui commence au hameau de Panaro, dont le nom est emprunté d'un fleuve voisin, sur lequel a été construit un pont remarquable pour ses dimensions, sa hardiesse et sa légèreté. Une faible escouade de douaniers est la garde avancée de cette limite inoffensive comme la souveraineté dont elle dépend. Le chef s'avance timidement, se contente de la moindre réponse, et reçoit comme une aumône, le prix de sa consigne facile. Il a mesuré sa modestie, sur le peu d'importance politique du gouvernement qui l'emploie. En donnant à son maître des airs de souverain, il craindrait de l'exposer au ridicule. Sa troupe se tient à l'écart. Loin de barrer le chemin afin que rien ne soit soustrait à la fiscalité, elle se range pour que vous passiez plus librement, reconnaissante qu'elle paraît être que vous preniez la peine de visiter un empire si peu étendu. Toutefois on aurait tort de s'en prendre au duc de Modène, si ses possessions ne se sont pas agrandies, comme celles de tant d'autres ses semblables. De quel poids était-il dans la balance de l'Europe? Dès l'origine des guerres d'Italie, réfugié à Venise, loin des tracas et des soucis de sa couronne, il admirait de loin les faits d'armes, et voyait en sûreté s'écouler les révolutions que la victoire faisait subir à son peuple. Le moment de la curée européenne étant arrivé, il s'est montré. Sans combats, sans négociations, il a reçu ce qu'on a daigné lui rendre; et il se tient prêt à l'abandonner de nouveau, tant il se méfie de sa restauration. Du moins ne s'en ira-t-il pas les mains vides. Enfermé dans son palais, il vit d'économie et thésaurise. L'argent qu'il avait, il l'augmente par des placemens avantageux. L'argent qu'on a pris en son nom à la France, il en a fait de même un emploi lucratif. L'argent que ses sujets lui paient, tourne encore à l'accroissement de son pécule. Quant à protéger les sciences et les arts, à ériger des monumens, à embellir ses villes, à encourager l'agriculture, l'industrie, le commerce, d'autres le feront si l'envie leur en prend. Tant de travaux entraîneraient trop de soins. Une propriété long-tems incertaine n'excite point à l'améliorer. L'obscurité plaît au duc régnant de Modène. Comme Sancho, il met peu de prix à vivre dans l'histoire. Chacun se fait une gloire selon ses facultés. Les almanachs du tems diront qu'il a régné. Était-ce bien la peine de naître pour porter ainsi une couronne ?

Les approches de la ville de Modène ont un aspect agréable, que son intérieur ne dément point. Les rues sont droites et bien pavées. Il y en a de fort larges. Dans ce nombre est la *strada maestra,* où l'on trouve une auberge assez bonne et fort chère : *il grande albergo.* Quoique la ville soit de troisième ordre, elle a un théâtre, où l'on compte cent cinquante loges. Bâti sur les fondations et dans l'emplacement d'un ancien palais, sa distribution se ressent de cette donnée première. Il a la forme d'un décagone alongé. Trois des côtés de cette figure régulière sont pris par l'avant-scène. Les spectateurs occupent les sept autres. Il y a à droite et à gauche un grand nombre de places, d'où les acteurs ne peuvent pas être aperçus. Les habitans de Modène aiment le spectacle. La troupe se compose de bons chanteurs, de danseurs passables et de grotesques surprenans. On y joue un ballet dont l'action se passe sur un vaisseau. Au second acte, le théâtre représente la chambre du capitaine. A travers les fenêtres peintes sur la toile de fond, on aperçoit le lointain de la mer. Une frégate vogue à pleines voiles. Elle salue de plusieurs coups de canon. Ce tableau nouveau pour une population qui habite l'intérieur des terres, ne manque jamais d'exciter, parmi ceux qui le voient, le plus vif enthousiasme.

LE CORRÈGE. — PARME. — SON MUSÉE.
SOUVENIRS DE MARIE-LOUISE D'AUTRICHE.—CASTEL-GUELFO.
PLAISANCE.

Plaisance, 9 janvier 1820.

Le froid devient plus vif de moment en moment. L'arrière-saison sera très-rigoureuse. La difficulté des chemins s'accroît. Les torrens descendus des Apennins se couvrent de glaçons. Celui de la Secchia sépare de Modène, le bourg de Rubiéra fermé de murailles. Au nord s'élèvent les tours de la petite ville de Correggio, qui vit naître Allégri, surnommé le Corrège, dont le nom seul est un éloge. On trouve le second relais de poste à Reggio. Le Crostolo coule entre cette ville et le village de Saint-Hilaire, où commence le duché de Parme, Plaisance et Guastalla, modeste apanage, souveraineté obscure de Marie-Louise d'Autriche, qui fut Impératrice des Français. Sur cette frontière, quelques formalités, moins sévères que polies, sont imposées aux étrangers. Leur accomplissement ne coûterait rien à la susceptibilité la plus ombrageuse : point de chicanes à essuyer; point de tems à perdre. Les déclarations volontaires suffisent. Aucune âpreté ne se mêle aux indulgentes précautions du fisc et de la police. On sent, jusque dans les derniers actes du gouvernement, l'influence d'un sceptre léger. C'est une femme qui règne; mais une femme douce, bonne, malheureuse, à qui l'on a suscité des faiblesses pour la flétrir dans l'opinion publique, et sur qui l'on s'est vengé d'une préférence qu'elle n'avait point sollicitée, et que plusieurs dynasties européennes se disputaient.

On arrive à Parme, à travers des campagnes riches, fertiles et bien cultivées. La ville est grande, percée de rues larges et droites, coupée par la Parma, et peuplée de trente mille ames. Les remparts élevés le long de ses murs, servent de promenade. La citadelle destinée à sa défense, réunit à peine les ouvrages nécessaires pour résister à un coup de main. Le commerce y jouit de quelque prospérité. Les nationaux cultivent et travaillent la soie avec succès. L'école des beaux-arts est bien dirigée et suivie assidument. Marie-Louise, élève d'Isabey, aime le dessin et la peinture. Elle en encourage l'étude par son exemple et par des récompenses. C'est elle qui en distribue les prix. Cette cérémonie annuelle, qu'elle environne d'une grande solennité, se fait dans une galerie, en présence de plusieurs tableaux de peintres célèbres et devant le buste en marbre du Corrège, au-dessous duquel on lit l'inscription suivante :

D'OCCHI E TIZZIAN, DI MENTE SANZIO, E INTANTO
QUESTI SUL COR LOMBARDO APELLE HA VANTO [1].

Jadis la collection du musée de Parme était considérable. Les restitutions qu'il a obtenues, se font plus remarquer par leur qualité que par leur quantité. Deux Descentes de Croix attirent surtout les regards : l'une du Corrège, et l'autre de Schidone. Dans la première, le Christ mort est étendu à terre. Marie défaillante lui soulève la tête, et l'appuie contre ses genoux. Elle est soutenue elle-même par Marie-Salomé, que la douleur accable. Madeleine, à genoux, tend ses mains jointes vers le ciel, avec la contraction du plus violent désespoir. Dans le fond s'élève une croix; et saint Jean d'Arimathie des-

---

[1] Il est égal au Titien pour la couleur, à Raphaël pour l'expression ; et ses compatriotes le placent au-dessus d'Apelles.

cend de l'échelle dont il s'était servi pour en ôter le Christ. Cette scène déchirante porte l'empreinte d'un pathétique sublime. — Dans le second tableau, la composition du sujet est plus idéale, plus poétique. Il n'y a que deux figures principales : la Vierge évanouie, et le Christ mort. Des anges ont arraché la croix et l'emportent dans le ciel. Tout ce que ce sacrifice avait de terrestre, disparaît et ne laisse qu'une seule pensée : les portes célestes ouvertes par le mystère de la Rédemption. Le peintre a exercé son génie et employé toute la magie de sa couleur, à rendre les nuances qui distinguent la mort de l'évanouissement. Cette opposition, insensible aux yeux du vulgaire, ne l'est point ici. La pâleur du Christ est terne; celle de Marie conserve de l'éclat. Les ombres violettes dans l'un, sont dans l'autre légèrement rosées. On distingue le sang qui s'est arrêté, de celui qui circule encore. Les traits du fils sont éteints : ceux de la mère n'éprouvent qu'un affaiblissement passager. Là, les yeux fermés sans retour, ne pourraient se rouvrir que par une puissance surhumaine : ici, la nature ne tardera pas à relever des paupières, qui n'ont fait que succomber un moment à l'excès de la douleur.

Quelques statues, ou plutôt des fragmens de sculpture trouvés à Vélcia et dans le Plaisantin, font aussi partie de ce musée. On y distingue les restes d'une figure élégante et noble, qui passe pour une Agrippine. Ses proportions, ses formes, sa tunique et son manteau, sont d'un dessin correct, et font regretter les mutilations qu'elle a souffertes.

On cite comme un monument d'architecture très-curieux, un ancien théâtre d'une grande étendue. Sa forme est semi-elliptique. A l'aide d'une multitude de pompes, il se changeait en une naumachie. Des gradins en garnissent le pourtour, jusqu'à une certaine hauteur où commencent divers rangs de loges. Huit mille spectateurs pouvaient s'y asseoir. Il n'est entré que du bois dans sa construction. Les peintures en sont presque entièrement effacées, et il tombe en poussière. On vous prévient de ne passer ni sur telle planche qui casserait sous vos pieds, ni dans tel escalier vermoulu que vous feriez crouler. Malgré les lignes bien assorties de cet édifice, et la propriété qu'il a de transmettre le son de la voix la plus faible aux places les plus éloignées, sa conservation n'a plus d'objet, et présente de graves inconvéniens. A côté, il y a une autre petite salle de spectacle également en bois, surchargée de moulures et d'ornemens, destinée probablement aux répétitions, et qui menace ruine, comme la première. Toutes les deux ne sont que de vrais galetas.

Voici l'heure de la messe à laquelle assiste l'archiduchesse. Chacun se hâte vers le palais ducal. Je suis la foule. On me place à la porte de la sacristie, en face de la tribune qui domine la principale entrée. Marie-Louise arrive sans gardes, sans cortége. Elle se met à genoux, et s'appuie sur la balustrade. Une simple robe bleue, un chapeau de paille garni de rubans blancs, composent tout son ajustement. Ses traits expriment une mélancolie profonde. La pâleur de son teint lui sied. Elle me semble embellie. Les regards des étrangers l'intimident. Elle s'inquiète de l'affectation avec laquelle on la considère. Au théâtre, m'a-t-on dit, elle craint moins de se laisser voir, même aux Anglais qui témoignent, à son égard, une curiosité importune et embarrassante. Je m'attends qu'elle saisira la première occasion où il lui sera permis d'échapper, en s'asseyant, à tous les yeux qui s'attachent sur elle. Une seule dame a pris place à quelque distance, dans une tribune séparée. Des soldats Autrichiens sont en faction aux diverses issues de la chapelle. Ce n'est point un honneur qu'ils rendent à la fille du moderne César, à la petite-fille de Marie-Thérèse. Ils veillent à ce qu'elle n'enfreigne point son ban. Le comte de Neyppergh, qu'elle a reçu de son père en qualité de chevalier d'honneur, les commande. Sans la permission et hors de la jalouse présence de cet officier, elle ne reçoit rien et ne parle à personne. On prétend que, par les agrémens de son esprit, il rachète la dureté et la disgrâce de ses traits; mais comment la mission qu'il remplit ne lui répugnait-elle pas, tandis qu'elle révolte la population entière que cette princesse est appelée à gouverner? Je ne veux pas croire non plus, aux bruits qui circulent publiquement dans la ville.

Que sont devenus cependant la pompe, la richesse et l'éclat, qui environnèrent la première jeunesse de cette infortunée? est-il bien vrai qu'elle ait partagé le premier trône de l'Europe, avec l'un des plus grands hommes qui aient régné? Où trouver la foule brillante d'or et de pierreries, qui se pressait sur ses pas, remplissait son palais, devançait ses vœux, prévenait ses moindres désirs, la remerciait d'être bonne, et s'écoulait heureuse d'un mot de sa bouche, d'un geste, d'un seul de ses regards? Combien aujourd'hui sa solitude est complète! Quelle modestie, quelle simplicité, quelle résignation! Ne dirait-on pas qu'elle ne connut jamais d'autres grandeurs? Que pense-t-elle de ces courtisans français, futiles comme leurs titres, volages comme la fortune, prompts à tourner au vent de la faveur, qui, chargés de ses bienfaits, tendent maintenant la main à d'autres, tout prêts qu'ils seraient à les abandonner de même, si leur puissance s'évanouissait? Maîtresse de disposer de sa main, elle l'eût donnée à celui qui l'obtint de quelques arrangemens politiques. La naissance d'un fils l'avait associée aux destinées d'un grand empire. Sa famille s'enorgueillissait de lui devoir une alliance tutélaire dont elle devenait le gage et la garantie. La voilà veuve d'un époux vivant, qui n'a pas cessé de l'aimer; qui, dans la longue agonie à laquelle il est condamné, n'a peut-être d'autre consolation que de ne la point croire descendue du rang où il l'avait élevée, et de n'être remplacé, ni dans son cœur, ni dans son lit! La voilà séparée, comme par la mort, d'un enfant né pour son bonheur et pour sa gloire, chassée du sein de sa famille, isolée et presque dans les fers ! Par quelles privations lui fait-on expier de si courtes jouissances ? Croit-on qu'elle oubliera son bonheur et ses sermens ? Les persécutions les plus odieuses, les piéges les plus adroits, les séductions les plus habiles, pourraient-elles donc effacer des souvenirs que la postérité a déjà recueillis, et que l'immortalité réclame ? Non, elle ne les perdra pas aussi facilement qu'on a pu briser les bronzes et les marbres destinés à les perpétuer. Des monumens plus durables leur sont érigés. Semblables à ceux du poète, ils défient le tems, et sont gravés à jamais dans la mémoire des peuples. Puisse l'amour des nouveaux sujets de notre ancienne Impératrice, la consoler dans ses tribulations, et lui donner la force de garder la virginité de son veuvage ! Personne, dans cette ville, ne m'a parlé d'elle sans attendrissement. Tous la chérissent pour sa bonté, pour ses malheurs, pour la douceur de son gouvernement, pour la sagesse de son administration et la discrétion de ses impôts. Mère malheureuse, elle a voulu épargner aux femmes pauvres, la plus cruelle douleur maternelle, celle de se séparer de son enfant. Le premier soin de sa nouvelle couronne, a été de créer un hospice de la maternité. L'extérieur de cette maison annonce une aisance qui n'est point démentie au-dedans. Tous les besoins y sont prévus, tous les secours assurés. Marie-Louise y pourvoit elle-même, et veille à ce que ses bienfaits ne soient pas détournés de leur destination.

Le Taro coule à peu de distance de Parme. On le passe à gué, hors un seul courant profond et rapide, sur lequel il existe un ancien pont. Dans deux ans, un pont nouveau de dix-neuf arches entrepris par l'archiduchesse, traversera le fleuve dans toute sa largeur. Les piles, les culées, et deux arches sont terminées : une troisième s'élève. Les travaux sont poussés avec une activité éclairée. Cet ouvrage réunira l'élégance et la solidité. Il eût été digne de nous, ou de Napoléon dont il rappelle le siècle et les travaux d'utilité publique. Sur la droite, on aperçoit quelques piles ruinées. On veut qu'elles aient fait partie du pont, sur lequel Annibal et les Carthaginois passèrent pour aller combattre les Romains.

Castel-Guelfo n'est qu'un relais de poste. On nous reconnaît pour des Français. Chacun s'empresse de nous parler de Marie-Louise. On la plaint; on l'aime; on vante sa générosité, sa bienfaisance. On regrette que nous n'ayons pas su la garder. Au nom de Napoléon toutes les exclamations italiennes éclatent. « Quel sera son sort? nous demande-t-on. Pensez-vous qu'il revienne? Sera-ce bientôt? Un si grand guerrier ne mourra pas ! Qui oserait le tuer? Nous ne l'aurions pas laissé enlever. — Vous attendez-vous, leur disais-je, à avoir son fils pour souverain? — Qui sait cela? a répondu le plus ardent des questionneurs. Nous le voudrions bien; mais vous êtes peut-être mieux informés que nous.— Où est-il maintenant?— Au collége sans doute, si l'on n'en fait pas un moine. — L'avez-vous vu? — Une seule fois. — Est-ce un bel enfant? — Superbe. Hélas! depuis que son père ne règne plus, nous ne gagnons rien. Alors tout le monde travaillait. Il faisait bon être postillon comme toute autre chose. Toujours quelqu'un avait affaire ailleurs que chez soi. Notre écurie était le plus souvent sans hommes et sans chevaux. C'était un plaisir et un honneur que de vivre!—Et maintenant?— Oh! maintenant ce n'est plus rien. »

Après Castel-Guelfo viennent le relais de San-Donino, et celui de Fiorenzuola, qui est peu éloigné de l'antique Véleia. De ce dernier, on se rend à Plaisance. La route est traversée par de nombreux torrens, le Stirone, la Larda, la Chiavenna, et la Nura. Tous se jettent dans le Pô. Les pluies, la fonte des neiges, les moindres orages les grossissent, et rendent souvent leur passage impossible. Mais ces eaux que l'Apennin épanche vers le nord, ornent le pays, l'arrosent et le fécondent. La fertilité de cette portion de la Lombardie se montre de toutes parts. Aussi les villages sont-ils très-multipliés. Au sortir d'une ville, on aperçoit aux environs les tours de plusieurs autres. Un tems viendra que ces élémens de prospérité cesseront d'être divisés entre tant de petits états; et qu'un système politique mieux combiné, rapprochera des peuples que rien ne sépare, et que la nature semble avoir créés pour n'en former qu'un seul.

Le théâtre de Plaisance est vaste. On y compte cent cinquante loges. Il est très-fréquenté. La troupe ne vaut rien.

PLAISANCE. — SOUVENIRS DE LA TREBBIA.
USAGES DU PAYS. — TORTONE.

Tortone, 10 janvier 1820.

La ville de Plaisance est située dans une plaine riante, à peu de distance de la rive droite du Pô. Les Latins la nommaient *Placentia,* dont les Italiens ont fait *Piacenza.* Nous avons traduit ce nom en celui de *Plaisance,* qui vient comme les autres du verbe *plaire,* et exprime les agrémens de cette exposition et de ce séjour. Colonie avancée des Romains vers les Gaules, Plaisance fut le théâtre des guerres de la république contre les Carthaginois et les Gaulois. Successivement et à différentes époques, assiégée, ravagée, brûlée, elle ne conserve aucun des monumens de son antiquité. Ses curiosités modernes offrent peu d'intérêt. Nos triomphes et nos revers dont elle fut aussi témoin, n'y ont pas laissé plus de traces. Ni l'ancien hôtel-de-ville, ni le nouveau, ne sont dignes de la place Napoléon, maintenant celle du palais public, dont ils occupent un des côtés.

Bâtie dans le style gothique, la cathédrale est trop massive pour le genre d'architecture auquel elle appartient. Le tableau qui décore son grand autel représente l'Enterrement de la Vierge. Des Apôtres vont la déposer dans son tombeau. Ils la portent étendue sur un linceul, vêtue d'une longue tunique blanche. La mort a contracté ses pieds et ses mains : mais une sorte de vie spirituelle anime encore ses traits. Sa bouche sourit. Ses yeux semblent céder à un doux sommeil. Toute cette figure céleste repose dans le sein de la vertu. Son ame, en quittant sa dépouille mortelle, y a laissé l'expression du bonheur qui lui fut promis, et dont elle jouit. Une vénération profonde, un saint recueillement règnent dans le cortége funèbre, et se communiquent aux spectateurs.

Suivez-moi à l'église de Saint-Jean. Nous verrons le Christ marchant à la mort, dans un tableau admirable attribué au même peintre que l'Enterrement de la Vierge, et dont le nom m'échappe. La foule court en avant vers le calvaire qui s'élève dans le lointain. Les gardes suivent à cheval. Puis viennent, Jésus fléchissant sous le poids de la croix, Marie, Madeleine, Salomé, un groupe de femmes éplorées. Il s'est retourné pour consoler celles qui l'accompagnent, pour les exhorter à la soumission dont il donne l'exemple : mais il n'y réussit point. Le sacrifice est trop cruel pour une mère, pour de simples mortelles; leur douleur est trop violente. Voyez dans leurs attitudes, dans leurs regards, dans leurs gestes, l'excès de leur désespoir. Quelle opposition avec la brutalité insultante des bourreaux, et l'ironique insouciance des soldats ! Quant à la populace, vous y retrouvez le genre de curiosité qu'elles ont toutes. Aucun autre mobile ne la pousse. Ce n'est point un fanatisme religieux ou politique, qui l'amène sur ce chemin du supplice. Elle va repaître ses yeux des angoisses de l'agonie, des combats de la vie contre la mort, voir souffrir et mourir, jouir d'un spectacle dont, partout et dans tous les tems, elle fut avide, sans jamais s'en rassasier. De combien de manières le peintre n'a-t-il pas su exprimer ce hideux besoin, que ne connaissent pas les bêtes féroces !

Au sortir de Plaisance, ne nous arrêterons-nous point sur les bords de la Trebbia? Ici, sont des souvenirs de Rome et de Carthage; d'Annibal et de Scipion ; de la résistance opposée par les héritiers des arts de la Grèce, aux sauvages habitans du Nord ; des combats de la civilisation contre la barbarie. Sans remonter si haut, de nos jours, ce fleuve et les riches campagnes qu'il baigne, n'ont-ils pas été témoins d'une lutte non moins sanglante, entre la liberté et le despotisme? C'est là qu'à trois reprises différentes, et trois jours de suite, Macdonald, général de la république française, emporté par son ardeur guerrière, jaloux de vaincre seul, ou se méfiant avec raison des secours de Moreau, fut vaincu par Suwarow. Le nombre des ennemis l'accabla, non point l'habileté de leur général. Encore sa défaite se borna-t-elle à l'abandon du champ de bataille, échec qu'il était réservé à Napoléon de réparer au centuple. Chaque fois la mêlée avait été terrible. Le fleuve ne roulait plus que du sang, et des cadavres confondus par un glorieux trépas, dans des rangs d'où ils ne sortiront plus. Qu'est-il resté de ce triomphe et de ce revers? A peine pourrait-on reconnaître l'emplacement des deux armées. Les lignes de leurs camps ont disparu. Leurs retranchemens sont nivelés. La terre qui couvrait tant de braves frappés sur les deux rives, formait de loin à loin des monti-

cules épars : elle s'est affaissée. Pour quelques
beaux faits d'armes publiés par la renommée,
quelques noms écrits dans l'histoire, quelques combinaisons stratégiques recueillies par
la science militaire, des milliers d'hommes auront péri, et sont oubliés maintenant. Honneur
et regrets à leur noble courage ! Continuons.
Qu'apprendrions-nous de plus ?

Dans le bourg de Castel-San-Giovanni, sur le
Tidone, nous ne ferons que changer de chevaux.
Entre ce relais et celui de Broni est Stradella,
premier village piémontais. Ici, quelques sous
suffisent pour soustraire aux perquisitions de la
douane. Dans les autres états italiens, on ne s'en
affranchit qu'avec des pièces d'argent. A Londres
il faut de l'or. Cette gradation qui donne la mesure relative de la valeur du numéraire, sert
aussi à apprécier le caractère et la morale des
peuples. Si l'on veut trouver un air capable,
avantageux, ce n'est pas parmi les sujets du roi
de Sardaigne qu'il convient de le chercher, du
moins dans les rangs inférieurs. Une sorte de
honte se mêle à leur timidité. Ils ne demandent
et ne refusent rien. Vers le midi de l'Italie, une
hardiesse qui va rarement jusqu'au courage, une
effronterie qui s'arrête avant de devenir insul-

tante, appuient des exigences qui se renouvellent à chaque pas. Le principe fiscal du gouvernement a passé jusqu'aux derniers subalternes. On vous rançonne pour vous dispenser des vexations autorisées par la loi ; et il arrive qu'on vous vexe ensuite, pour s'absoudre de la corruption dont le prix néanmoins ne vous est point rendu. En Angleterre, il est défendu aux étrangers de rien donner aux commis placés sur les frontières; et ceux-ci ne doivent non plus rien recevoir. Si l'on vous a extorqué quelque guinée, elle vous sera restituée à la première réquisition. Bien plus, une peine frappera celui qui l'aurait acceptée. La fierté nationale a pris ses précautions pour sauver les apparences. Cependant à l'aspect du précieux métal, la main vénale s'ouvre, la figure s'épanouit, la loi se tait; et le secret conserve l'honneur et soustrait à la punition. Quelque salaire qui accompagne la douce violence que vous exercez, quelque vils que soient les remercîmens qu'on vous adresse, n'espérez pas d'avoir acheté la moindre complaisance, ce que l'estime celui dont vous l'aurez obtenue. On prétend que les docilités parlementaires y ont aussi leur tarif : c'est probable. Quant aux classes inférieures de la population anglaise, il n'y en a point qui ne soit d'une avidité repoussante.

Maintenant le taux des postes italiennes va changer. Les distances se calculeront désormais comme en France, et les frais diminueront dans la même proportion. Si vous le savez, la réduction a lieu sans aucune difficulté ; chacun se hâte de vous la faire observer, et tire vanité de cet acte de bonne foi. L'ignorez-vous? le plus honnête, soit maître, soit valet, vous laissera vous tromper sans vous en rien dire. Le piége est là : tant pis pour celui qui y tombe. Est-ce voler? la conscience publique est muette à cet égard. Il y a d'ailleurs un axiome du droit romain qui dit : *volenti non fit injuria* [1]; et l'on voit que, sans trop étendre le sens de ce texte, il offre une manière d'excuse à l'aide de laquelle on peut facilement se justifier. Les voyageurs doivent se munir ici, d'un imprimé qui enjoint aux maîtres de poste de les servir conformément aux réglemens royaux. Ce firman coûte assez cher, et ne sert qu'à déguiser un impôt prélevé sur les passans. Pendant que l'employé chargé de le délivrer, me l'expédie, sa femme,

---

[1] On ne nuit point à celui qui consent qu'on lui nuise.

brune, piquante, jolie, m'engage à m'asseoir près d'elle pour me chauffer. Fort sensible aux galanteries que je lui débite, elle court chercher des fagots, en remplit sa cheminée, les allume, me prend les mains, et mettrait, je crois, le feu à sa maison, pour me témoigner mieux toute sa reconnaissance.

Les relais de Broni, Casteggio, Voghéra sur la Staffora et le torrent de Corone nous séparent encore de Tortone. La route est tracée plus près de l'Apennin. Les alternatives de montées et de descentes se multiplient. Plus variée, la campagne me semble moins fertile et d'une culture moins habile. La neige couvre les montagnes et le sommet des coteaux. Le cours des torrens est suspendu par la gelée. Nous les passons à gué sur la glace que nos roues brisent, et dont les éclats, en se désunissant, laissent à nu leur lit desséché.

TORTONE. — NOVI. — LA BOCCHETTA.
CAMPO-MARONE. — GÊNES.

Gênes, 11 *janvier* 1820.

Il n'y a que sept postes et demie de Tortone à Gênes; mais le passage de la Bocchetta est long et difficile. Le départ doit devancer le jour, si l'on veut arriver avant la nuit. Nous quittons sans regret notre hôtellerie : l'empressement qui nous avait accueillis, n'a point compensé les désagrémens de cette couchée. Rien n'est disposé, dans le pays, pour adoucir la rigueur des hivers, à laquelle il semblerait que leur brièveté dût rendre les habitans plus sensibles. Chassée par la tourmente qui n'a cessé que ce matin, la neige, tombée en abondance sur la galerie qui conduit à nos chambres, a pénétré jusque dans leur intérieur. Pour en ouvrir les portes, il a fallu casser les glaçons qui les arrêtaient dans leurs baies. Le baromètre est à plusieurs degrés au-dessous de zéro. Les anciens ne se rappellent pas avoir éprouvé un froid aussi vif. Nous partons éclairés par le croissant aigu de la lune qui est à son dernier quartier. Sa lumière nous guidera jusqu'à Novi, ville célèbre dans nos revers militaires, par la victoire que Suwarow remporta sur Moreau, après la défaite de la Trebbia. A gauche, coule la Sorivia, à droite l'Orba. La plaine intermédiaire a été, dans toute son étendue, teinte de sang humain, théâtre de gloire pour le vainqueur comme pour le vaincu. Après le bourg de Gavi qui est situé à une petite distance, viennent la Lemma et le village de Voltaggio. Cette contrée fut de même, témoin et victime tour à tour, d'attaques ou de défenses également terribles et funestes à ses habitans.

Nous voici parvenus au pied de la Bocchetta. Il convient de doubler l'attelage, non à cause de la dégradation de la route, mais parce que la montée est rapide, tortueuse, et bordée de précipices. Si nous avions ajouté foi aux histoires de voleurs, il n'eût tenu qu'à nous de nous mettre sur nos gardes à Tortone : on ne nous les avait point épargnées. L'exagération des récits augmentait en raison de notre incrédulité. Tous s'étaient accordés touchant les périlleux hasards qui nous attendaient dans les gorges étroites, sur les cimes désertes que nous allions parcourir. Au moment du départ, chacun nous témoignait le plus tendre intérêt, et joignait, à ses adieux, les expressions d'une affectueuse pitié. L'embuscade tant redoutée eût-elle dû se composer des assistans, ils n'auraient pas mieux connu nos dangers. Au lieu de ces solitudes propres à la surprise et au crime, qui nous étaient annoncées, nous n'avons trouvé qu'une belle chaussée, couverte de voyageurs, de muletiers et de marchandises. C'est la seule communication commerciale qui existe entre Gênes et Turin la nouvelle capitale de cette ancienne reine des mers du Levant. Les transports se font à dos de mulets. On voit les longues files de ces animaux se dessiner sur le flanc de la montagne, diminuer de volume en s'éloignant, puis se ralentir en apparence, et finir par disparaître. Leur allure régulière et sûre, le balancement de leur charge artistement faite, les couleurs variées de leurs panaches, le bruit de leurs grelots animent ce tableau. Réunis ou isolés, leurs conducteurs les suivent, gens hardis, vigoureux, dont le costume serré laisse apercevoir les formes nerveuses. Ils s'avancent lentement, pliés dans leurs manteaux, le front ombragé d'un chapeau de feutre, autour duquel le vent fait voler quelques bouts de rubans fanés. On les entend causant haut, sifflant, ou soutenant la marche par leurs cris, et par des coups de fouet dont les échos prolongent le retentissement. Ces caravanes, qui vont et viennent sans interruption, échangent les produits de l'intérieur des terres, contre les importations maritimes des Génois. Elles feront à la fois notre cortége et notre sûreté. Une vague inquiétude ne nous distraira point des beautés naturelles qui se déploient devant nous. De toutes parts, dans le fond des vallées, pointent à travers la neige, les premières feuilles légèrement empourprées du seigle et du blé. Les lieux incultes sont parsemés de bosquets, dont les arbres, chargés de glaçons, ressemblent à des bouquets d'albâtre et de cristal. Les chaumières, de petites fermes, les hameaux, les villages se touchent presque. Des colonnes de fumée en s'élevant de leurs foyers, les indiquent dans le lointain : charmans tableaux d'hiver dignes de pinceaux plus exercés que les miens.

Le plateau de la Bocchetta n'a pas vingt pieds de large. A gauche, se trouve une petite chapelle de Vierge. Quatre hommes armés et de mauvaise mine, sont sortis tout-à-coup de derrière le mur qui les cachait. Avaient-ils de coupables desseins? je ne saurais le dire. Outre les passans qui auraient pu survenir, nous étions en nombre égal au leur. Ils ont posé leurs carabines contre l'autel de la madone, suspendu leurs manteaux à sa grille; et, après avoir aidé à dételer le renfort d'attelage dont nous n'avions plus besoin, ils nous ont souhaité un heureux voyage. Ainsi se sont évanouis les fâcheux pronostics qui nous avaient été prodigués.

Campo-Marone est situé au milieu du revers de la montagne. On y descend rapidement, à travers un pays délicieux. Son exposition méridionale y entretient une végétation presque continuelle. Même aujourd'hui, le soleil a beaucoup de force. La bise du nord, arrêtée par la cime de la Bocchetta, ne parvient plus jusqu'à nous. A peine se croirait-on en hiver. Une route large, unie, ornée de grands arbres, ouvrage de la famille Cambiaso, s'enfonce dans la vallée de la Polcévéra, et en côtoie la rive droite. Ce torrent, qui coule rarement sans danger pour les riverains, est le plus souvent à sec : ses sources abondent, gèlent ou tarissent avec la même promptitude. De côté et d'autre, s'offrent de jolis jardins, ornés de fabriques élégantes, couronnés de montagnes cultivées jusqu'à leur sommet. Mais, après deux lieues de marche, la population augmente ; le nombre des habitations se multiplie ; le lit du fleuve s'étend ; l'Apennin s'éloigne ; le sol s'incline vers la mer ; l'azur des flots se teint des rayons du soleil couchant. Nous touchons au rivage. À gauche, est Gênes. Le long faubourg de Saint-Pierre-d'Arêne va nous y conduire. Un fanal qui domine la plage, indique l'entrée du port. Non loin de là, est la porte de la ville, armée de poutres et de herses, comme celle d'une citadelle. Descendons à l'enseigne de Sainte-Marthe, sur la place de l'Annonciade ; et félicitons-nous du hasard qui nous fait rencontrer une auberge, où le vivre et le couvert répondent à l'affabilité des hôtes et à la serviabilité de leurs valets.

SOUVENIRS HISTORIQUES.
OBSERVATIONS POLITIQUES. — ASPECT DE GÊNES.
UN GRENADIER DE LA GARDE IMPÉRIALE. — LES GÉNOISES.
LES GÉNOIS. — LO SCOGLIETTO.
LES THÉATRES.

Gênes, 12 janvier 1820.

Capitale de l'ancienne Ligurie, Gênes se dessine en amphithéâtre sur le revers méridional de l'Apennin, entre la Polcévéra et le Bisagno. Durant les guerres de Carthage et de Rome, Magon, fils d'Amilcar, la prit et la saccagea. Les Romains la relevèrent; mais ses peuples exempts de mollesse, éclairés, braves, actifs, spirituels, surent la défendre contre eux, et maintenir son indépendance. Les Sarrasins vaincus, la puissance de Venise rivalisée avec avantage, Pise détruite, la Sardaigne conquise, les Autrichiens chassés, la naissance de Colomb, celle de Doria et de plusieurs illustres citoyens : tels sont les faits principaux de son histoire moderne, et ses titres de gloire. Il ne se pouvait pas que cette république, déjà déchue de sa grandeur passée, ne reçût aucune atteinte des commotions politiques que nos fréquentes invasions donnaient à l'Italie. Tiraillé par les parties belligérantes qui se combattaient jusque dans les murs de sa capitale, son gouvernement, qui ne pouvait employer la force, usa de ruse aussi longtems qu'il lui fut permis d'y recourir avec succès. Les outrages et les menaces de l'Angleterre le rapprochèrent de la France. Des partis se formèrent. La guerre civile éclata. Nos armes mirent seules un terme à des fureurs dignes des mœurs italiennes; et cette intervention fut suivie du siége que Masséna soutint dans Gênes en 1800, l'un des faits d'armes les plus glorieux de l'*enfant chéri de la Victoire*. Patience, valeur, habileté, activité infatigable, inflexibilité des officiers, subordination des troupes, toutes les vertus militaires s'y déployèrent à l'envi. Depuis le chef suprême de cette défense mémorable jusqu'au dernier soldat, tous semblaient pénétrés de l'importance de leur poste, et voulaient que la France pût dire qu'ils avaient fait leur devoir. Vous y étiez Soult, Gazan, Miollis, Darnaud, Clauzel; et l'histoire a recueilli les actions d'éclat par lesquelles vous parvîntes à dégager un moment la ville, et à donner à Masséna la liberté de reprendre la campagne. Mais ce triomphe fut le dernier; et quelques vivres en furent les trophées. La place resserrée par les assaillans, n'eut presque plus de ressource que dans une impassibilité héroïque. L'horrible famine devint l'auxiliaire des ennemis. Fermée par les Autrichiens, du côté de la terre, et par les Anglais, du côté de la mer, Gênes ne tarda pas à en ressentir les impérieux besoins. Ott et Keith mirent leur savoir à garder ses avenues, et à en empêcher le ravitaillement. Bientôt les comestibles de toute espèce s'épuisèrent. On en vint aux herbes sauvages des jardins, à toutes les substances animales qui se présentaient, aux plus dégoûtans animaux, aux vers de terre, à de vaines illusions qui ne trompaient un moment la faim, que pour lui donner ensuite plus de violence. La peste suivit ce fléau. Ceux qu'elle n'atteignait pas, mouraient d'inanition sans que personne osât parler de se rendre, devant celui dont rien ne pouvait abattre le caractère, et qui donnait l'exemple de la plus stricte abstinence. Il ne restait plus que pour deux jours, des vivres infects dont on faisait un usage bien rare, lorsque l'amiral Anglais offrit des conditions honorables, qui ne furent même acceptées que comme un traité, et non à titre de capitulation.

Toutefois après ces combats terribles livrés dans ses murs, après les privations qu'elle a souffertes, quand des fléaux accumulés ont décimé ses habitans, ni Gênes n'obtiendra le rétablissement de sa liberté, ni les Autrichiens ni les Anglais n'en garderont la conquête qu'ils convoitent également. De nouvelles combinaisons diplomatiques, militaires, ou, si l'on veut, seulement astucieuses, l'uniront d'abord à la France. Ensuite elle passera de nouveau par l'épreuve de l'occupation anglaise et d'une constitution dictée par l'amiral Bentinck. On la verra enfin livrée par le congrès de Vienne au roi de Sardaigne, malgré la promesse que les alliés avaient faite de la rendre à elle-même. Vainement protestera-t-elle contre ce manque de foi. Il convient à la domination sourde et muette de l'Autriche, qu'il y ait un simulacre de république de moins. Le vent de la diplomatie est à l'absolutisme. Il faut céder à la finesse et à la force, qui ont fait alliance contre les droits des nations. Là, finira pour les Génois, toute influence commerciale, industrielle et politique, comme les Vénitiens ont perdu la leur : et deux puissances qui possédèrent et se disputèrent long-tems l'empire des mers, auront cessé d'être comptées en Europe.

L'entrée de Victor-Emmanuel de Savoie, dans cette possession inattendue et bien peu méritée, se ressentit de la disposition défavorable où étaient les esprits. Ce fut une pitoyable solennité. Le roi qui ne pouvait douter de la répugnance de ses nouveaux sujets, y parut avec embarras et inquiétude. On essaya de remplacer, par une grande pompe militaire, l'allégresse à laquelle il n'avait pas le droit de s'attendre; et la précaution tourna contre le but qu'on se proposait. Cet appareil guerrier, à l'entour d'un souverain qui s'était caché si long-tems, parut fort ridicule. La population se dispensa de ce qui n'était pas commandé. La tiédeur, les caricatures, les moqueries ne furent point épargnées. Si celui à qui elles s'adressaient s'en aperçut, qui pourrait le dire? De même que la vérité, la dérision ne se fait pas jour facilement à travers de vieux courtisans. Aveuglé d'ailleurs par l'éclat des baïonnettes étrangères qui l'avaient porté sur ce pavois, comment le roi de Gênes eût-il vu l'indignation que sa présence excitait dans l'ame des anciens régulateurs de cette république? Le congrès, par qui il était envoyé, le rassurait aussi contre la turbulence des citoyens qui, après avoir énergiquement combattu pour leur ancienne constitution, se voyaient à la merci d'un étranger. Dans sa pensée royale, il trouvait les Génois trop heureux de tomber sous son sceptre. Le silence lui était une marque de respect; ou, trompé sur le bruit des huées, il le prenait peut-être pour les transports de la joie publique.

Quel enthousiasme, au contraire, avaient inspiré les fêtes données au général Bonaparte, dans un tems où des cris de liberté pouvaient se mêler au fracas des armes! Les Génois avaient eu un moment d'illusion. Soit qu'ils s'y livrassent trop légèrement, soit que des promesses les eussent égarés, ils espéraient s'affranchir de la monarchie universelle qui menaçait l'Europe, et voulurent remercier d'avance, celui qu'ils regardaient moins en vainqueur, que comme un libérateur généreux. Je me refusais à croire les détails de ces réjouissances. Je les ai lus depuis dans un historien qui n'est point prévenu en faveur de Napoléon; et je ne puis me refuser au plaisir de les transcrire.

« La première fête, dit-il, eut lieu sur la
» mer. L'œil s'arrêtait d'abord sur un temple

» majestueux, nommé le temple de Neptune,
» ou Panthéon maritime. Élevé sur un pilotis
» de navires, il semblait construit néanmoins
» sur un sol verdoyant, et se mouvait sur les
» eaux par des rouages cachés. Il était surmonté
» d'une immense coupole soutenue par seize
» colonnes d'ordre ionique, et orné de statues
» représentant les divinités de la mer. Sur les
» deux faces intérieure et extérieure de la cou-
» pole, se lisait une inscription composée par
» le père Solari, et dont le sens était que les
» Liguriens prédisaient à l'Empereur et Roi Na-
» poléon qu'il régnerait un jour sur les mers,
» comme il régnait déjà sur la terre. Le temple
» fut amené au milieu du port; Napoléon y entra,
» charmé de voir autour de lui tant d'apprêts
» solennels. Quatre petites îles, sous la forme de
» jardins chinois, flottaient mollement au gré
» des ondulations vagabondes; on pouvait s'y
» reposer à l'ombre des palmiers, des cèdres,
» des citronniers, des orangers et des grena-
» diers; de limpides jets d'eau y répandaient
» partout la fraîcheur de leur onde. Les arbres
» étaient surmontés de cintres diversement co-
» loriés et chargés d'innombrables clochettes,
» qui, sans cesse agitées par le balancement de

» la machine, berçaient continuellement l'o-
» reille de leurs tintemens harmonieux. Mille
» et mille chaloupes, esquifs, barques ou gon-
» doles, toutes élégamment parées, et de di-
» verses manières, rendaient l'instabilité des
» eaux plus sensible, en obéissant elles-mêmes au
» flot capricieux, et le plaisir des yeux se renou-
» velait à chaque instant, par l'inconstance et la
» variabilité du tableau. Vint ensuite *la Regata*,
» c'est-à-dire une joûte entre des navires, au
» nombre de six. Ils partirent, avec la rapidité
» de l'éclair, des trois portes de la ville qui
» donnent sur la mer. La victoire demeura au
» pavillon du *pont de Spinola*, dont le triomphe
» fut célébré par les plus bruyantes acclama-
» tions. La nuit ajouta encore à la pompe du
» spectacle. Des lustres de cristal, tout-à-coup
» allumés entre les colonnes du temple flottant,
» répandaient un éclat enchanteur, que l'onde
» doucement agitée renvoyait chargé de mille
» nuances. Resplendissans eux-mêmes, les cin-
» tres des jardins mêlaient une vive clarté à la
» lumière éblouissante du Panthéon. Des feux
» aériens, imitant les étoiles, d'après le pro-
» cédé de Vitruve, voltigeaient autour de l'é-
» difice et des quatre jardins. Également illu-

» minées, les agiles gondoles semblaient au-
» tant de serpens enflammés qui glissaient et
» s'entrelaçaient sur les eaux. Le temple, les
» jardins et les gondoles formaient un triple
» foyer d'innombrables étoiles, dont les feux
» errans se prolongeaient au loin sur le rivage,
» et reproduisaient le jour au sein même de la
» nuit. Les oreilles n'étaient pas moins enchan-
» tées que les yeux. Des musiciens, vêtus de
» costumes chinois, exécutaient dans les quatre
» jardins de ravissans concerts et des chants dé-
» licieux. Les murs de la ville, les palais, presque
» toutes les maisons resplendissaient en même
» tems d'une illumination générale. La superbe
» Gênes présentait un amphithéâtre de feu, qui
» formait, avec les feux de la mer, une opposi-
» tion magnifique. La tour de la lanterne, cou-
» verte d'un nombre infini de lampions artis-
» tement disposés, attirait principalement les
» regards et l'admiration de la multitude; ad-
» miration qui s'accrut encore, quand d'im-
» menses tourbillons de flammes vinrent à s'é-
» chapper du sommet de l'édifice, comme du
» cratère d'un volcan. Les feux d'artifice ne
» manquèrent point à la fête; deux grands tem-
» ples enflammés s'élevèrent à l'improviste sur

» les deux extrémités du môle ; d'autres colonnes
» de feu, par l'effet d'un art admirable, s'élan-
» çaient incessamment dans les airs, et se pré-
» cipitaient dans les flots, d'où elles ressortaient
» plus brillantes et plus vives. En un mot, ces
» jardins flottans, ce temple mollement bercé
» sur les ondes, ces illuminations éclatantes,
» ces concerts harmonieux formaient une scène
» dont rien ne saurait égaler l'enchantement et
» la majesté.

» A dix heures du soir, Napoléon quitta le
» Panthéon maritime et se rendit au magnifique
» palais de Jérôme Durazzo, où l'attendaient
» de nouveaux honneurs et de nouvelles adula-
» tions..... Un repas somptueux lui fut donné
» dans le palais public..... Joséphine de France,
» Élisa de Piombino assistaient au festin. Les
» convives montrèrent beaucoup de joie..... Un
» *Te Deum* fut chanté dans l'église de Saint-
» Laurent. L'empereur y reçut le serment de
» l'archevêque et des évêques ; puis il nomma
» plusieurs des principaux citoyens, officiers de
» la légion d'honneur [1]. »

Sans égard pour l'esprit national des Génois,

---

[1] Botta, *Histoire d'Italie, de* 1789 *à* 1814, liv. XXII.

et peu inquiet du progrès des idées en fait d'ordre social, Victor Emmanuel a introduit à Gênes, l'ancien régime piémontais dans toute sa pureté. Aux impôts créés par le gouvernement français, il en a ajouté de nouveaux, plus onéreux et plus vexatoires. L'égalité devant la loi a disparu. Le rang et la fortune trouvent de la faveur, où le pauvre et le simple citoyen ont peine à obtenir justice. Ces institutions et ces abus d'une monarchie absolue, ont réveillé l'amour mal éteint de la liberté. Aussi S. M. Sarde n'a-t-elle osé confier qu'à un émigré, le commandement de Gênes. Si la police est sévère envers les étrangers, sauf les adoucissemens qu'y apporte l'amour de l'argent, elle ne se montre pas moins ombrageuse à l'égard des nationaux. Les formalités de séjour et d'absence sont minutieuses à satiété; et l'impatience de ce joug humiliant, non-seulement pèse sur les ames et les irrite, mais nuit aux intérêts du pays. Le commerce que font encore les Génois, est loin de compenser celui qu'ils ont perdu. Il consiste uniquement à procurer le débouché des produits intérieurs du royaume, et l'approvisionnement des denrées extérieures nécessaires à sa consommation. Ces échanges sont tellement bornés, que les bénéfices qui en résultent, ne peuvent suffire aux besoins d'une grande ville. Enfin la population diminue journellement, et ne peut tarder à se mettre en rapport avec l'exiguité des ressources de l'industrie maritime qui lui reste, à moins que de nouvelles circonstances n'amènent, dans l'ordre de choses actuel, des changemens que personne n'espère.

Pour se défendre de toute invasion hostile, le nouveau gouvernement prend des mesures, qui tendent à augmenter l'éloignement de ses nouveaux sujets. Elles ne sont pas telles en effet, qu'ils ne puissent les regarder comme destinées à les contenir eux-mêmes dans le devoir. Loin de leur inspirer l'affection et l'obéissance, elles les aliènent et leur conseillent la révolte. Outre les ouvrages militaires qui cernent la ville, chaque jour en voit naître de nouveaux. Des créneaux sans nombre montraient auparavant la bouche des canons dont ils sont armés : à chaque instant, il s'en ouvre d'autres dans toutes les directions. Victor-Emmanuel aime ces démonstrations guerrières, qui, si l'on en croit ceux qui l'ont vu, ne lui siéent nullement. En sortant de sa retraite, il a ouï dire que l'Europe avait vécu, pendant quatorze ans, soumise aux armes de la France; que des rois, soudoyés par l'Angleterre, avaient ameuté leurs peuples pour se venger de l'humiliation qu'ils avaient subie, et de l'ambition de l'Empereur des Français : il veut aussi, un peu tard à la vérité, prendre sa part de l'ardeur militaire dont il a su se préserver pendant qu'elle n'était pas sans danger. Une multitude de maçons entrés en campagne par ses ordres, travaillent à construire des fortifications dont l'approche est sévèrement interdite. Qu'il vienne à éclater une conflagration quelconque, soit dans l'intérieur de ses états, soit au-dehors, qui donc défendra ces remparts, ces murailles, ces bastions, ces batteries? Entendez les Génois : ils vous diront que les troupes servent à regret, avec dégoût, sans honneur comme sans espoir d'avancement; que le blason donne seul le droit de les commander; que ceux dont cet ornement décore le nom, dépourvus pour la plupart d'une éducation suffisante, énervés par des mœurs tout au moins relâchées, asservis à des pratiques d'un bigotisme stupide, n'ont ni talent ni énergie; que personne ne compte sur eux; et que les soldats qui les jalousent, ont prononcé sur leur incapacité. D'ailleurs le contingent de l'armée est hors de proportion avec les ressources du royaume. Il passe pour s'élever à cinquante mille hommes, dont la dépense occasionne un déficit annuel qui va toujours croissant. Toutes les villes un peu importantes sont munies de fortes garnisons. A la conscription, dont le système a été conservé, on a fait une modification singulière. Un soldat n'est au drapeau que pendant quatre mois. Il rentre ensuite dans ses foyers; et recommence, l'année suivante, le même service, jusqu'à ce que la durée de son engagement soit épuisée. Ainsi, à mesure que l'intelligence et les bras de la classe ouvrière se forment au travail industriel, la vie de caserne vient détruire ces progrès imparfaits. Heureuse, si cette oisiveté périodique ne la conduit pas au vice, et plus tard au crime! Du reste, le gouvernement ne paraît pas mettre beaucoup de prix au choix des hommes. Les jambes torses ou cagneuses, et même les difformités de la taille, ne sont point des causes d'exclusion ou d'exemption. Je regardais ce matin dans le rang, un sous-officier dont les genoux se rapprochaient tellement, et dont les pieds étaient si écartés l'un de l'autre, qu'il tenait, à lui seul, la place de deux. La régularité des costumes n'est pas

non plus de rigueur. Il n'est point rare de voir
à l'exercice, sur la même ligne, quelques uniformes de dates différentes, des vestes de travail, de simples souquenilles, et des chapeaux
de toutes les façons et de toutes les couleurs.

Comme Naples, Gênes s'étend en demi-cercle, le long de la mer. Elle est exposée au midi.
La masse principale de ses habitations est séparée des murs de son enceinte, par un espace assez considérable où se trouvent plusieurs
petites maisons, qui réunissent les agrémens
de la ville et quelques-uns de ceux de la campagne. Ce sont les *ville* des artisans et des marchands qui les démeublent et les ferment en
hiver, pour les ouvrir et les remeubler au printems. Ils y vont passer les nombreux jours de
fête, que leur adjonction au Piémont a rétablis. Maintenant elles sont désertes. On ne voit
personne dans les rues qui y conduisent. Elles
n'ont pas même de gardien. Des jardins dépourvus d'ombrage en dépendent. La belle saison les parera de fleurs. Les arbustes et les arbres en sont bannis. L'on n'y trouve d'ombre
que sous des berceaux de jasmins ou de myrtes :
encore est-elle rare. La sûreté de la place et sa
défense en cas d'attaque, commandent peut-

être la privation de cet abri contre la chaleur du climat, que certes on ne soupçonnerait pas aujourd'hui, tant le froid est rigoureux ! Il n'est pas jusqu'aux environs, même à une assez grande distance, où les plantations ne soient aussi peu communes. Pour rencontrer ces bosquets génois si vantés, si parfumés, où l'on voit à la fois des fleurs épanouies, des fruits verts, et d'autres parvenus à la maturité, il faut s'éloigner dans la campagne et sur le rivage de la mer. Le penchant des montagnes les plus rapprochées n'offre qu'un sol aride, ou la roche dans toute sa nudité.

Une longue rue, qui prend successivement trois noms différens et sert de promenade aux gens du bon ton, traverse Gênes dans sa plus grande dimension : la rue *Nuova*, la rue *Nuovissima* et la rue *Balbi*. Toutes les autres y aboutissent. Autant la première est large, coupée par de belles places, ornée d'édifices somptueux ; autant les dernières sont bordées d'habitations mesquines, et étroites à tel point, que, dans la plupart, deux personnes n'y peuvent marcher de front. Rarement le soleil y pénètre. L'air y circule à peine. Il n'y règne, pour ainsi dire, qu'un demi-jour. Soit qu'on regarde la ville du haut des remparts qui la cernent du côté de la terre, soit que l'on parcoure ceux qui la protégent du côté de la mer, son aspect est charmant. L'entrepôt du port franc, celui de la douane, sont de beaux établissemens, munis de quais spacieux et commodes. Ils paraissent encombrés de marchandises; mais les négocians s'accordent à dire que ce signe de prospérité commerciale, n'est pas comparable à ce qu'il était, même pendant notre domination. Plus loin, on voit le port, dont l'enceinte est étroite, et où quelques vaisseaux marchands sont à l'ancre. A gauche, il est défendu par le vieux môle ; à droite, par le môle neuf, au-delà duquel se dresse la lanterne. Les yeux se portent-ils sur le double rivage dont cette construction moderne occupe le centre ? Au midi se déroulent les rians coteaux de Nervi, couverts de forêts d'orangers, de citronniers, de figuiers, de grenadiers et d'oliviers; au nord, on aperçoit les jardins embaumés de Sestri, de Voltri, d'Arezzano, qui, aux approches des beaux jours, ne seront émaillés que de jonquilles, de jacinthes, de roses et de tubéreuses, dont les parfums se mêleront à celui de la fleur d'orange et des jasmins. Enfin, vers le couchant, lorsque le ciel est serein, on découvre l'anse et les tours de Savone.

Pendant que je considérais cette admirable perspective, un militaire s'est approché de moi. Le triple chevron et les galons de son habit annonçaient de longs services et le grade de sous-officier. Il nous a reconnus à notre langage. C'est dans les armées françaises qu'il a servi. Il appartenait à la compagnie des grenadiers du premier régiment de la garde impériale, et suivit Napoléon à l'île d'Elbe. Rentré en France avec lui, il a de même abdiqué à Waterloo. Jamais il n'eût quitté son général : la permission de l'accompagner à Sainte-Hélène lui fut refusée. Dans la contenance de ces braves gens-là, dans leur air de tête, dans leur attitude et dans leur regard, il y a quelque chose de monumental, d'héroïque. On croit voir quelques feuilles de laurier mêlées à leurs cheveux que le tems commence à blanchir. Ces fronts, noircis par l'intempérie des saisons, ridés par l'âge, échappés à la fureur des batailles, impriment le respect. Instrumens d'une gloire immortelle, acteurs ou témoins de victoires sans nombre, ils sont autant de pages vivantes d'une histoire remplie de prodiges guerriers. Celui-ci a encore présens à la mémoire, tous les nobles souvenirs de ses campagnes. Heureux de trouver à épancher son ame, en me les racontant, il se livrait à des transports d'enthousiasme. Le nom français ne sortait de sa bouche qu'avec amour. Des regrets altéraient sa voix. Ses paupières se mouillaient de larmes. Puis, revenant à cette insouciance née dans les camps, qui caractérise le vieux soldat, il répétait quelques axiomes de fatalisme sur les chances heureuses et funestes qui se disputent la vie militaire.

Entre les palais qui donnent sur la rue principale de Gênes, se distinguent par leur magnificence, celui des anciennes autorités de la république, ceux des familles patriciennes Durazzo, Balbi, Brignolé, Doria, et un grand nombre d'autres. Presque tous sont peints à l'extérieur de décorations architecturales. Quelques-uns ont des jardins dont les terrasses dominent le golfe. Au dedans, ce que l'on voit de colonnades, de statues, de perrons, d'escaliers à double rampe, de portiques, de galeries couvertes, de balcons ornés de balustrades, annonce souvent plus d'opulence que de bon goût. On n'y a presque employé que des marbres de Carrare, à cause de la proximité des mines précieuses d'où on les extrait.

C'est en parlant des Génoises, qu'il est surtout permis de dire un teint de lis et de roses. Elles ont la peau fine et veloutée. Il y a de l'amour, du plaisir, de la volupté dans toute leur personne. Un charme inexprimable est répandu sur leurs traits. A des regards enivrans elles joignent un sourire aimable qui vous appelle. Il n'en est aucune qui n'ait des droits égaux à être préférée. Sans être grandes, elles ont la taille si bien prise qu'on ne leur en désire pas une autre. Mais le charme ne serait pas complet, si une toilette, négligée en apparence et à dessein, ne venait l'achever. Le costume ordinaire du matin se compose d'un corset bien coupé qui ne gêne ni la gorge ni les épaules, d'une robe tant soit peu courte, de bas blancs bien tirés, de souliers de couleur, et du *mezzaro*, voile de mousseline blanche et légère qui se pose sur la tête, descend carrément sur les épaules en dessinant le cou, et, retenu par les deux bras, suit les mouvemens de tout le haut du corps. Sous ces plis ondoyans, représentez-vous des formes souples, moelleuses, une allure dégagée, une attention assidue à profiter de ses moindres avantages; dans une chaussure propre, figurez-vous une jambe fine et de jolis pieds bien attachés; supposez encore plus d'appas que tout ce qu'on vous montre ne vous en laisse deviner : et vous aurez l'idée d'une de ces jeunes filles qu'on rencontre ici par centaines, et qui donnent à des dames d'un plus haut rang, des modes que toutes n'adoptent pas avec le même succès. Encore n'avez-vous là que le plaisir des yeux. En voulez-vous un qui soit plus idéal? Amusez-vous de leur coquetterie. Le *mezzaro* va se prêter à l'exercice, ou, si vous le préférez, au manége le plus séduisant. Feindre de vouloir se dérober, regarder sans être aperçue, épier en sûreté l'effet d'un coup d'œil lancé en passant, se découvrir à l'amant préféré, et se draper pour paraître à tous, réservée, modeste, sans rien perdre de ses grâces ni de son élégance : tel est le soin continuel de ces jolies Génoises. J'ai trouvé dans une seule rue de Gênes, plus de femmes charmantes, que dans tout le reste de l'Italie. Mais ce besoin de plaire, cette recherche d'agaceries passeront-ils dans le discours? Y a-t-il là, autant de jouissance pour l'esprit que pour les sens? Il faudrait, pour m'en instruire, plus de tems que je n'en puis donner, et comprendre, en outre, le patois bruyant et dépourvu d'harmonie qui est généralement adopté. Les Génois ne parlent l'italien que par égard pour les étrangers, et ne le parlent pas mal.

L'adresse originelle que les femmes mettent à coqueter et à séduire, les hommes l'appliquent à toutes les affaires. Ils ne la négligent point dans les petites choses, afin d'en retrouver l'usage dans les grandes. Sont-ils dégénérés de leurs ancêtres, ou bien en ont-ils recueilli cet héritage? Les tourmentes politiques, en déprimant le caractère national, leur ont-elles conseillé la ruse, à la place de la force qu'ils n'avaient plus en partage? L'esprit mercantile l'emporte-t-il sur toutes leurs autres qualités? Quoi qu'il en soit, abstraction faite du préjugé qui n'est pas favorable à cette nation, et sauf les exceptions d'usage en faveur des Génois francs et loyaux, comme on excepte, parmi les Gascons, ceux qui sont véridiques et peu avantageux, on se sent frappé, dès l'abord, de l'air fin et équivoque qui caractérise leur physionomie. Causent-ils ensemble, même sur des sujets indifférens? on les soupçonnerait de vouloir se tromper l'un l'autre. Chacun des interlocuteurs s'applique à éviter le piége dont il se méfie, et s'efforce, en même tems, de couvrir celui qu'il a dressé lui-même. S'il vous adresse la parole, sa prunelle vacille, et fuit sous ses paupières. La pensée qu'il exprime n'est pas celle qui l'occupe : celle-ci, il la garde pour lui seul; et il n'a d'autre intention que de pénétrer la vôtre. Puis, instruit de ce qu'il voulait savoir, il se hâte de porter ailleurs sa curiosité et ses finesses. J'en ai connu dont j'aurais recherché l'amitié, et d'autres aussi qui ne m'ont que trop induit à abonder dans mon sens.

Par exemple, les qualités personnelles du ministre des finances Corvetto, sont couvertes d'un vernis qui sent sa terre natale. Sans doute, il ne se peut pas de plus honnête homme; et pourtant son désintéressement bien véritable, a quelque chose de gêné. Sa douceur cache quelquefois de la ténacité. La bonhomie qu'il affecte vient toujours à l'aide de je ne sais quelle dissimulation naturelle dont il s'embarrasse par momens. Il pousse la flatterie au-delà de toutes les bornes, aussi indifférent à se laisser suspecter de servilité, qu'à craindre d'offenser par l'excès de ses adulations. « Puisque vous êtes plus grand que César, disait-il à Napoléon, lors de son entrée à Gênes, dans une audience où il défendait la cause de son pays, vous devez changer sa devise, et dire : *Je suis venu; j'ai vu; j'ai fait des heureux.* » Ce peu de paroles et sa renommée d'avocat distingué, lui ouvrirent les portes du conseil-d'état français. Dans notre langue, qui n'est pas la sienne, il s'énonce avec élégance et pureté. Une grande propriété d'expressions, commune d'ailleurs aux étrangers que la synonymie ne peut point égarer, se fait remarquer dans ses discours dont les formes sont en général polies. Mais, sous l'apparence de chercher des mots qu'il sait bien, il prend le tems d'étudier sa pensée, et d'observer l'effet de ce qu'il vient de dire. Parle-t-il devant nos chambres législatives ? Si la majorité partage son opinion, une sorte de hardiesse anime tout-à-coup son maintien, se mêle à son geste, et passe dans l'ensemble de son discours. Argumente-t-il, au contraire, dans un sens combattu ? Ses raisonnemens deviennent contraints, leur enveloppe s'épaissit. Connaissant que le fond peut blesser, les soins qu'il multiplie pour émousser, pour adoucir la forme, rendent son élocution laborieuse. Craignant de ne point persuader, il veut émouvoir : sa voix alors prend un accent mélancolique et valétudinaire; elle semble expirer sur ses lèvres. Il s'énonce de manière que l'on puisse attribuer à sa mauvaise santé, la faiblesse des moyens qu'il emploie pour faire partager sa conviction. Puis, se reposant sur la compassion qu'il croit avoir inspirée, après quelques éloges donnés à Louis XVIII, avec un attendrissement auquel les larmes ne manquent guère, il descend péniblement de la tribune, s'appuyant sur tout ce qui se trouve sur son passage, se traînant lentement à sa place, s'y faisant quelquefois aider par un huissier. Il s'assied; et après s'être essuyé le front, il se plaint du dépérissement de ses forces, de la surcharge de son emploi, et reçoit avec effusion, les complimens et les témoignages d'intérêt de ses voisins. Son espoir est qu'on lui cédera de peur de l'affliger ou d'aggraver son mal.

Hors de la ville, à peu de distance, sur le penchant d'une riante colline, est une maison de plaisance nommée *lo Scoglietto*. Elle domine le faubourg de Saint-Pierre-d'Arène. On entre par une grille en fer. La maison est petite, mais d'un extérieur propre et recherché. Des statues décorent la façade. Le parc, ou plutôt le jardin se dessine par étages, selon l'inclinaison du sol. Du point le plus élevé, une source s'épanche.

Son eau, descendant par cascades ou sous la forme d'un ruisseau rapide, jusque sur la première terrasse, y alimente une fontaine et un bassin. Là, tout autour, sont des plate-bandes garnies de fleurs. Des sentiers ombragés d'arbousiers, de lauriers-thym et de jasmins, conduisent à un étage supérieur, où l'on trouve un salon orné de glaces, et de meubles propres au repos. Chacune des terrasses est soutenue par des murs couverts d'orangers en espalier, qui dans ce moment sont chargés de fruits et se disposent à fleurir. De nouvelles allées plus ou moins escarpées, puis quelques degrés précèdent un belvéder dont la vue est ravissante. Elle embrasse à la fois la ville, la rivière de Gênes et la mer. C'est un tableau magnifique, dont la lumière des différentes heures du jour, varie à l'infini les effets. Un devoir d'amitié m'a amené dans cette retraite charmante. Longtems j'y fus attendu par une hospitalité chérie. Mon cœur a battu en y entrant. Je cherchais la place occupée le plus souvent par celle qui désira de m'y accueillir, et que j'aurais été si heureux d'y rencontrer. J'aurais voulu que rien n'y fût changé; que son livre préféré, quelque ouvrage commencé, un billet à moitié écrit, m'annonçassent sa prochaine venue. Tout entier au souvenir de momens écoulés déjà depuis longtems, mais non jamais oubliés, j'aurais aimé à entendre le son de sa voix; à retrouver sa causerie enjouée et spirituelle, sa gaîté tranquille, et le calme de ses manières. Maintenant c'est le ministre de la Grande-Bretagne à Turin, qui a loué cet ermitage. Il y vient passer la belle saison. Qu'aurais-je encore à y faire? Il n'y a rien là pour nous. Le nom d'un Anglais ne suffit-il pas à lui seul, pour désenchanter un Français de ses plus chères illusions?

Ni la salle de Saint-Augustin où l'on joue l'opéra, ni le théâtre *Campetto* exclusivement réservé à des tragédies et à des comédies, représentées pour les pauvres par des comédiens bourgeois, ne sont dignes de la curiosité d'un étranger. A la sortie, en place de voitures, il n'y a que des chaises à porteur, nommées *portantine*. Cet usage aussi humiliant pour l'homme qui se fait porter par un autre, que pour celui qui le porte, existait au tems de la république. Il est vrai que si la forme du gouvernement génois avait la liberté pour base, l'égalité et la dignité de l'homme n'y étaient pas moins modifiées qu'à Venise.

L'HIVER A GÈNES. — LA CATHÉDRALE.
L'ÉGLISE DE CARIGNAN.

Gènes, 13 janvier 1820.

Une tempête affreuse a éclaté cette nuit. Le vent de tramontane a couvert la terre de neige et de débris. Il souffle encore si violemment, la mer est tellement agitée, qu'aucun bateau n'ose sortir du port. Il fait un froid excessif. Les rues sont désertes. La population inaccoutumée à ces rigueurs hivernales, craint de se montrer. Ce n'est pas un tems propre aux costumes légers du pays, ni aux grâces de la coquetterie, ni aux agaceries des jolies Génoises. Personne n'avait prévu cette température presque inconnue; et, quoique les maisons offrent peu de ressources pour s'en préserver, chacun s'y claquemure et s'y accommode de son mieux. Le climat ne tardera pas à triompher de cette invasion passagère. En attendant, combien on redoute les ravages qu'elle aura faits dans la campagne! On a déjà la nouvelle que les orangers, les figuiers et les amandiers de Nervi et de ses environs ont gelé. Leurs fruits, la seule richesse de ce canton, sont l'objet d'une exportation considérable; et cet événement causera un dommage long à réparer. On ne connaît pas encore le sort des oliviers. Le seul soupçon qu'ils aient été atteints par la froidure, répand d'avance une consternation générale. En voyant ainsi s'évanouir les revenus agricoles de l'année, il n'est pas un habitant qui ne repasse en lui-même, les charges publiques qu'il doit acquitter; et qui, après avoir fait la part du fisc, effrayé des privations et peut-être de la misère qui le menacent, ne se sente porté à accuser le gouvernement actuel. De là des plaintes sans nombre, des comparaisons défavorables au nouvel état de choses, à ceux qui l'ont amené, et au système à l'aide duquel on cherche à le consolider. Encore si le commerce maritime avait quelque activité, s'il promettait des compensations, serait-il possible de se consoler. Cette source de produits suppléerait à celle qui va tarir. Mais les divers états de l'Italie ayant adopté la loi des prohibitions réciproques, les approvisionnemens se bornent à la consommation locale. La fraude reste, comme le seul moyen d'étendre les relations mercantiles. Or, indépendamment de la corruption morale qu'elle introduit parmi le peuple et des peines qui la punissent, elle n'offre qu'un faible palliatif à des maux qui s'aggravent chaque jour, et qui menacent Gênes d'une ruine totale.

Entrons dans la cathédrale. La grande nef se prolonge entre deux colonnades à double étage qui soutiennent le plafond, et sur lesquelles reposent des arcs d'une courbure élégante. Cette décoration a de la grâce et de la légèreté. Toutefois les suffrages des artistes ne sont pas unanimes à son sujet. Elle est le texte banal de discussions journalières, qu'on ne peut comparer qu'aux éternels débats des littérateurs français, sur la prééminence de Corneille et de Racine. Peut-être ici, comme à Paris, chacun est-il également fondé dans son opinion.

Un prince de la maison de Carignan a bâti une église à laquelle il a donné son nom. L'architecture en est sévère. On y arrive par un pont qui réunit deux collines enclavées dans la partie méridionale de la ville, franchit la vallée qui les sépare, et s'élève au-dessus des maisons du voisinage. Cette double dépense ne doit point être attribuée au vain luxe d'une famille riche et puissante. Elle eut pour objet de faciliter les communications entre un quartier populeux et le centre de Gênes, et d'éviter à ses habitans, la peine d'aller, dans les saints jours, chercher au loin l'office divin. Les Français ne peuvent se dispenser de visiter ces monumens. Ils trouveront dans la basilique, deux statues du Puget leur compatriote. L'une est le portrait de l'évêque Alexandre Sævoli de la maison de Carignan. De lourdes draperies pèsent sur cette figure maigre et fluette; et ses traits ne répondent nullement à l'exaltation pieuse, au religieux enthousiasme qu'annoncent son geste et son attitude. Elle ne porte aucune empreinte du génie de son auteur : mais il va briller de tout son éclat dans une image de saint Sébastien mourant. Le martyr est lié par les bras, au tronc d'un arbre. Affaibli par les blessures qu'il a reçues, atteint d'une flèche mortelle, son beau corps est près de s'affaisser; ses genoux fléchissent; les forces physiques l'abandonnent; il va succomber. Encore un moment, et vous assisterez à son dernier soupir. Il n'est plus soutenu que par une force surnaturelle. Sa foi triomphe des bourreaux. Une sainte espérance l'encourage. Les vœux qu'il formait, sont exaucés. La terre n'a plus pour lui, ni liens, ni souffrances : son ame est déjà heureuse. Combien ce marbre a d'expression et de sentiment! Que les contours en sont souples, naturels! Ses formes rappellent l'antique. On y retrouve toutes les qualités qui font du *Milon de Crotone* un chef-d'œuvre digne des plus beaux tems de la Grèce. L'on y reconnaît enfin le Michel-Ange français, celui que Colbert rendit à la France, à qui Louis XIV avait donné le surnom d'*inimitable*, et que ses propres rivaux ne pouvaient s'empêcher d'admirer.

L'ÉCOLE DES SOURDS-MUETS.
LE PALAIS DURAZZO. — LE PALAIS SERRA. — L'ASILE DES PAUVRES. LES FORTIFICATIONS. — LE BISAGNO.

Gênes, 14 janvier 1820.

L'école des sourds-muets établie à Gênes, jouit de quelque célébrité. L'instituteur qui en dirige l'enseignement, se recommande autant par son instruction que par sa philantropie. Il est malade en ce moment ; personne ne le remplace ; le cours de ses leçons est suspendu. La maison qu'il habite avec ses élèves, donne sur la seule promenade publique de la ville. Le gouvernement vient d'y joindre une église vacante qui en est peu éloignée. On y fait les dispositions nécessaires pour l'approprier à ce nouvel usage. Elle augmentera les moyens d'étendre beaucoup les bienfaits d'une institution si utile à l'humanité.

On croirait chaque Génois propriétaire des palais de sa ville natale, tant ils sont tous jaloux de les montrer. Vous n'en rencontrez pas un, à quelque classe qu'il appartienne, qui ne vous invite à visiter ces riches demeures. « Êtes-vous entré dans les palais Durazzo et Serra? » vous demande-t-on. Et si vous répondez négativement, on se récrie sur cet oubli que vous ne sauriez trop tôt réparer. « Ce sont des merveilles, se hâte-t-on d'ajouter. La matière y surpasse le travail. Le bon goût y est égal à la richesse. » Comment résister, quand on ne voyage que par curiosité?

Le palais Durazzo est immense. Le roi de Sardaigne qui passe chaque année le printems à Gênes, y prend ses logemens. Cette demeure patricienne convient à la représentation royale. Son ameublement a de la magnificence. On y voit de beaux tableaux. Le plus remarquable est un Paul Véronèse, où se retrouvent les qualités de ce maître, sans aucun des écarts qu'on lui reproche. Madeleine prosternée aux pieds du Christ, les arrose de parfums et de larmes. Son attitude est pleine d'amour et de dévouement. Assis et s'inclinant vers elle, Jésus lui tend la main avec une bonté ineffable. C'est le triomphe du repentir et de la grâce. Il est inutile d'ajouter que les accessoires rehausseraient, s'il était possible, le mérite de cette composition.

On entre dans le palais Serra par un vestibule de marbre blanc, où les passans ne s'abstiennent de déposer aucune ordure, pour grossière qu'elle soit. Un escalier, également en marbre, conduit au premier étage. Là, vous êtes introduit dans un salon circulaire, la pièce curieuse de cette habitation si vantée. De grosses colonnes surmontées d'une frise et d'une corniche, et couronnées d'une coupole, en composent l'ensemble. Le tout est doré en or de plusieurs nuances. Des glaces d'une proportion et d'une qualité médiocres, semblables à celles de Venise, remplissent les entre-colonnemens. Les draperies sont en soie, et bordées de crépines d'or. L'œil ne peut se reposer nulle part, de l'éclat et des reflets qui l'éblouissent. Tous ces ornemens, enseigne d'un coffre-fort bien garni, sont d'un effet trop matériel. Le prix qu'ils ont coûté eût payé des objets d'une beauté plus réelle. Le maître est tombé en démence. Était-il plus raisonnable, quand il affichait un luxe si dispendieux? Au reste, personne ne se livre plus à de pareilles prodigalités. La mode de bâtir a passé. Témoins des agitations populaires de ces derniers tems, les riches craignent d'exciter l'envie, et sacrifient à cette crainte, et peut-être à quelque avarice, le bonheur de procurer du travail aux ouvriers et aux pauvres. Les fortunes anciennes sont amoindries ou se cachent. Il ne s'en fait point de nouvelles.

Quel édifice vaste, imposant, magnifique s'offre à nos regards? A quels princes de la terre est-il réservé? Quels citoyens seraient assez opulens pour l'habiter? Sur le frontispice on a gravé ces mots : *Albergo dei poveri*. Cette façade, ces colonnes, ces murs de marbre, sont l'asile des pauvres! Aux tems fortunés de la république, lorsque le commerce du Levant accumulait dans Gênes d'immenses profits, la charité des riches patriciens érigea ce monument aux plébéiens indigens. Les dons, les legs, les offrandes ne manquaient pas à cette fondation. Sa dotation augmentait journellement. On l'intéressait dans les entreprises heureuses. Les négocians lui assignaient une part dans leurs armemens. Chacun briguait la gloire de s'inscrire parmi ses bienfaiteurs. Quatre chefs de famille y contribuèrent seuls, pour plus d'un million de livres. Il devait contenir trois mille individus. Les sexes et les âges y étaient répartis dans des emplacemens séparés. Pour être admis dans ce palais somptueux, il suffisait de ne savoir où reposer sa tête, de n'avoir ni parens, ni abri, ni appui, ni pain. Aucune contrainte n'était imposée à ceux qui s'y présentaient. En entrant ils recevaient tout ce qui leur était nécessaire. Sortaient-ils ? on pourvoyait à leur établissement. Ainsi une bienfaisance éclairée cherchait à réparer les inégalités de la fortune. Aujourd'hui, cet hospice se trouve atteint par le même revers qui menace la prospérité du pays. La charge de l'asile des pauvres est échue au trésor royal. Ceux qui s'y réfugient, ne font plus que changer de misère; et le luxe de cette maison d'aumônes, rend encore plus hideuse la détresse qui y règne. Qu'attendre d'un gouvernement absolu ?

J'ai voulu parcourir la ligne des forts qui défendront Gênes du côté de la terre. Ils se suivent presque sans interruption. Leur système, pour autant que je puis m'y connaître, m'en paraît étrangement compliqué. Chacun des glacis et des fossés de la moindre de ces fortifications, oblige à des circuits qui en prolongent la visite, et la rendent à la fois fastidieuse et fatigante. On y pourrait faire un cours de la défense des places. Il y en a d'anciennes, de modernes, et d'autres qui ne sont pas terminées. De quoi cherche à se préserver S. M. le roi de Sardaigne? Contre qui compte-t-il ainsi se défendre? Dans sa grotesque ardeur de guerroyer, quels ennemis se propose-t-il de combattre? On rit d'un nain qui se met en garde contre des géans. Un congrès lui a donné Gênes; un congrès le lui ôtera : et sa convenance ne sera pas plus consultée alors, qu'elle ne l'a été auparavant. D'autres intérêts l'emporteront sur les siens. Pour nous être trop approchés d'une construction nouvelle, le corps de la place a pris aussitôt les armes. La garde est sortie, a marché sur nous, et nous a forcés de rétrograder; mais malgré les rodomontades du caporal, je dois dire, pour la fidélité de l'histoire, que notre retraite s'est opérée en bon ordre.

En revenant sur nos pas, nous avons aperçu le Bisagno, second fleuve latéral de Gênes. Son lit est à sec, comme celui de la Polcévéra. Une grande route tracée le long de sa rive droite, aurait conduit à Plaisance sans franchir la Bocchetta. Les Français l'avaient commencée. A deux lieues de là elle s'interrompt. Napoléon n'a pas eu le tems de la pousser plus loin; et les travaux en ont été abandonnés par Victor-Emmanuel. Les Génois n'y passent pas sans ressentir un retour d'affection pour la France et d'éloignement pour le Piémont.

LE DÉPART DE GÊNES. — MARENGO. — ALEXANDRIE.

Alexandrie, 15 janvier 1820.

Le froid me chasse de Gênes. Je me dirige vers Turin, par la même route de la Bocchetta que j'ai suivie en venant ici. Le vent du nord continue de souffler violemment. Loin d'en être agitée, la mer est dans un calme parfait. Ce spectacle qui, dit-on, se renouvelle souvent, paraît toujours plus curieux. Les habitans se réunissent sur le rivage pour le contempler. Le contraste de l'azur paisible du golfe et du silence des flots qui meurent sur le sable, avec le passage rapide des nuages, et l'air qui siffle de toutes parts, lançant avec force les flocons d'une abondante neige, rappelle ces grandes ames que n'émeuvent ni les fureurs des peuples, ni l'injustice des tyrans, ni les fléaux de la nature, ni les rigueurs de la fortune [1].

A mesure que nous avançons vers Campo-

---

[1] Hor., liv. III, od. 3.

Marone, la neige devient plus épaisse. Au-delà, les champs en sont entièrement couverts. Elle encombre les ravins, et, déguisant leurs profondeurs, en fait autant de piéges pour les hommes et pour les animaux. Les branches des arbres plient sous son poids. Les toitures en sont chargées. Elle obstrue les portes des maisons, et s'attache en glaçons aux vitres des fenêtres, qu'elle obscurcit de mille dessins bizarres. La route elle-même a disparu. On n'en reconnaît plus la trace, qu'aux longs pieux qui bordent les précipices. Des tourbillons mêlés d'aiguilles de glace, augmentent les difficultés du passage de la montagne. Le pas des chevaux en est ralenti. Serrés dans leurs manteaux, les postillons ont peine à exciter l'attelage. Mais dès que le sommet est franchi, les obstacles diminuent. Un bon feu nous les fait oublier à Voltaggio; et nous partons pour Alexandrie, dont on prend le chemin à Novi.

Marengo, village peu éloigné de la Bormida, sépare ces deux villes. Il donna son nom à un département de l'Italie, après qu'il eut été illustré par les événemens mémorables dont la plaine qui l'avoisine, fut le témoin. Deux armées y combattirent vaillamment. L'habileté des chefs, le sang-froid et la présence d'esprit de leurs lieutenans se signalèrent. Des héros, dignes fils de notre France, périrent dans la mêlée comme de simples soldats : et leur renommée égale les regrets qu'ils laissèrent. Long-tems la victoire était restée indécise. Croyant avoir perdu le champ de bataille, chacun le quittait alternativement. Enfin il demeura au drapeau tricolore; et de ce jour, commença ce siècle de quatorze ans, dont les annales du monde n'offrent aucun exemple, ni pour les succès qui l'ont immortalisé, ni pour les revers qui le terminèrent, ni pour le grand capitaine qui l'a rempli de sa gloire, et dont l'existence est menacée par les horreurs d'une odieuse captivité. Voyez ces campagnes, ces hauteurs, ce village, ces positions, où se sont accomplies tant de destinées héroïques. La scène se passe en présence de la Bormida et du Tanaro, qui protégeront tour à tour les camps opposés, ou pourront leur devenir funestes. Les Français sont commandés par Bonaparte, Murat, Desaix, Boudet, Monnier, Gardanne, Victor, Lannes, Kellermann, Chambarlhac, Champeaux, Carra-Saint-Cyr : noms glorieux, dont la plupart n'appartiennent plus qu'à l'histoire de notre république. Soldats, officiers, tous vont disputer d'ardeur. A la tête des ennemis figurent des guerriers experts dans l'art de la guerre : Mélas, Esnitz, Keim, Ott et Haddick. Les troupes soumises à leurs ordres, se composent d'Autrichiens, de Tyroliens, de Hongrois. Les Français sont seuls de leur côté. Ils n'ont d'alliés que leurs armes et leur courage : et plût aux destins de la patrie qu'ils n'en eussent jamais eu d'autres ! Après avoir triomphé des Alpes, ils ont traversé la Lombardie en vainqueurs, et rétabli la république Cisalpine. Ces succès inouis excitent l'enthousiasme des Italiens, et frappent d'étonnement l'armée ennemie. Laissons de côté les dispositions militaires et les incertitudes de la victoire pendant cette journée de combats sanglans, acharnés, sans cesse renaissans, où la mort, parcourant tous les rangs, passe de l'un à l'autre avec la rapidité de la foudre, et suffit à peine à la rage comme à la valeur des combattans. Ne voyons que l'immense résultat de la marche savante de Napoléon, couronnée par la destruction de l'armée d'Autriche et son expulsion hors de la Lombardie. La conquête de la péninsule qui avait coûté à Kray, Suwarow et Mélas plusieurs mois de travaux, fut pour notre premier consul l'ouvrage d'un seul jour.

Les approches d'Alexandrie ressemblent à celles d'une forteresse. Cette ville située sur la rive droite du Tanaro, était d'une grande importance dans la topographie des combinaisons militaires de Bonaparte. Il l'avait fortifiée avec un soin particulier. Elle ne paraît pas avoir subi de changemens. Les ouvrages avancés s'étendent loin de l'enceinte de la ville. On n'y parvient qu'à travers les brèches de plusieurs remparts successifs, ouvertes dans diverses directions. Les portes qui la ferment sont défendues par des ponts-levis suspendus sur des fossés profonds, et par des herses cachées dans l'épaisseur de la maçonnerie. Ces nombreuses barrières gardées par des soldats placés sur toutes les hauteurs, ne se franchissent pas sans répugnance. On craint de ne trouver au-dedans que la perte de sa liberté. L'aspect des maisons est lugubre. Les habitans eux-mêmes, bien que familiarisés avec ces étroites clôtures, en ont contracté un extérieur de gravité et de tristesse, que soi-même, on a peine à ne pas prendre en les voyant. La citadelle est assise sur la rive gauche du fleuve. En 1799, Gardanne s'illustra en s'y maintenant avec une faible garnison, malgré les efforts d'un corps austro-russe de vingt mille hommes, commandé par Bellegarde. Nos dernières défaites mettaient les armées républicaines dans l'impossibilité de le secourir. Il le savait; mais n'écoutant que son dévouement et celui de ses soldats, il opposa la plus brillante résistance. Le 17 juillet, lorsqu'il capitula, il ne lui restait de sa nombreuse artillerie que quatre canons. Il n'avait plus de projectiles dans ses magasins. La majeure partie de ses artilleurs étaient morts ou blessés; et la poignée de braves qui pouvaient encore servir, retirée au centre de la place, n'avait d'autre ressource qu'une mort certaine. On lui accorda les conditions les plus honorables; et il obtint de revenir en France sur sa parole. Les champs de Marengo effacèrent cet échec, et tous ceux que l'impéritie du Directoire nous avait fait éprouver.

LA ROUTE D'ALEXANDRIE A TURIN.
TURIN. — LE ROI ET LA REINE DE SARDAIGNE.
OBSERVATIONS POLITIQUES.

Turin, 16 janvier 1820.

D'Alexandrie à Asti, le sol est d'une égalité monotone. Cette vaste plaine offre dans sa culture, la même uniformité. De tous côtés s'étendent des champs de céréales bordés de mûriers. Après la Gambetta, relais de poste, le pays change d'aspect. Le voisinage des montagnes donne aux sites quelque variété. En approchant de Truffarello, station qui précède Turin, les Alpes que nous entrevoyons à peine à travers d'épais brouillards, commencent à se dessiner dans le lointain. Leurs masses obscurcies par la sombre verdure des sapins, se détachent parmi les nuages gris que les vents balayent à leur surface. Les pics chargés de neige, marquent de loin à loin, les sommités de ce tableau. Celui du mont Viso les surpasse tous. Il vient de s'éclairer des rayons du soleil couchant. Les flots de lumière qui se répandent dans l'espace, semblent sortir de son sein. On dirait un torrent de lave enflammée qui coule du sommet d'un volcan. Cette illusion n'a duré que quelques secondes. Telle que les feux d'un météore, elle s'est évanouie tout-à-coup. Le soleil en s'abaissant a redoublé l'obscurité qu'il avait dissipée un moment. La nuit approche; et déjà elle règne dans le fond des vallées.

Un demi-jour nous éclairera jusqu'à Turin. Voici Moncagliéri, village cité pour son agréable exposition, et pour la maison royale à laquelle il donne son nom. La saison ne nous permettra pas de le visiter. On descend du coteau sur lequel il est bâti, par une avenue qui côtoie la rive droite du Pô, et longe la riante colline de Turin, parsemée de maisons de plaisance. Nous passons devant le faubourg méridional de la ville, à l'extrémité duquel se trouve une autre *villa* royale, nommée *le Valentin*. Des deux jardins qui en dépendent, l'un sert de promenade, et l'autre est consacré à une école de botanique, fondée par une princesse française. Enfin, nous traversons le Pô, sur un beau pont en pierre, simple, solide, parallèle à l'horizon, et dont les arches n'ont presque pas de courbure. C'est celui que l'on proposait à Victor-Emmanuel de démolir, pour ôter de l'intérieur de la maçonnerie, tout ce qui pouvait rappeler son interrègne et le gouvernement du prince Borghèse. Le calcul des dépenses, le danger de l'opération, et un peu la crainte du ridicule, furent de meilleurs conseillers. On ne fouilla point les culées séditieuses. Le pont des Français a été respecté; et la cour elle-même daigne y passer sans répugnance.

La rue du Pô lui fait suite. Elle est longue de quatre cents toises, droite, large, ornée de portiques d'une belle proportion. A l'entrée de chacune des rues transversales qui y aboutissent, on doit construire des arcs qui donneront la facilité de la parcourir à couvert, dans toute son étendue. Elle conduit à la place du château, où se trouve une auberge tenue par un Français, fort fréquentée, et peu digne de la bonne réputation dont elle jouit.

Le théâtre de Turin est l'un des plus beaux de l'Italie, et même d'Europe. Moins spacieux que ceux de Naples et de Milan, il prend rang après eux. Quoique d'un goût suranné, sa décoration intérieure est plus recherchée que celle de la Scala. On regrette que l'architecte y ait entremêlé de lourdes consoles qui interrompent la régularité des lignes, et dont les ombres portées font autant de taches noires d'un effet désagréable. La scène seule est éclairée. Le deuil actuel de la cour, que suivent scrupuleusement les locataires des loges, répand dans la salle, une teinte lugubre. On les prendrait plutôt pour des assistans à un convoi, que pour une réunion d'amateurs de musique, de danse, de distraction et de plaisirs.

La famille royale honorait le spectacle, de sa présence. Elle y manque rarement. La reine Marie-Thérèse-Josèphe d'Autriche-Modène étalait dans son fauteuil un embonpoint remarquable. Sa toilette est plus jeune que son âge. Elle a le regard fier et dédaigneux. Sa tête haute affecte l'habitude du commandement. Elle a en effet la réputation d'être impérieuse, et de se mêler de gouvernement et d'affaires publiques. Le ministre qui lui montre le plus de déférence et de soumission, acquiert une prépondérance équivalente dans les conseils de la couronne, par l'appui du roi dont elle dispose à son gré. Parce qu'elle porte le nom de Marie-Thérèse, elle croit avoir, dans le caractère, quelques-uns des traits de cette impératrice que, dans un accès d'enthousiasme, les Hongrois nommèrent leur roi. Le peuple n'est guère regardé par elle, que comme un troupeau né pour être tondu. Le peu de cas qu'elle fait de l'humanité, n'admet de rares exceptions qu'en faveur de la noblesse; jusque-là qu'au théâtre même, elle a voulu distribuer les places selon les titres. C'est sur le nombre des quartiers qu'elle a assigné le rang des loges; et les demi-nobles ont été relégués par elle aux plus hauts étages.

Le roi a bien voulu se montrer aussi. Il a soixante-un ans. Il est d'une taille ordinaire, et fluet jusqu'au ridicule. Ses gestes sont vifs, brefs et fréquens. Sans cesse on le voit se mouvoir subitement, sans but comme sans motif, glissant ou sautant d'un endroit à un autre, selon le degré de l'empressement inutile qui le pousse. Il n'a l'air ni riant, ni sérieux, ni gai, ni triste, ni occupé de quoi que ce soit. Ses traits rassemblés dans le bas de sa figure étroite, y forment un ensemble de saillies, de creux et de rides, qui, lorsqu'il vient à parler, grimace sans expression. Au-dessus se déploie un front penché en arrière, et qui paraît vide d'idées et de sens. Le genre de frisure poudrée à blanc qu'il a adopté, augmente encore l'insignifiance de sa physionomie. Par-devant, les racines de ses cheveux sont dressées à grand renfort de pommade. Ses faces plaquées de même, se terminent par un petit bourlet qui dépasse un peu le bout de l'oreille. Le reste étroitement serré en queue près de l'occiput, suit d'une façon grotesque le moindre mouvement de sa tête. Il porte l'habit militaire, strictement boutonné du haut en bas. Des broderies et des galons d'or en couvrent presque entièrement l'étoffe. Sur le haut des manches se boursoufflent de grosses épaulettes à étoiles et à graines d'épinards. La boutonnière supérieure est garnie d'un assortiment de rubans, à la suite duquel brillent des plaques de différens ordres nationaux et étrangers. Son épée royale, passée dans un ceinturon doré, est courte; et de la garde pend une longue dragonne. Il représente au sérieux, l'une des plus gaies caricatures de nos vieux gouverneurs de comédie.

A regarder le parterre et les loges, on se croirait dans une place d'armes, tant les militaires y abondent. Ce n'est partout qu'uniformes de toutes les coupes et de toutes les couleurs. Avec tant d'officiers, il y aurait de quoi remplir les cadres d'une armée de deux cent mille hommes.

On assure que dans les autres villes du royaume ils ne sont pas moins nombreux. Jeunes, vieux, de moyen âge, tous les nobles sardes ont pris ou accepté du service. Le ban et l'arrière-ban sont convoqués, et prêts à vivre sous la tente. La guerre contre les libéraux est de mode, comme aux tems des croisades la destruction des infidèles. Puisse Victor-Emmanuel n'avoir pas le même sort que saint Louis ! Un écolier quitte-t-il les bancs du collége ? on lui met aussitôt sur le dos, l'habit d'un régiment. Il est ceint d'un baudrier, muni d'un sabre aussi grand que lui : et voilà un officier tout armé et équipé qui sort du crâne mesquin de S. M. Sarde, comme Minerve du cerveau de Jupiter. Quelque gothique hobereau vient-il à éprouver un intervalle de rhumatisme ou de goutte ? il prend sa cape et sa vieille épée, et par une sorte de métempsycose, ce châtelain suranné se trouve aussitôt métamorphosé en général, en colonel, en major, en commandant de quelque espèce. L'attirail guerrier est de rigueur et à l'ordre du jour. La queue, prescrite par les anciennes ordonnances, a été remise en usage. Le roi s'est soumis à cette règle, et son exemple est presque généralement suivi.

Dans les premiers momens de la restauration, un courtisan eut la hardiesse de s'y soustraire. Les familiers du trône en conçurent de vives inquiétudes, qui cependant se sont calmées. Un jour, au lever, le comte de R., ami de Victor-Emmanuel, compagnon de ses infortunes et de sa gloire récente, se présenta avec les cheveux coupés à la titus. A cette vue chacun prit l'alarme. Une pareille imprudence ne pouvait-elle pas amener quelque révolution nouvelle? L'étiquette était compromise. Le prestige du trône se dissipait. Le sans-façon venait de faire un pas de géant, et devait à sa suite amener l'insubordination. La colère, la contrainte, la terreur se lisaient sur tous les visages. Il y eut même des regards qui se tournèrent vers la Sardaigne, asile éprouvé contre les novateurs. Toutefois personne n'osait parler. On attendait que le roi se prononçât dans une conjoncture si critique et si épineuse. « Comte de R., dit S. M. avec un sourire bienveillant, je regrette que mon âge ne me permette pas de vous imiter. Cette coiffure est propre et commode, et ne préjuge rien sur les opinions ni sur les sentimens de ceux qui l'adoptent. Quoique je connaisse tout le danger des innovations, je ne saurais m'inquiéter de choses aussi futiles. » Parmi les auditeurs, il y en eut qui appuyèrent hautement ces paroles. Quelques-uns ne doutèrent point que les colonnes de la monarchie ne fussent menacées d'une ruine prochaine. Mais le plus grand nombre s'applaudit d'avoir gardé le silence. En effet le comte de R. joignait à la puissante protection de la reine, la confiance entière du roi. Il y avait peu de sûreté à contrôler ses moindres actions. Il régnait, comme il règne aujourd'hui. Toutes les affaires lui sont soumises. Il défend, ordonne, décide à son gré. Les ministres travaillent avec lui; et ses résolutions sont exécutées quelquefois sans l'approbation du roi, et même avant que S. M. en soit instruite.

Tels sont les bruits publics de Turin. Et ne croyez pas que les Piémontais voyent d'un œil plus favorable que les Génois, le retour de leur ancien régime. La nouvelle organisation militaire excite surtout leur censure. Elle heurte leurs opinions, comme leur amour-propre et leur ambition en sont blessés. Ils la trouvent à la fois disproportionnée avec les besoins du pays et trop dispendieuse. Tous ces grades sans emploi et sans capacité, leur semblent chers à solder. Ils paient jusqu'à ce qu'ils puissent faire autrement, ou qu'il s'offre une occasion de secouer le joug. Leur mauvaise humeur s'exhale à la française, en chansons, en railleries; et les casernes ne sont pas plus discrètes, ni moins irrévérentieuses que les salons bourgeois, les carrefours et les places publiques. « S'il fallait se battre, disent les soldats, nous exigerions que l'avancement devînt le prix des services, et que tous y fussent également admis. Les vieux officiers ne pourraient nous mener en campagne. Aux jeunes incapables, les exemptions ne manqueraient pas. Quant aux braves ennoblis sous les drapeaux de la France, ils ne verseraient point leur sang pour un gouvernement qui les méprise et les humilie. » Ces opinions sont le résumé de tout ce que j'entends dire et répéter à satiété. Ici, comme dans toute l'Italie, l'accent français suffit pour vous initier dans la confidence de tous les mécontentemens. Il n'est pas douteux que les abus des monarchies absolues ne doivent avoir un terme, ainsi que l'ont eu les fureurs populaires. Tôt ou tard, il en faudra venir à des constitutions libérales, octroyées ou reçues par les rois : et le Piémont ne sera pas plus exempt de cette nécessité que les autres états de la Péninsule. Les baïonnettes autrichiennes ne suffiront pas toujours pour réprimer ce besoin des peuples, qui devient à chaque instant plus impérieux, et ne doit bientôt plus rencontrer d'opposition [1].

---

[1] Le 1er mars 1821, la garnison d'Alexandrie se livra à des mouvemens insurrectionnels. Victor-Emmanuel abdiqua le 12. Le 10 avril suivant les troupes autrichiennes entrèrent dans le Piémont ; et Charles-Félix duc de Génevois, frère de Victor-Emmanuel, monta sur le trône de Sardaigne. Le Piémont ne jouit pas encore d'une constitution libérale, tant s'en faut ; mais les causes de la dernière révolution piémontaise sont-elles anéanties ? Gênes a-t-elle entièrement oublié son indépendance ? La nation française compte-t-elle moins de partisans en Savoie ? Peut-être l'examen sérieux de ces questions aurait-il donné d'autres conseils que ceux qui ont été suivis. L'avenir dira seul ce qu'il eût été plus sage de faire.

TURIN. — OBSERVATIONS POLITIQUES.
SOUVENIRS DU COMTE DE LAVILLE.

Turin, 17 janvier 1820.

Turin, capitale du Piémont et des états du roi de Sardaigne, n'a pas beaucoup d'étendue. Aux inconvéniens d'une grande et d'une petite ville, elle joint ceux d'une place de guerre. Les airs de la cour, les caquets de la ville, et la morgue militaire en rendent le séjour peu agréable. Elle plaît par sa position et sa régularité. Bâtie au pied des montagnes, sur le Pô, et près du confluent de la petite Doire, son climat se ressent du voisinage des Alpes, des Apennins et des fleuves qui l'environnent. L'hiver y dure peu ; mais il est le plus souvent rigoureux. En été, on y éprouve des chaleurs excessives. La température des saisons intermédiaires y est délicieuse. La plupart des rues, tirées au cordeau, se coupent à angles droits. Pour les laver et les rafraîchir, des courans rapides y sont lancés à volonté. Pendant ces inondations factices, elles deviendraient impraticables, si de larges dalles de pierre, disposées à cet effet, n'aidaient à passer d'un côté à l'autre. Ces ponts utiles aux piétons, tiennent trop de place, et embarrassent la circulation des voitures. Le dégel a commencé ce matin. On a ouvert les écluses de chasse; et en quelques minutes la neige et les glaçons qui encombraient la ville, ont été balayés.

Trois grandes rues, celle du Pô, la rue Neuve et celle de la Doire, aboutissent à la place du château, sur laquelle donnent les palais du roi et d'Aoste qui, loin de l'embellir, la défigurent par leur extérieur enfumé. Le palais d'Aoste a quatre façades. Celle qui regarde la route de France est la moins négligée. Les autres ressemblent plutôt à des murs en réparation, dont quelques-uns seraient près de tomber en ruine. Lorsque Turin appartenait à la France, c'était-là que se tenait la cour d'appel. L'escalier est imposant tant par sa grande dimension, par les colonnes, les frises, les soubassemens, les ornemens dont il est décoré, que par les proportions et la coupe des croisées qui l'éclairent. Le pallier où il s'arrête, repose sur une voûte si légère et si plate, qu'on le croirait suspendu et ne tenant à rien.

Le palais du roi placé dans un enfoncement, offre un aspect encore plus désagréable. Il est construit en briques dont les joints ne sont pas réparés. Aucun ravalement ne cache cette maçonnerie incomplète. Les trous pratiqués pour recevoir les appuis des échafauds, n'ont pas même été bouchés. On dirait que, pour se loger, les maîtres viennent de renvoyer les maçons. Tout cela sent la précipitation d'un retour auquel on ne s'attendait guère. La France projetait d'embellir cette demeure royale. Il n'a pas fallu d'autres motifs pour la laisser dans un abandon complet. Plus les Piémontais inclinent vers les Français, plus leur roi témoigne d'éloignement pour tout ce qui reste d'idées françaises. Il les poursuit jusque dans les choses les plus insignifiantes, et contre son propre intérêt. Entre la France et ses états, les Alpes ne lui suffisent plus. Il a connu, à ses dépens, l'inutilité de ce rempart. En toutes choses, il voit du prosélytisme, et il le craint. Les efforts qu'il fait pour en préserver son royaume, ne le rassurent nullement. Il passe pour vivre sur son trône, comme s'il en devait être chassé demain; et il ne le cache guère. Ce n'est pas de l'appareil guerrier qu'il étale, qu'on le verrait s'aider avec succès. Le plus mince sujet de sa couronne connaît la terreur dont il est frappé, apprécie ses projets de résistance, sait les abris et les appuis qu'il se ménage, et tourne tout cela en dérision.

Le plus beau quartier de Turin, est celui qui avoisine le Pô. Il se termine par une promenade plantée de platanes. Les allées qui conduisent au rivage, offrent aux habitans, dans la belle saison, un lieu de rendez-vous qui est très-fréquenté. L'ombre et le frais qu'elles donnent, et le fleuve qui coule devant elles à petit bruit, n'en sont pas les seuls agrémens. Sur le coteau opposé, l'on voit de petites maisons de plaisance assises au milieu de jardins charmans, et ombragées de bosquets artistement plantés; puis *la Vigne de la Reine*, villa célèbre pour les beautés naturelles qui l'accompagnent. Enfin *la Superga*, église consacrée en 1706 par Victor-Amédée à son patron, pour obtenir la délivrance de sa capitale que les Français assiégeaient sous la conduite du duc de Vendôme, complète ce paysage, qui, aujourd'hui même, et malgré la neige, les brouillards et l'absence du feuillage, est d'un effet ravissant. Hélas! si depuis, les souverains du Piémont avaient voulu calmer par de semblables vœux, toutes leurs craintes, prévenir les oscillations et les interrègnes de leur puissance, quels tributs, quels impôts, quels trésors eussent pu payer tant d'offrandes et de monumens? Placés sur le chemin commun de l'ambition de deux puissans voisins, c'est dans leurs états que doivent se vider nécessairement, bien des querelles qui leur sont étrangères. Vainement imploreraient-ils la neutralité, recours impuissant des faibles ! Leur position les force de se prononcer pour l'une des parties belligérantes, et ne leur laisse aucune liberté de choisir leurs alliances. Une fois amenés violemment, ou entrés de plein gré sur le champ de bataille, ils sont promenés en vainqueurs, ou chassés en vaincus sur leur propre territoire ; et, dans la bonne comme dans la mauvaise fortune, les frais de la guerre et toutes ses horreurs demeurent à leur charge. Heureux, si, de l'invasion de leur territoire, il ne reste, parmi leurs sujets, aucune idée contraire au système de leur gouvernement, aucun germe de désobéissance, aucun besoin de changement; si des haines de parti n'altèrent pas cet esprit public, cet amour de la patrie qui unissent les citoyens d'un même pays, et créent la consistance morale, sans laquelle il n'existe point de corps de nation. De nos jours, n'est-il donc rien arrivé de semblable? Depuis un siècle, dans combien de combinaisons civiles et politiques, la Savoie et le Piémont ne sont-ils pas entrés? Combien de fois la seule ville de Turin n'a-t-elle pas été occupée? A combien de formes administratives, n'a-t-elle pas été soumise? L'Autriche, la France, la Russie, les lui ont-elles épargnées? Quel accueil ses habitans de toutes les classes, n'ont-ils pas fait aux armées triomphantes qui s'y établissaient tour à tour, empressés de se concilier par leur docilité, la bienveillance du dominateur passager que leur donnait la victoire? En 1799, lorsque Moreau la laissa forcément sans défense, Suwarow et les Austro-Russes qu'il commandait, s'en étant emparés, n'y instituèrent-ils pas une administration provisoire, durant laquelle aucun brigandage ne connut de borne ni de frein? Pour voler en sûreté, il suffisait de crier au jacobinisme ; et l'archevêque Bironzo, pour célébrer cette anarchie étrangère et nationale, porta l'exagération, jusqu'à vendre des images bénites, où figuraient, sous l'emblême de la Trinité catholique, la Russie, l'Autriche et la Turquie. Nous revînmes après la bataille de Marengo. On applaudit à nos succès, comme on avait fait à ceux de nos ennemis. La bienveillance d'Alexandre pour le roi de Sardaigne, obtint de l'amitié qu'il avait inspirée à Napoléon, que les destinées de son client demeurassent encore suspendues, comme celle de Paul les avait protégées dans une circonstance pareille. Mais le littoral occidental de l'Italie ayant subi le joug de la France, les rives du Pô pouvaient-elles demeurer libres plus long-tems? Leur incorporation à la république française fut prononcée en 1803. Les préfets agirent au nom de lois sages, douces et justes, en tout ce qui touchait aux intérêts privés ; sévères et si l'on veut trop rigoureuses, quand il s'agissait de la levée des impôts, ou de remplir les cadres des armées. La marche régulière des affaires, quelque part de gloire, un peu d'égalité plus chère encore que la liberté, l'essor donné au commerce, aux arts et à l'agriculture, concilièrent des suffrages qui ne sont pas encore entièrement aliénés. Ce règne a laissé des racines profondes, que la rentrée des souverains légitimes de la Sardaigne n'a point extirpées, et dont la servilité des hautes classes de la société, ne sert qu'à assurer la conservation.

Entre les préfets qui l'ont régie au nom de l'empire français, la capitale du Piémont n'oublie point le comte de Laville de Villastelon. Il avait été dans l'intimité de Victor-Amédée, et élevé, pour ainsi dire, avec la famille royale. Les dons de son esprit, les qualités de son cœur, son rang, et la considération dont il jouissait, le firent distinguer par le chef du gouvernement français. Il accepta des fonctions que l'amour de son propre pays ne lui aurait pas permis de refuser. Les honneurs de cette époque allèrent ensuite chercher sa modestie. Il devint à la fois sénateur, et chambellan de Madame Lætitia Bonaparte. Lors de la restauration des Bourbons en France, sa qualité d'étranger faussement alléguée, et sans doute quelques notes sardes l'exclurent de la Chambre des Pairs. Indépendamment d'une administration équitable, ferme et bienveillante, Turin lui est redevable d'une partie de ses établissemens publics. En me montrant la promenade des rives du Pô, ses fils me disaient qu'elle était son ouvrage. Ce genre de monument pourrait servir à caractériser celui qui le dédia à ses concitoyens. Il n'est pas de ceux qui blessent aucune opinon, qui surchargent les pauvres et coûtent à l'opulence. Les vicissitudes politiques le respectent. Dès la naissance des plantations destinées à l'ornement des grandes villes, chacun se plaît à les protéger, à les diriger, à les préserver d'une main indiscrète. A mesure qu'elles se développent, d'autres soins veillent à leur conservation. Vieilles, elles deviennent, en quelque sorte, sacrées. En se renouvelant, les générations s'y attachent. Ceux qui les virent naître, en parlent à leurs enfans qui jouissent déjà de l'ombrage qu'elles donnent. Ceux-ci, parvenus à un âge avancé, y retrouvent les souvenirs des jeux et des plaisirs de la jeunesse ; et, d'année en année, le nom de celui à qui l'on doit de semblables embellissemens, se transmet et se répète avec reconnaissance.

SOUVENIRS D'AMITIÉ.
LA CATHÉDRALE DE TURIN. — LE PALAIS ROYAL.
LA REINE DE SARDAIGNE.
M. LE DUC DE D......, AMBASSADEUR DE FRANCE.

Turin, 18 janvier 1820.

C'est aujourd'hui l'anniversaire du jour où je suis né. Chaque année, de gais souvenirs, des vœux pour mon bonheur, les témoignages d'une amitié franche et déjà bien vieille, célèbrent cette fête. Il m'est pénible qu'elle se passe sans aucune des joyeuses solennités dont mes amis ont coutume de l'environner. Qu'ils trouvent du moins ici l'expression de mes regrets. L'un d'eux qui, à pareil jour, m'avait tracé mon itinéraire en Italie, est aujourd'hui loin de la patrie où je retourne. Consul général dans le Levant, protecteur des Grecs, respecté par les Turcs, il honore la mission qu'il a reçue de la France; et son nom sera inscrit dans les fastes de la régénération de la Grèce. Je suis heureux de pouvoir citer quelques-unes des stances que lui inspira sa verve poétique. Elles embelliront ces pages où je suis si souvent resté au-dessous de mon sujet.

> Près de Lodi vois cet autre Granique
> Qu'osa franchir l'Alexandre nouveau;
> Vois sur l'Adda, vois ce pont héroïque
> Où Castiglione arbora son drapeau.
> Que de héros ont péri dans cette onde!
> Que de héros reposent sur ce bord!
> Ah! j'en suis sûr : dans aucun lieu du monde,
> Jamais ton cœur n'aura battu plus fort.
>
> Quand un Français marche sur ce rivage,
> Le sol ému soupire sous ses pas.
> A nos guerriers l'onde prête un langage
> Pour raconter leur glorieux trépas.
> Partout enfin une voix invisible
> S'élève autour des voyageurs gaulois,
> Et leur répète avec un cri terrible :
> Qu'avez-vous fait du fruit de nos exploits?
>
> En approchant de l'humide Mantoue,
> Va de Virgile honorer le berceau.
> Un vieux guerrier dont Rome encor se loue,
> L'avait orné d'un monument nouveau.
> Des Esclavons la fureur imbécille,
> Pour nous braver, a détruit ces honneurs.
> Va leur montrer qu'en insultant Virgile,
> Ils ont perdu la gloire des vainqueurs.
>
> Non loin de là, sur les arches d'Arcole,
> Un oriflamme apparut dans les airs;

Porté par Mars, agité par Éole,
Il affronta la foudre et les éclairs.
Va demander à ces rives fameuses
Ce signe heureux d'un triomphe éclatant :
Tout est passé. Les ondes écumeuses
Passent aussi : la gloire en fait autant.

Achevons de visiter Turin. La cathédrale, bâtie sur une place de peu d'étendue, n'a aucun des caractères auxquels on reconnaît communément les églises métropolitaines. Sa façade n'est pas plus ornée que celle d'une paroisse de campagne. L'intérieur n'a, ni majesté, ni magnificence. Une chapelle où l'on monte par quelques degrés en dépend. Elle est vouée au Saint-Suaire. Ses revêtemens sont en marbre noir d'une teinte sale et peu prononcée. La voûte de sa coupole se compose d'arcs engagés l'un sous l'autre comme des écailles de poisson. Elle est percée de croisées étroites, tendues de draperies et de rideaux noirs qui répandent dans cette enceinte un jour sombre et incertain. Au milieu s'élève un mausolée, dans lequel est déposé le linceul qui servit pour mettre Jésus-Christ au tombeau. C'est un scandale et une profanation que de demander à voir cette relique. On ne l'expose à la vénération et aux regards du vulgaire, qu'à l'occasion d'une fête qui revient tous les quarante ans. Hors de là, le pape a seul le droit de se la faire montrer, que peut-être on ne refuserait pas à un cardinal. A son passage, Pie VI la déploya lui-même. D'autres églises réclament la possession du véritable Saint-Suaire, et contestent à la cathédrale de Turin, l'identité de celui qu'elle possède.

Il n'y a dans le palais du roi ni luxe, ni somptuosité. Les tentures en sont fanées; les meubles, d'une marqueterie pauvre de travail comme de matière; les glaces, minces, enfermées dans des cadres contournés et d'un style vieilli depuis long-tems. Le peu de tableaux qu'on y voit, n'offrent que de médiocres copies d'ouvrages sans réputation, hors un seul, peint par Van-Dyck, représentant la famille de Charles Ier, et dans lequel les personnages semblent prêts à se mouvoir, et sortent de la toile. Sur les consoles, des vases de fleurs en bois sculpté, sont exposés comme des objets rares. Des bustes en cire y tiennent aussi leur rang. Deux de ces figures grotesques, organisées à la façon des magots chinois, ont été moulées sur les traits de deux personnages défunts de la famille royale; et le roi s'amuse quelquefois à mettre en mouvement, à l'aide d'une manivelle, leur tête, leurs yeux et leur bouche. Dans une petite pièce mystérieuse, on conserve précieusement la collection des portraits en miniature, de tous les membres de la lignée de Savoie : la laideur s'y reproduit sous toutes les formes, et semble un apanage de cette dynastie. Le boudoir de la reine s'est changé en une chapelle. A des images voluptueuses ont succédé, la croix, une tête de vierge et des reliques de saints. L'ameublement galant, moëlleux, d'une autre époque, est remplacé par un autel de marbre, des prié-dieu, de simples tabourets. L'âge mûr a créé des goûts différens de ceux de la jeunesse. Le roi a aussi son oratoire particulier.

Dans une galerie qui sert d'antichambre, des gouaches retracent les faits héroïques des tems modernes de la monarchie sarde. Ce genre fragile et mesquin prête à la raillerie. On y voit figurer l'entrée triomphale de Victor-Emmanuel dans Gênes, ainsi que celle de son auguste épouse, qui eut lieu séparément. Moins de pompe, à ce qu'il paraît, accompagnait celle de la reine, ce qui n'empêche pas que S. M. n'exerce dans le gouvernement une grande influence. M. de ***, dernier ministre des affaires étrangères, l'a éprouvé et ne l'a pas souffert. Il s'agissait d'obtenir de la cour de Turin, la reconnaissance des droits au trône, d'une branche de la famille de Carignan. L'on ne doutait point de l'heureuse conclusion de cet arrangement, qui, sans nuire précisément au droit divin et à la légitimité, ôtait tout prétexte de dissention en cas d'ouverture de la succession royale. Tout-à-coup le roi, qui en avait reconnu la convenance, retira son assentiment. Pressé de s'expliquer, il s'appuya de l'opposition de la reine. Ni les motifs admis précédemment, ni les paroles données ne purent le ramener à sa première résolution.

Quoique M. de *** connût le dévouement de la reine aux intérêts de l'Autriche que cette convention pouvait contrarier, et qui n'avait été nullement consultée, il se décida à tenter auprès de S. M., une démarche dont il attendait peu de succès. On le reçut avec hauteur. Au premier mot qu'il prononça, la reine lui imposa silence, et lui défendit d'insister, déclarant qu'elle ne voulait rien entendre. « Au reste, ajouta-t-elle, vous êtes le serviteur du roi ; et vous devez à ses volontés une obéissance aveugle et passive. » Le mot *serviteur* ne se prend en piémontais, que dans le sens de la domesticité.

« Madame, répondit M. de ***, je suis ministre. J'ai des serviteurs à mes gages dans ma maison ; et je vais me faire servir par eux. » Au sortir de cet entretien, il donna sa démission qui fut refusée. Le roi voulut qu'il y réfléchît pendant une quinzaine. Ce terme étant expiré, M. de*** la reproduisit. Elle fut acceptée ; et il s'éloigna immédiatement des affaires et de la cour. Retiré dans une terre à quelque distance de Turin, il est généralement considéré, respecté et visité. Que penser d'une monarchie où l'estime publique s'attache à ceux qui tombent dans la disgrâce du monarque ?

L'ambassadeur de S. M. T. C. à la cour de Sardaigne est le duc de D....... Sa femme, belle et d'un esprit agréable, lutte avec lui d'affabilité et de politesse envers les Français. Au prestige d'un grand nom, il unit la connaissance des affaires. La noblesse de son origine ne l'aveugle point sur le cours des idées libérales. Malgré la part qu'il a eue à la restauration du trône des Bourbons, il est loin d'adopter le parti que l'aristocratie de l'ancien régime en voudrait tirer. Nos libertés lui sont chères, et le rangent honorablement parmi les pairs de France qui les défendent. Admirateur éclairé des progrès de nos manufactures, il se plaît à citer les préférences qu'elles obtiennent dans les marchés étrangers. Ce ne serait pas un titre à sa bienveillance, que de déprécier notre gloire militaire. On aime à l'entendre discourir sur les prétentions des gouvernemens italiens, sur le joug étranger qui les menace, sur l'esprit public des peuples de la péninsule, et le peu d'énergie qu'ils mettraient à en donner des preuves.

LA ROUTE DE TURIN A SUSE. — SUSE.

Suse, 19 janvier 1820.

Pour aller en France, on sort de Turin par la rue de la Doire. Une route ferrée comme toutes celles de l'Italie, spacieuse, bordée de beaux arbres, conduit à Rivoli, gros bourg qui avoisine les Alpes. Le coteau élevé sur lequel il est bâti, regarde le levant. Son aspect est pittoresque. Une maison royale en occupe le sommet. Moins champêtre que la colline de Turin, il compte comme elle de nombreuses *ville*. La proximité des montagnes embellit ses sites et ses points de vue. Mais l'hiver est très-froid cette année. Il est tombé une grande quantité de neige. Les Alpes en sont couvertes. Elle encombre les vallons. La plaine elle-même a disparu sous ses couches épaisses. Des masses bleues de sapins se dessinent sur ces fonds éblouissans de blancheur, et l'obscurcissent de leurs longues ombres. Le soleil, qui se montre de tems en tems, dore de ses rayons les sommités les plus hautes, ou donne aux surfaces qu'il éclaire obliquement, une couleur rosée d'un effet admirable. Dans les prés aucun berger ne paraît, dans la campagne aucun laboureur. La fumée qui s'élève des chalets, annonce que les troupeaux et leurs gardiens attendent, sous leur toit rustique, la dissolution des frimas. De même, l'homme des champs s'est réfugié dans son modeste asile. Partout on aperçoit la trace de ses travaux. Au long des héritages, les mûriers ont reçu les soins destinés à augmenter la récolte de leurs feuilles. La vigne toute taillée, est déjà liée aux ormeaux et aux érables qui l'aideront à porter sa riche vendange. Sur le revers méridional des sillons, attiédi par une température moins froide, pointent les premières feuilles de la semence qui leur a été confiée. Les vœux de l'agriculteur n'ont plus besoin que d'être exaucés. Ces tableaux se renouvellent des deux côtés de la Doire. A peine sont-ils interrompus par quelques intervalles d'un sol moins fertile ou d'une culture moins soignée; et le voyageur, en passant tour à tour d'un rivage à l'autre, ne sait ce qu'il doit admirer le plus, de cette terre féconde, ou des beautés romantiques du pays.

Suse, ville frontière du Piémont, au pied du Mont-Cenis, sur la rive droite de la Doire qui n'est là qu'un torrent, termine cette suite de paysages riches, gracieux ou sévères. Les neiges des Alpes, et l'eau glacée qui passe dans cette ville, rendent dans l'hiver son séjour très-rigoureux. Elle a des droits aux souvenirs de l'histoire. La forteresse qui la défendait, fut, à différentes époques, l'objet de fréquentes opérations militaires. Le système des dernières guerres a beaucoup diminué son importance. Elle n'est pas destinée à jouer désormais un grand rôle dans la défense du Piémont. Ce n'est pas de son côté, que S. M. Sarde peut craindre de prochaines attaques. Aussi est-elle presque entièrement abandonnée. A Suse, finit la langue italienne. Lourde et bruyante à Naples, sifflante et légère à Venise, à Rome harmonieuse mais peu ornée, élégante mais dure et gutturale à Florence, enfin corrompue à Turin, elle n'est plus ici qu'un patois grossier, auquel elle a prêté moins de mots, qu'il n'en emprunte du mauvais français, du languedocien et du provençal. Elle est moins utile pour se faire comprendre, que ne serait le jargon des habitans du midi de la France. Il n'appartient qu'aux

Toscans de l'écrire, qu'aux Romains de la parler. Les autres peuples de l'Italie n'en connaissent, ni l'élégance, ni la richesse, ni surtout la prosodie. Pour avoir une juste idée du charme et de la douceur de cet idiome, il faut avoir entendu la célèbre comédienne Marchioni.

MOLARET. — LES GUIDES NOVALAISANS.
LE PLATEAU DU MONT-CENIS. — L'HOSPICE. — LANS-LE-BOURG.
SAINT-MICHEL.

Saint-Michel, 20 janvier 1820.

La nuit a été calme. Une pluie douce réchauffe la température. Rien ne présage la tourmente. Nous partons long-tems avant le jour. En quittant Suse, au-delà du pont qui traverse la Doire, la route commence à monter par une pente insensible. Les reflets de la neige éclairent seuls nos premiers pas. Dès que l'aurore paraît, les nuages qui dormaient dans les vallées, s'élèvent par degrés. Réunis à ceux qui sont suspendus aux flancs des montagnes, ils passent au-dessus de nous, chassés par un vent de sud-ouest. D'abord ils nous environnent d'une brume humide et froide. Puis des ondées passagères s'en échappent, et nous conduisent jusqu'à Molaret, premier relais de poste. Il n'y a ici qu'une maison dans laquelle logent pêle-mêle, les postillons et les chevaux. Vis-à-vis, au fond d'une gorge étroite, on aperçoit la Novalaise, et à gauche, vers le Mont-Cenis, dans un ravin profond, le hameau de la Ferrière. Autrefois la route suivait cette direction. On reconnut que les approches de Molaret étaient plus praticables ; et l'intérêt public l'emporta sur les considérations particulières.

Après Molaret, la montée est plus escarpée. L'air se raréfie. Le froid augmente d'intensité. Le vent devient plus fort. D'abord quelques flocons de neige se mêlent à la pluie qui est glaciale. Peu à peu ils finissent par envahir l'atmosphère, tantôt poussés par les courans d'air qu'ils rencontrent, tantôt formant des tourbillons à travers lesquels nous avons peine à distinguer le chemin. Deux hommes qui nous avaient devancés s'approchent. Ils offrent de nous accompagner. Leur secours n'est nullement nécessaire. Cependant, pourquoi éconduirions-nous des malheureux, qui n'ont, pour se nourrir eux-mêmes et sustenter leur pauvre famille, que le prix des services qu'ils rendent aux passans? L'un est Novalaisan. L'autre habite la Ferrière. Leur industrie consiste à favoriser aux voyageurs le passage du Mont-Cenis. Les employer quand il fait beau tems, n'est qu'une aumône bien placée ; et en cas d'accident, le salaire qu'on leur paie, n'égale ni les dangers qu'ils courent, ni ceux auxquels ils vous arrachent. Qu'ils nous suivent donc, dussions-nous n'avoir aucun besoin de leur secours. Mais ils ne voudront pas nous paraître oisifs et seulement nous escorter. Leur respect humain s'offenserait, si nous les payions sans qu'ils eussent l'air de prendre aucune peine. La misère n'a point dompté leur fierté montagnarde. Soutenant la caisse de notre voiture, ils lui éviteront la moindre secousse, la détourneront de la plus petite ornière qu'ils aplaniraient au besoin ; et ils affecteront de paraître d'autant plus soigneux, que leurs précautions seront moins nécessaires. Leur stature et leurs muscles nerveux annoncent une grande force physique. La probité se peint sur leur visage. Ils causent familièrement en mauvais français, décrivant les localités des environs, disant le nom des montagnes et des hameaux. Au récit des accidens dont la tradition a conservé les détails, ou dont eux-mêmes ont été les témoins, leur voix prend les inflexions de la terreur et de la pitié. Revenant sur l'utilité de la profession à laquelle ils se sont voués, ils en parlent avec orgueil. Elle satisfait à la fois leur humeur vagabonde et aventureuse, leur sensibilité, la serviabilité qui leur est naturelle. Ils croient ainsi exercer la bienfaisance au péril de leur vie, et remplir les devoirs de l'hospitalité.

« Mon père n'avait pas d'autre état, dit l'un d'eux : nous sommes presque tous de même. Instruit par ses leçons, après avoir partagé ses dangers je les brave à mon tour; et j'enseigne mon fils à suivre notre exemple. C'est toute notre vie. Nos voisins n'en ont pas d'autre. A sa mort, mon père était âgé de quatre-vingt cinq ans. Il n'avait jamais été malade. J'ai cinquante ans, et je n'ai non plus ressenti encore aucune incommodité. Le ciel nous protége. Il nous donne des forces parce que nous les employons à aider notre prochain. Autrefois nous n'étions pas obligés d'aller chercher si loin les voyageurs. Ils passaient chez nous, et ne s'arrêtaient pas sans quelque profit pour nos auberges et pour le pays. Les Français ont détourné la route. Franchement, elle vaut mieux par Molaret. La perte qui en résulte pour nous, ne nous empêche pas de les bénir, et de regretter que la Savoie ne leur appartienne plus. J'ai porté trois fois l'empereur Napoléon dans nos montagnes.

La première fois il n'y avait encore ni cantonniers, ni refuges. Une tourmente le surprit, et le sépara de ceux qui l'accompagnaient. Il s'égara. Le hasard lui fit rencontrer deux des nôtres, sans lesquels il eût inévitablement péri. Ils l'aidèrent à marcher en le soutenant par-dessous les bras. « Si l'on savait à Paris, où je » suis maintenant, leur disait-il, ce serait un » grand sujet d'inquiétude. » Pour toute réponse, ils lui promirent de le sauver, ou de ne pas lui survivre. Ensuite ils le menèrent à un chalet, et parvinrent à réunir huit porteurs. J'étais du nombre. Nous eûmes chacun huit louis d'or. Ceux qui, les premiers, l'avaient retiré du danger, furent pensionnés. — Il était généreux, n'est-ce pas? — Oh! oui, bien. Il nous enrichissait. Si la France fût restée plus long-tems de ce côté, nous serions tous *des seigneurs*. On se levait le matin sans argent. Le soir on rentrait à la maison, avec de l'or dans sa poche. Maintenant nous ne trouvons rien à gagner. Il n'a passé aujourd'hui que trois voitures; et depuis quinze jours nous n'en avions pas vu une seule. »

Cet entretien nous distrayait de la lenteur et de la monotonie du voyage. Les chevaux gravissaient avec effort la pente devenue plus roide. Le verglas augmentait les difficultés de cette ascension. Tantôt des fondrières apparaissaient de côté et d'autre; tantôt nous passions sous des voûtes de rochers menaçans. A cinq heures de Suse, nous avons atteint le hameau du Mont-Cenis. Puis laissant celui de la Grand'Croix qui n'en est pas éloigné, et, sur la droite du plateau, la maison de l'hospice, nous sommes descendus à la poste. Vis-à-vis est un lac qui abonde en excellentes truites. Il est gelé. Les cassures des glaçons épars de tous côtés, brillent d'un beau vert d'émeraude, et se détachent crûment sur la neige amoncelée à sa surface. La brise du nord fait voler une poussière glacée qui étincelle de mille feux, tourbillonne, tombe et s'enlève de nouveau. Que cet aspect est triste et sévère! La nature est morte, la terre assourdie. La Flore des Alpes a caché ses trésors. La sombre couronne des sapins s'agite et se balance sans bruit. A peine si la voix humaine se fait entendre à quelques pas; et les échos sont muets.

L'hospice et ses dépendances forment un corps de bâtimens considérable. Napoléon y a couché souvent : dans le logement qu'il occupait d'ordinaire, son portrait a fait place à celui de Victor-Emmanuel. Pie VII s'y est également arrêté en retournant à Rome; mais on lui donna l'appartement réservé désormais pour la reine de Sardaigne. On compte dans cette maison un grand nombre de chambres pour les voyageurs, et quelques cellules pour les religieux. Le supérieur de ces hospitaliers ayant appris notre visite, s'est hâté de venir au-devant de nous. C'est un homme de quarante-cinq ans, d'une belle figure et d'une taille élevée. Il a de la franchise dans le regard, de la politesse dans les manières, et l'usage du monde. Il s'énonce en termes choisis. Après quelques aimables reproches sur ce que nous n'avions pas pris un gîte chez lui, il nous fait traverser un salon modeste et entrer dans son cabinet. Là, il insiste pour que nous acceptions sinon le vivre et le couvert, du moins quelques liqueurs, du rum, de bon vin. Sous le règne de Napoléon, il suivait une autre carrière. « J'étais alors Français, a-t-il dit en élevant la voix, et je me le rappelle avec orgueil. J'étais attaché au général Canclaux en qualité d'aide-de-camp. Lorsque la victoire eut abandonné nos drapeaux, je me retirai ici. Désenchanté des plaisirs du monde, des illusions de la gloire, des fumées de l'ambition, j'ai cherché dans la solitude et la prière, des biens plus solides, la jouissance de moi-même, et l'espérance d'un avenir heureux. Après quelques études théologiques, j'ai reçu les ordres sacrés. La direction de cette communauté m'a été donnée. Ne pouvant plus servir dans les camps, la France ma patrie adoptive, je me suis mis sur le chemin qui y mène, dans l'espoir de rencontrer plus souvent des Français; mais il n'en vient guère. Ils se reposent de leurs courses si souvent victorieuses. Je les attends, et n'en vois point sans éprouver la joie que me cause votre présence. »

Quelle destinée, ou plutôt quelle vocation! Cependant cet homme a de la gaîté, et paraît content de son sort. Sa conversation ne se ressent nullement de l'isolement dans lequel il vit. Les moines qui lui sont subordonnés, m'ont paru stupides et peu propres à lui composer une société agréable. Il s'absente rarement, si ce n'est pour aller à Suse, faire des provisions et traiter des affaires de sa maison. La chapelle est pauvre et mal tenue. En général cet hospice n'offre plus les mêmes ressources ni les mêmes commodités qu'on y trouvait autrefois; et l'on vous dit aussi qu'il est moins fréquenté.

Pendant la halte que nous faisions, le tems s'est éclairci. Le soleil a paru. De même que j'avais laissé à Brigg, dans le fond du Valais, une température printanière, je l'ai retrouvée sur le versant occidental du Mont-Cenis. Ainsi, soit en entrant en Italie, soit en la quittant, je n'ai point éprouvé l'influence de son heureux climat. Au contraire, les douceurs de celui de la France m'avaient suivi jusqu'au pied des Alpes, comme pour me retenir, et m'y attendaient, pour augmenter, s'il en était besoin, le bonheur de la revoir. Le dégel est établi. Nous suivons le frayé de la route. Des jalons rouges en forme de croix, placés de distance en distance, nous en indiquent les circuits. Après avoir monté pendant une heure environ, nous atteignons le point culminant du Mont-Cenis. Dèslors il faut descendre. Mais les rampes sont si bien tracées, leur inclinaison est ménagée si habilement, qu'on ne craint point de s'abandonner au trot des chevaux. Ici nos guides se séparent de nous : leur mission est remplie.

A moitié chemin de Lans-le-Bourg, la terre s'est trouvée entièrement découverte. La neige fondue s'écoulait de toutes parts. La verdure des prés et des champs, a soulagé nos yeux fatigués de la blancheur éclatante qui nous éblouissait depuis le matin. L'aspect du pays varie à chaque instant. Il s'embellit par les courans et les bruyantes cascades de l'Arc. Des sites délicieux bordent chacune des rives de ce torrent, jusqu'à Verney et même à Modane. Mais de Modane à Saint-Michel, la vallée se rétrécit à tel point, que l'on s'attend à voir les montagnes s'unir et barrer le passage. L'eau bourbeuse et rapide qui court à grand bruit, augmente l'horreur de ces lieux. Son lit hérissé de roches et de cailloux la fait bouillonner. La chaussée est obstruée par les éboulemens descendus des hauteurs prochaines. Quelques avalanches tombent en avant et en arrière de nous ; et leurs débris roulent jusque sous les pieds de nos chevaux. Personne n'est là pour les enlever. Le gouvernement piémontais néglige peut-être à dessein, cette entrée de son royaume. Il invoque le bon tems, où l'on ne passait qu'à dos d'hommes et de mulets. Quoique le ciel brille de l'azur le plus pur, et que la nuit ne soit point venue, la lumière ne peut pénétrer au fond du ravin que nous parcourons. Deux heures viennent de s'écouler à franchir ce défilé obscur. Tout-à-coup il s'élargit. Un vallon charmant s'ouvre devant nous; et à travers de gras paturages et quelques plantations d'arbres fruitiers, nous arrivons au village de Saint-Michel.

LA MAURIENNE. — AIGUEBELLE. — MONTMÉLIAN.

Chambéry, 21 *janvier* 1820.

Je ne partage point l'opinion commune des voyageurs sur la Maurienne. Soit par esprit de contradiction, soit que, malgré la rigueur de la saison et même à cause d'elle, la vue de cette vallée ait un caractère particulier qui m'ait plu, je garde de ses sites agrestes, de sa culture, et de l'air probe et mélancolique de ses habitans, un souvenir que j'aime. L'Arc la parcourt dans toute son étendue, et va se jeter dans l'Isère. On passe successivement à Saint-Jean-de-Maurienne, la Chapelle et Aiguebelle. Tour à tour les montagnes s'éloignent et se rapprochent. Leur cime est inabordable. Au-dessous, des champs cultivés s'étendent et s'inclinent dans tous les sens. Les sillons tracés selon les inégalités du sol, suivent les directions les plus favorables à l'écoulement des eaux et au maintien des terres. Leurs dessins varient à l'infini. Aux champs de blé, d'avoine, de sarrasin, se mêlent des bouquets de bois et quelques vignobles. Le fond du vallon n'est qu'un marais jonché de silex. Des enfans y surveillent la vache, la chèvre et la brebis du ménage. Les chaumières éparses sur cette terre fangeuse, sont habitées par une population qui semble ne rien envier à personne. C'est là qu'une mère ne craint pas de quitter son fils dès qu'il est assez fort pour se conduire, de le mener sur le seuil de sa porte, et de l'envoyer, avec quelques sous, chercher du pain dans Paris et dans Londres. Le père encourage ce timide enfant; et lui citant son propre exemple, il l'invite à faire comme lui des épargnes, et à revenir ensuite au pays, prendre sa part du petit patrimoine qui lui sera transmis intact, ainsi qu'à ses frères et sœurs. Après ces exhortations on se dit adieu. Les rêves de la fortune ne manquent pas d'apaiser les douleurs paternelles et filiales, de sécher les larmes de la mère, ou tout au moins de la déterminer à les cacher.

Les maisons bâties à mi-côte inspirent un autre genre d'intérêt. Il n'en est point qu'on ne voulût habiter. L'air y est sain. Le jardin et sa petite clôture, quelques arbres, des ruches, une exposition bien choisie, désignent un séjour agréable et quelque aisance. Il n'y faut chercher ni luxe ni superflu; mais le besoin ne s'y fait pas sentir. Vous y voudriez seulement plus d'arrangement et de propreté. Ces qualités passeraient jusque dans les vêtemens des Savoyards, tandis qu'ils sont presque tous déguenillés. Leur économie va jusqu'à l'avarice. Accoutumés dès l'enfance à la regarder comme une vertu, ils croient de bonne foi que l'excès n'en peut corrompre le principe. Or cette absence de soin dans la vie animale, contribue peut-être autant que l'eau et le climat, à leur donner les goîtres dégoûtans, qui, comme dans le Valais, engendrent souvent l'idiotisme.

D'Aiguebelle à Montmélian sur l'Isère, la route tourne vers le sud-ouest. Puis, remontant au nord, elle mène par une avenue de platanes et en longeant de petits héritages, à Chambéry, ville située dans un bassin profond, et que l'on n'aperçoit qu'en y entrant.

SOUVENIRS HISTORIQUES. — CHAMBÉRY.
LA FRONTIÈRE DE FRANCE.

Chambéry, 22 janvier 1820.

Séparée du Piémont physiquement, par le Mont-Blanc et par le Mont-Cenis, la Savoie l'est encore moralement par un sentiment de répulsion, dont la cause serait difficile à expliquer. On ne peut l'attribuer à la différence de religion, puisque la croyance des peuples de ces deux états est la même, et que le sacerdoce exerce sur eux une égale autorité. Elle ne vient non plus, d'aucune répugnance pour la monarchie pure ni pour la hiérarchie des distinctions sociales, car la docilité, l'habitude d'obéir, une sorte de superstition politique, ne sont pas moindres chez l'un que chez l'autre. Leur industrie, en tardant à s'affranchir des anciennes routines, est peu susceptible d'élever entre eux des rivalités. Quelque jalousie tiendrait-elle à la prééminence de la capitale du Piémont, sur celle du duché d'où sortit la maison de Maurienne, tige des rois de Sardaigne? ou bien faut-il chercher le motif de l'antipathie naturelle qui éloigne les Savoisiens des Piémontais, dans notre voisinage, dans un penchant pour la France qui se serait fortifié pendant notre dernière occupation de l'Italie, et dans le besoin secret de participer à nos institutions libérales? Toujours est-il qu'elle existe; qu'elle éclate dans tous les discours; et que les actions répondraient probablement aux paroles, si nous n'étions pas autant guéris que nous le sommes, de l'ambition des conquêtes. Gênes qu'aucun lien n'attachait à S. M. Sarde, ne souffre pas plus impatiemment le joug auquel elle vient d'être soumise, que la Savoie ne paraît avoir repris le sien avec regret. Les souvenirs de notre entrée à Chambéry n'y sont point effacés. Ses habitans n'ont oublié ni l'ivresse avec laquelle les soldats français y furent reçus et leurs couleurs arborées, ni l'enthousiasme qui éclata lorsqu'on vit l'étendard tricolore flotter au sommet des Alpes. A la vérité l'armée républicaine était commandée par le marquis de Montesquiou-Fézensac, qui savait si bien allier la modération à la fermeté, concilier les lois de l'humanité avec les rigueurs de sa mission, et se montrer à la fois homme d'esprit et homme d'état, dans ses discours comme dans les mesures qu'il adoptait. Il n'eut pas le bonheur de consommer une entreprise commencée sous de si heureux auspices. Soupçonné et proscrit, à cause de sa noble origine, dont il rehaussait l'éclat par son savoir et par les qualités solides et brillantes dont il était doué, il demanda qu'on surveillât son patriotisme, alors même qu'il menait à la victoire les défenseurs de la patrie. Époque déplorable des annales de notre révolution, où les plus éclatans services devenaient suspects; où le civisme mettait l'ingratitude au rang de ses devoirs; où une fausse imitation des républiques ombrageuses de l'antiquité, ne laissait que le choix de mourir dans l'exil, sur l'échafaud, ou sur le champ de bataille! Que de héros toutefois, produisit cette monstrueuse alternative! Et faut-il que tant de vertus soient nées d'une si sanglante tyrannie? Ainsi le général Montesquiou, n'ayant trouvé que des lauriers, dans les combats qui préludaient à la conquête éphémère de l'Italie et à la soumission momentanée de l'Autriche, fut obligé de s'expatrier, et de chercher, au fond de la Suisse dont Genève lui ouvrit l'entrée, un refuge où il continua de cultiver les lettres, la philosophie, et les douces affections auxquelles son ame sensible ne fut jamais infidèle.

Je ne contesterai point que le séjour de Chambéry puisse avoir des charmes : la famille, l'amitié, l'amour égaient les lieux les plus tristes et peuplent un désert. Mais pour un étranger qui n'y passe que peu de tems, combien une journée d'hiver s'écoule avec lenteur ! Environnée de montagnes, enfermée entre des coteaux escarpés, cette ville n'offre ni monumens à admirer, ni musées à parcourir, ni aucun sujet de curiosité, si ce n'est pourtant des établissemens philantropiques, dus à un citoyen recommandable par l'usage qu'il fait d'une immense fortune acquise avec honneur. Des maisons enfumées auxquelles la vanité donne le titre d'hôtels, des masures à plusieurs étages qui usurpent le nom d'habitations bourgeoises, des rues étroites et boueuses, une population dont l'extérieur est pauvre et malheureux, telle est la capitale de la Savoie. Elle vit naître et mourir Saint-Réal, historien romanesque, qui croyait embellir la vérité en y joignant des fictions ingénieuses, et dont le style, moins correct qu'élégant, n'a le plus souvent qu'une originalité d'emprunt.

Mais qui pourrait encore nous retenir ici, las de courir la poste comme nous le sommes, privés de la patrie, avides d'y rentrer? Hier avant de descendre dans cette vallée arrosée par les ruisseaux de la Leisse et de l'Albane, je voyais les frontières de la France. Mon cœur a palpité de joie. Allons les regarder de nouveau, de la hauteur où est située la fontaine de Saint-Martin, qui, après de nombreuses cascades, court abreuver la partie méridionale de la ville. En d'autre tems, ces chutes d'eau, leur murmure, l'aspect des monts, des vallées, des lacs, des torrens que j'aperçois dans le lointain, m'auraient intéressé. Aujourd'hui, mes yeux passent rapidement d'un objet à un autre. Je regarde avec indifférence la surface azurée du lac du Bourget, et les bords pittoresques qui s'y réfléchissent. Je ne songe même pas à demander le chemin des Charmettes. Il me faudrait la jeunesse que je n'ai plus, pour aimer à parcourir ces lieux que le style inimitable de Rousseau m'a déjà rendus familiers; pour aller chercher le théâtre des scènes d'amour et de ménage, qu'il décrivait si bien et qui exaltaient autrefois mon imagination. Il me semble qu'en y entrant, je rougirais du philosophe de Genève, de ses indiscrétions, et de la facilité indécente de sa complaisante maîtresse. Mes yeux comme ma pensée, ne se tournent plus que vers le sol natal. Je crois le reconnaître à l'horizon. A cette vue mon front s'épanouit. Mon cœur bat. Tout mon être vole au-devant de moi. Allons nous préparer pour le départ. Demain il faudra devancer l'aurore; et peu d'heures après j'aurai respiré l'air de mon pays!

LE PASSAGE DES ÉCHELLES. — PONT-DE-BEAUVOISIN.
L'ARRIVÉE A LYON.

Lyon, 23 janvier 1820.

Nous venons de traverser Saint-Thibaud qui n'est qu'un pauvre village. Le fort Barraux reste sur notre gauche, avec ses batteries menaçantes, ses escarpemens, les rochers et les précipices qui en défendent les approches. Le dangereux chemin des Échelles n'est pas éloigné; mais par un des enchantemens qui lui étaient familiers, le génie de Napoléon l'a changé en une promenade facile. Suspendu au flanc d'une montagne presque perpendiculaire, le voyageur ne descendait dans la vallée, qu'après une multitude de circuits et par des rampes très-rapides. Maintenant il passe dans l'intérieur de cette même montagne, sous une voûte taillée dans le roc, sur une allée sablée; et il arrive par une pente insensible au bord du Guyer qui sert de limite à la Savoie et à la France.

La voilà donc enfin cette terre tant souhaitée!

Je vais entendre la langue des miens, retrouver les usages, les mœurs dans lesquels j'ai été élevé. Un seul ravin me sépare de la patrie ! Mon ame toute entière l'a déjà franchi. Je ne suis plus aux lieux que je traverse. Dussent les frontières de France être hérissées de formalités et de précautions, avec quelle joie je me soumettrai aux exigences de nos lois ! Je ne vivais que de souvenirs : combien de douces réalités m'attendent ! Dans les émotions que j'éprouve, il y a tant de plaisir, que je voudrais les prolonger. Je sens qu'elles me consoleraient d'arriver plus tard. L'espoir d'un bonheur qui ne peut plus échapper, est presque aussi délicieux que la jouissance. Voici Pont-de-Beauvoisin. Au milieu deux guérites se touchent. L'une abrite le soldat piémontais; l'autre, un de nos défenseurs. Ils se rencontrent sans se croiser, sans se parler; et leur gravité semble mesurée sur l'importance de leurs postes respectifs. Sentinelles avancées de deux états différens, ils se regardent sans haine, et se tueraient sans savoir pourquoi, si l'ordre leur en était donné.

Quelle était mon erreur ! Aucune rigueur n'a été déployée, ni sur l'examen de notre passeport, ni sur la visite de notre bagage. Nous sommes reçus comme des compatriotes que l'on attendait, et dont on se hâte de faciliter le retour. Enfermés d'abord avec notre voiture, sous les hangards de la douane, à peine nous reconnaît-on que toutes les portes nous sont ouvertes; et nous passons. Après avoir vu la très-petite ville de la Tour-du-Pin, le village de la Verpillière, le hameau de Saint-Laurent-des-Mures et la ferme de Bron, nous entrons à Lyon vers le milieu de la nuit.

SOUVENIRS HISTORIQUES. — ASPECT DE LA VILLE DE LYON.

Lyon, 24, 25 et 26 janvier 1820.

Que pourrais-je dire qui ne soit connu, de cette grande et belle ville? Au tems des Romains, Lyon avait déjà beaucoup d'importance. De nos jours son dévouement pour la cause de la civilisation, et les vengeances atroces exercées sur elle par les Vandales de 1793, inscrivent à jamais son nom au temple de mémoire. La gloire qu'elle s'acquit alors, sera donnée en exemple à la postérité la plus reculée ; comme la fureur des Conventionnels qui l'ensanglantèrent et la couvrirent de ruines, sera, d'âge en âge, un objet d'horreur et d'exécration. Sous notre consulat moderne, ce fut dans son sein que se réglèrent les destinées, hélas! trop fragiles, de l'Italie septentrionale, de même qu'autrefois celles de Rome y avaient été fréquemment agitées. Toutes les nations sont tributaires de son riche commerce. Les produits de ses manufactures circulent dans les deux mondes, qui admirent, sans pouvoir les imiter, son bon goût et son industrie. La mode en reçoit des lois qu'elle impose ensuite à tous les peuples. La plupart de ses rues, ses quais, ses places, ses monumens ont un beau caractère. Deux grandes rivières s'y rencontrent : la Saône et le Rhône. Des coteaux charmans l'avoisinent. Ils sont parsemés de maisons de plaisance et de jardins, dont plusieurs tiennent à de riches ateliers de soieries. Il n'est personne qui ne monte à l'église de Notre-Dame-de-Fourvière, bâtie sur un des points les plus élevés des environs, pour jouir de l'aspect de la ville, du cours des eaux qui la baignent, du mouvement de sa population active et laborieuse, et du tableau pittoresque que présentent les restes d'un amphithéâtre romain.

TARARE. — ROANNE.

Roanne, 27 janvier 1820.

Entre Lyon et Roanne, se trouve la ville de Tarare. Elle n'était, il y a peu de tems, qu'un simple village. Cette métamorphose s'est opérée pendant nos guerres impériales, pendant nos années de blocus continental, de conscriptions et de victoires, tant applaudies alors, et tant calomniées maintenant. Entre les miracles de la prétendue tyrannie de Napoléon, celui-ci n'est pas le moindre. Une industrie rivale de celle de l'Angleterre et de l'Inde, a produit des tissus supérieurs à ceux qui nous rendaient auparavant tributaires de l'étranger. Les résultats de cette conquête ont été incalculables. De nombreuses fabriques se sont élevées. Des maîtres habiles ont formé d'habiles ouvriers, dont les travaux naguère ignorés, jouissent d'une grande renommée, enrichissent journellement ceux qui s'y livrent, et mettent un poids considérable dans la balance commerciale de la France.

Auprès de Tarare, la route passe sur une montagne qui lui a emprunté son nom. Elle n'a ni précipices, ni pentes rapides, ni torrens, ni dangers. C'est la dernière que nous ayons à gravir; et elle ne retardera pas beaucoup notre arrivée à Roanne.

Moulins, 28 *janvier* 1820.

Il est huit heures du soir ; je m'arrête à Moulins. Mon porte-feuille a été oublié à Roanne. Vous serait-il indifférent que je l'eusse perdu ? De grâce cachez-moi la joie que vous auriez peut-être, s'il ne se retrouvait pas. Souffrez que je regrette au moins, le tems où j'écrivais les notes que j'y ai déposées, qui fut si souvent pris sur mon sommeil, et où je croyais m'entretenir avec vous. En lui confiant mes pensées de chaque jour, ma mémoire se soulageait, et demeurait libre pour la journée suivante. Je comptais sur son secours, pour me rappeler tout ce que j'avais vu. Sans lui, ce voyage n'aura presque plus d'intérêt pour moi. Avec quelle anxiété je vais attendre le retour du courrier que j'envoie à sa recherche !

Moulins, 29 janvier 1820.

Mon courrier ne revient point! Pardonnez-moi l'inquiétude où son retard me plonge. Mais n'entends-je point le galop de son cheval et le claquement de son fouet? C'est lui-même. Il me remet intacts, les cahiers que je ne comptais plus revoir. Je les ouvre pour m'assurer que rien n'y manque. Quelques feuillets fixent mon attention. Leur lecture m'attache malgré moi. Il me semble que je revois le forum et ses ruines, Naples et son rivage, Pompéia et ses rues solitaires. Ah! puissé-je vous avoir fait partager le plaisir que j'éprouve en ce moment!

Montargis, 30 janvier 1820.

N'arriverai-je donc jamais? Que les relais sont longs! A mesure que j'approche du terme, mon impatience redouble.

Paris, 31 *janvier* 1820.

Enfin, je rentre dans Paris! Ma course est terminée, mon dessein accompli. Je vais donner mes premiers momens à ceux que j'aime. Aucun de mes tristes pressentimens ne s'est réalisé. Il ne se mêlera point de regrets à ma vive joie. Qui n'oublierait les rigueurs de l'absence, en goûtant les doux plaisirs du retour?

FIN DU QUATRIÈME ET DERNIER VOLUME.

TABLE

DU QUATRIÈME VOLUME.

                                                     Pages.

Rome........21 décembre 1819................ 1
Tivoli........22........................... 26
Rome........23........................... 46
Rome........24........................... 50
Rome........25........................... 77
Rome........26........................... 83
Rome........27........................... 89
Rome........28........................... 108
Rome........29........................... 112
Rome........30........................... 115
Sienne.......31........................... 130
Florence.....1ᵉʳ janvier 1820............... 144
Florence.....2............................ 157
Florence.....3............................ 164
Florence.....4............................ 181
Florence.....5............................ 213
Florence.....6............................ 229
Loïano.......7............................ 237

Modène.......8 janvier 1820...................	242
Plaisance......9...............................	247
Tortone.......10...............................	259
Gênes.........11...............................	267
Gênes.........12...............................	273
Gênes.........13...............................	3co
Gênes.........14...............................	3o5
Alexandrie.....15..............................	312
Turin..........16..............................	318
Turin..........17..............................	329
Turin..........18..............................	338
Suse...........19..............................	346
Saint-Michel...20..............................	35o
Chambéry......21..............................	361
Chambéry......22..............................	364
Lyon..........23...............................	37o
Lyon..........24, 25 et 26.....................	373
Roanne........27...............................	375
Moulins.......28...............................	377
Moulins.......29...............................	378
Montargis.....3o...............................	379
Paris.........31...............................	38o

FIN DE LA TABLE DU QUATRIÈME ET DERNIER VOLUME.

www.ingramcontent.com/pod-product-compliance
Lightning Source LLC
Chambersburg PA
CBHW070436170426
43201CB00010B/1111